JN287805

分析の経験
The Analytic Experience
フロイトから対象関係論へ

ネヴィル・シミントン
Neville Symington
著

成田善弘
Narita Yoshihiro
監訳

北村婦美
Kitamura Fumi
訳

北村隆人
Kitamura Takahito
訳

創元社

日本語版への序文

　1977年に私は、ロンドンのタビストック・クリニックで精神保健の専門家を対象とした30回の連続講義を依頼されました。講義はその年の9月開講でしたが、私が依頼を受けたのはそのほんの4、5カ月前でした。初年度はどうにかやってのけましたが、そのためには週に何度か午前2時3時まで夜更かししなければなりませんでした。当時は私の体力にも、それをやってのけるだけの若さがあったのです。1年目には講義は学術的で、臨床経験からも情緒的な経験からも隔たりのあるものでした。次の年には、講義はより臨床経験と個人的経験とが吹き込まれたものになりました。さらに翌年には、いっそう経験に根ざしたものになりました。1977年に初めて講義したとき、私は完全な原稿を目の前に置いていました。1984年から85年にかけては、まったく原稿なしで講義を行いました。たとえばウィニコット（Winnicott, D. W.）についての講義をしているとすると、目の前の机上に彼の臨床論文集を一冊、時々手で触れてみるものの決して開きはしない縁起担ぎのお守りのようなものとして置いておくのです。私は年々聴衆（そこには毎年30名ほどの学生が参加していました）とより密な関わりがもてるようになりましたが、このことに関して私は三つの結論を得ました。

　まず第一に、ほかの誰かと情緒的な接触をもつためには、ふつうの日常語を使う必要があるということです。仮に誰かに対してその人の抑うつについて話したとしても、ほとんどもしくは何のインパクトも与えないでしょうが、「心に垂れこめる暗い雲」について話したならば心に響くでしょう。私がこういうことをするのは「他人のため」の教授手段としてではなく、何よりもまず第一に自分自身のためなのです。「超自我」とか「抑うつ」とか「投影同一化」とかいう用語を耳にしたり目にしたりしたとき、私の中の6歳の小さな

子どもが手をあげて「パパ、それってどういうこと？」と言いました、だから私は自分の中のその子どもを満足させてやらねばならなかったのです。精神分析の教科書のこうした奇妙な言葉遣いを理解したがっている子どもを内に抱えているのが私一人ではないと知っても、そう意外だとは思いませんでした。タビストックでのこの経験は今では25年以上も前のことになり、それ以降私は広範な講義や執筆活動を行ってきましたが、私が（彼らの表現によると）難解な専門用語(ジャルゴン)を使っていないことに安堵したと非常に多くの人びとから告げられてきました。このことで私は二つの確信を抱きました。つまり人びとは日常語に飢えているのだということ、それでいながらそれを耳にする機会はあまりないのだということです。

　私が学んだ二つ目のことは、精神分析的な経験というものは面接室の中に限定されるものではないということです。精神分析は時間、カウチそして料金といった厳格な境界を伴う面接室という枠組みの中でのみ生じるとよく言われますが、そうでないことを私は確信するようになりました。タビストックで講義をしているとき、人びとは非常に頻繁に私のもとや指導者のもとを訪れては、あの講義に出ることで周りのものごとが情緒的にいきいきとしたものになったと言ったのであり、またそれ以来25年にわたって私のところには、私の書いた本が私生活上のことがらを修復するのに役立ったという手紙や電話、そして最近ではEメールが寄せられつづけているのです。比較的最近のことですが、ある精神療法家が私の著作『狂気のかたち A Pattern of Madness』を読んだことで彼女の臨床活動が再び活力を与えられたばかりではなく、夫との関係もより豊かになったという便りをくれました。こうして私は分析的な仕事というものが面接室外のコミュニケーションにおいても生ずることを知りました。しかしこれが成り立つには、こうしたコミュニケーションにある種の要素がそなわっていなくてはならず、ここから私は三つ目のことに気づきました。すなわち情緒的な接触が生じるのは、精神分析家の述べていることが彼自身が考え感じたことを本当に反映しているときだけだということです。

　そういうわけで、これらがこの30回の講義を毎年行ううちに私の中で育っ

てきた三つの信条でした。最後の講義は1985年に行いましたがその後私はこれを印刷物にし、それがこの本『分析の経験——フロイトから対象関係論へ The Analytic Experience』になりました。それ以来この本は精神療法家や精神分析家に広く読まれています。そして、今度もまたこれを読んだ人たちから私は、知的にのみでなく情緒的に影響を受けたと言われました。私はこのことをずっと喜ばしく思ってきましたが、それは心にふれることが知性のみに影響を与えることよりもずっと大切なことだからです。この本が翻訳され日本の精神分析家や精神療法家にもお読みいただけるものとなることを喜び、また申すまでもないことですが、この古くかつ活気ある文明のただなかにある読者の心にそして魂に触れることを、心より願っております。

　この本の翻訳に時間を割いてくださった成田善弘氏そして北村隆人、婦美御夫妻に、あつくお礼申し上げます。

ネヴィル・シミントン

2005年12月

謝　辞

　この本は、タビストック・クリニックで私の講義を続けて聴講してくださった方々と私とのあいだで生まれたものです。この本が存在するのは聴衆の方々のおかげです。皆さんが質問し、疑問を投げかけ、評価を示してくださったことで講義は年々良くなりました。また部門間研修を担当している委員会の皆様には、この講義を行うように私を招聘していただいたことを感謝せねばなりませんし、とりわけジョン・パデル（Padel, J.）先生には、私の能力に対して十分な信頼をお寄せいただき、先生の退職に際して私に後を譲り講義を行うよう推挙していただいたことについてお礼を申し上げます。ピーター・ヒルデブランド（Hildebrand, P.）とタビストックの成人部門のすべての心理士の方々には、この講義の最終年度に講義内容を出版に適したかたちに書き上げるために週に2セッションもの時間を割り当てていただいたことにお礼を申し上げます。大きな負担がかかるなかで、また私がスーパービジョンと管理的な仕事から身を引くことで他の方々にさらに重荷を負わせることになるにもかかわらず、そのことに賛成していただきました。さらに研修生の方々には、シニアスタッフとの時間をさらに失うことになるのが分かっていながらすみやかに私の要求に応じてくださったことについて感謝いたします。またタビストックの多くの同僚には、私が困難を抱えていた問題について議論いただくことを通じて臨床的および理論的問題をより正確に定式化することを助けてくださったことに感謝します。またベアッティ・ゲラート（Gellert, B.）には、文献を探していただき、電光石火のような速さで講義や論文をコピーしていただきましたことを感謝します。たくさんの方々にさまざまな点でしっかりと私を支えていただいたことが、大きな励みになりました。

　フリー・アソシエーション・ブックスのボブ・ヤング（Young, B.）にも感謝します。彼の熱意なしにこの本の出版は実現しなかったでしょう。またカー

ル・フィグリオ（Figlio, K.）には、原稿を読んで文章の曖昧な部分に私の注意を向けていただいたことに感謝します。アン・スコット（Scott, A.）には野蛮な獣のような元の原稿を、より文明化された創造物へと変化させるという厳しくも苦しい作業に何週間も取り組んでいただきました。特に感謝したいと思います。

　そして私の家族にも感謝します。最後ではあっても感謝の念が最少だということではありません。私の情緒的な注意が講義と執筆に引きつけられていたときにも、私の不在に快く耐えてくれたことに感謝します。

序

　精神分析は二人の人間のあいだで生じる経験です。それは深い経験であり、他の人にはきわめて不十分なかたちでしか伝えることができません。その感覚を他の人に伝えることが不可能なのは、8歳の子どもに愛について説明することが不可能なのと同様です。しかし世界文学の多くは、愛する経験をそれに伴う喜びや苦悩とともに表現しようとしてきた記録です。愛の状態について述べる場合、そこに建築家が製図によって建物を正確に描き出すような数学的正確さはありません。作家は同種の経験をした読者に情緒的な感覚を喚起するような描写とアナロジーを用います。同じ旅路をたどったことがある読者であれば、作家は感情の劇場へと導くことができます。

　私がロンドンのタビストック・クリニックの研修部長から、精神保健の分野で働くすべての専門家に対する現職者研修として、「精神分析理論」と題する一連の講義を担当しないかと打診を受けたとき、私はある問題に直面しました。精神分析で語られる理論と精神分析との関係は、セックスの技術に関するマニュアルと愛の感情と同様の関係にあるという問題です。そこで私は分析の経験の雰囲気を伝達しようと決意しました。もちろん不完全ではありますが、私は何とかこれを成し遂げました。そのために、私の内部で起こっていることを聴衆に垣間見えるようにし、語るときのトーンを通じて聴衆に伝達しようとしました。聴衆は講義におおむね満足し、そこから多くを学んだと感じました。聴衆の何人かが講義録を入手できないか尋ねてきました。それからますます多くの人たちが講義を活字化するように要求してきたので、私は出版を決意したのです。読者の方々にもこの結果に対して、タビストックの聴衆の方々と同様の満足をしていただけるかは分かりませんが、かなり大変な編集作業となるとしても講義をそのままに再現することを決意したのです。

ですからこの本の第一の目標は、分析の経験の雰囲気を少しでもお伝えすることにあります。ここで検討される主題よりも、その主題の扱われ方のほうが重要です。事実、主題よりもその議論を通じて明らかになった経験の領域のほうが重要なのです。この理由から精神分析の書物に読者が期待するであろう主題については、この本ではほとんど触れていません。それはたとえば不安に関する種々の理論や、症状形成についてのフロイト（Freud, S.）の理論、アンナ・フロイト（Freud, A.）や自我心理学者の業績などについての主題です。私は長年にわたって「多すぎる情報は理解を妨げる」というトマス・アクィナス（Aquinas, T.）の直感を信じてきました。この本を通じて読者の方々に新しい情緒的な洞察を得ていただけるならば私は大変満足ですし、アクィナスにならって言えばそのために情報量を控えたのです。もし読者がフロイトが夢に関して述べたことをすべて知りたいと願ったり、フェアバーン（Fairbairn, W. R. D.）やクライン（Klein, M.）、バリント（Balint, M.）の考えの全体を概観することを期待しておられるならば、失望して本を閉じることになるでしょう。私は分析の経験の、ある特定の様相を伝えるために必要だと感じる限りにおいて、彼らの考えについて述べています。初期のフロイトの同時代人に関する講義についても同じことを適用しました。ですから、明らかにこの講義は大変に個人的なものなのです。

　今述べたように、この本では私個人に響いてくる理論や技法の側面だけを扱っています。だからといって分析の経験の、ある側面だけ伝えようとしたのではありません。私の意図は、それとは正反対です。精神分析のなかでは深く徹底的な変動が主観に生じるのですが、それを述べるのは大変難しいことです。それゆえ私はこの点についていくつかの角度から眺めることで、分析の過程で生じる驚くべき出来事を読者の皆さんに少しでも理解していただけるよう試みました。

　この本全体を通じて、私はある一つの現実について、しかしそれをさまざまな側面から述べています。これは人間の現象を扱う方法としては、ギリシャ的というよりもヘブライ的なものです。ヘブライ的な方法は主題のまわりをぐるぐるとまわり、最も深遠なことを照らし出すためにその都度異なったイメージを用いるのです。これは私見ですが、論理的な段階を追って議論するギリシャ的な方法では人間の深い経験を十分に扱うことはできないと思い

ます。この本の全体を貫く私の意図は、精神分析的過程を字義どおり伝えることにあるのではなく、その精神を伝えることにあります。そしてそれゆえに読者の皆さんは本書に矛盾を見いだすでしょう。そのために皆さんがいらいらして本を途中で放り出してしまうことにならないように願うばかりです。

　この本の方法は独特なものです。なぜなら精神分析の過程は疑いなく対人関係のやりとりのなかで生じるのであり、そしてそれがなければ代わりに空虚な儀式が存在することになります。この本はそれゆえ、精神分析を情緒的で対人相互的な関係だと理解する私自身の考えの表明でもあります。読者の方々には、御自身の理解と私の理解とをさまざまな点で比較しつつ読んでいただくことを期待します。自己理解は、他者の個人的理解に直面することによって大変深まります。私は、分析の終結に際して患者が患者自身の経験とははっきり区別して分析家の姿を見られるようになるのを望んでいます。このことを通じてのみ、患者は自らを個人として主観的に成長させることができるのです。この本をお読みになることで、それほど強烈なものではなくても、読者の方々が同様な経験をしていただくことを願っています。

　この本は開始後7年目の講義の記録です。講義は毎年大きな改変を行っていましたし、もし8年目があったならこれとはまた異なったものになっていたでしょう。もう1年待てばより良い本が出せたかもしれませんが、しかし一方でまったく出せなかったかもしれません。そこで私は講義をそのまま出版することにしました。

　私がここでお話しした理論については、その見直しがなされつつあります。読者の方々には、その代わりに分析の経験の何かをつかんでいただけることを願っています。それがこの本の目的なのです。

ネヴィル・シミントン
1985年11月

目　次

日本語版への序文　　i
謝辞　　iv
序　　vi

背景の説明

1　精神分析——真実の僕(しもべ)　004
2　精神分析における洞察と感情　014
3　意味の科学としての精神分析　027

フロイトの発見

4　ダーウィンの信奉者、
　　および物理主義的伝統の基礎を築いた人物
　　としてのフロイト　040
5　フロイトと、メスメルの催眠運動　050
6　ロマン主義者フロイト　060
7　フロイトの自己分析　072
8　フロイトによる夢の理解　079
9　フロイト以降の夢研究の発展　088
10　転移の臨床的重要性　094
11　フロイトの本能論　101
12　フロイトの本能論　その2　112
13　局所論的モデル　124
14　構造論的モデル　133

**フロイトの
同時代人たち**

15　カール・アブラハムと性格形成　144
16　アーネスト・ジョーンズの象徴理論　159
17　象徴に関するその他の思想　172
18　フェレンツィ——忘れられた革新者　179

ix

	19	フロイトとユングのあいだの友情の断絶　194
	20	ユングの理論　205
より深い理解へ	21	精神病、そして精神分析の発展における その重要性　216
	22	フェアバーン　223
	23	フェアバーン　その2　231
	24	メラニー・クライン　239
	25	メラニー・クライン　その2　248
	26	ビオンの思考における経験から学ぶことと 自由について　262
	27	思考作用についてのビオンの理論　273
	28	マイケル・バリントの仕事　282
	29	ウィニコット　292
	30	最終講義　306

文献　319

索引　323

訳者あとがき　331

装丁　濱崎実幸

分析の経験

──フロイトから対象関係論へ──

ジョアンへ
勇気を与えてくれた君に

THE ANALYTIC EXPERIENCE
: Lectures from The Tavistock
by Neville Symington

Copyright © Neville Symington 1986
First published by Free Association Books in 1986,
represented by Cathy Miller Foreign Rights Agency, London, England.
© Japanese language edition Sogensha, 2006.
Japanese translation rights arranged with Free Association Books, London
c/o Cathy Miller Foreign Rights Agency, London
throught Tuttle-Mori Agency, Inc., Tokyo.

本書の日本語版翻訳権は、株式会社創元社がこれを保有する。
本書の一部あるいは全部について
いかなる形においても出版社の許可なくこれを転載することを禁止する。

背景の説明

I
精神分析——真実の僕(しもべ)

「誓って言うが、真実は人がうたれる可能性のある最も容赦のない飛び道具であると私は思う」。

ジョージ・エリオット『ミドルマーチ』[18]

<small>背景の説明</small>

　この連続講義にはもともと矛盾が含まれています。というのも、精神分析はそもそも教えることができないものだからです。フロイト（Freud, S.）、すなわち最初の精神分析家でありわれわれにその名称を与えた人物についてお話しすることはできます。精神の局所論的モデルについても、抵抗、抑圧あるいは転移といった概念についてもお話できますし、快楽原則また死の本能が何を意味しているのかについてもお話できます。けれどもそれは、精神分析とは何なのかを知る助けには少しもならないでしょう。精神分析は個人の中心部で生じる現象です。ですから私が精神分析は教わることができないというのは、それが理解しようとする個人的な営みを通じてしか生じえないものだからなのです。

　精神分析は物ではありません。それは内的かつ対人関係的であり、個人的かつ社会的でもあるような複雑な現実です。説明を試みることはできますし、皆さんをそこへ導いてゆくことはできます。しかし皆さんはその現実を経験しなくてはなりません。パーソナリティの中心部は、われわれのあらゆる行動の源であり、またわれわれに起こるあらゆる出来事の現場でもありますが、精神分析はそこで生じるのです。患者と分析家は、週に5回、1年に42週、1年、2年、3年また15年と会うことができます。面接室の入口を行き過ぎるとき、人は深刻そうに「シッ、静かに」と声をひそめます。「分析中」を知らせる掲示が掛かっているのです。けれども一瞬たりとも惑わされてはなり

ません。というのも、それはそこで何らかの分析が進んでいることの保証にはならないからです。分析が皆さんの存在の中心部における営みだというなら、それはどのようにして存在しうるのでしょうか？　私はそれが中心部にとどまっていて響いてこないとか、他人には感知されないものだと言っているのではありません。もちろんそういったこともありえるでしょう。しかし精神分析という言葉は、不幸にも、分析家と呼ばれる人物を週に5日、1年に42週訪ねるという形式上の儀式的な手順を意味するものとして通常は受け取られています。そして私が論じようとしているのは、こういう意味での精神分析でもありません。

　精神分析には二つのほかの意味があります。そしてその二つともがこの講義のあいだ一貫してわれわれにとって重要なものになるでしょう。一つは外的な儀式を指していますが、これにはすでにお話ししたあの中心部にある内的な能動性や受動性が伴っています。この二つは連動して一つの現実を形作っており、それが私のいう精神分析なのです。この意味での精神分析にはしばしば非常に長い時間がかかりますが、しかし最後にはこの営みも、理想的にはお互いの同意に基づいて終わりを迎えます。けれども分析が終わる日は、私のいう第三の意味での精神分析が始まる日なのです。個人の存在の中心部にあるこうした能動性や受動性は、いまや形式的な儀式なしに続いてゆきます。これは本当に長い分析です。というのもそれは死ぬまで続くから、あるいは続くかもしれないからです。この講義では、この純粋に内的な過程を自己分析と呼ぶことにしましょう。私はそれを、われわれの行うすべてのことが向かう目標と考え、またそれに大いに注意を注いでゆきたいと思っています。私は精神分析を、自己分析が起こってくるのを助ける媒体であると考えているのです。

　精神分析は無意識の精神を探る手段であり、そしてその焦点はほかならぬ内的世界に合わせられています。個人の顕在的なあるいは外的なふるまいを理解する方法はほかにもあります。社会学者はそれを、個人もその一部であるような社会システムの観点から説明するでしょう。経済学者はそれを、その人がおかれている経済的構造という観点から理解します。神学者はその人の価値、理想等々を強調することでしょう。精神分析家もまた顕在的なふるまいやコミュニケーションを理解しようと試みますが、しかしそれはその個

I　精神分析――真実の僕(しもべ)

人の内的な葛藤とファンタジーの観点からです。とはいえ精神分析は真実全体をわがものとしているわけではありません。そこで真実というものの性質について、少し詳しくお話ししたいと思います。

　真実は現実のものです。つまりそれは存在します。実証主義的な考え方がわれわれの基底的想定(ベーシックアサンプション)にあまりにも強い影響力をもってきたせいで、われわれは現実を、触れたり、味わったり、感じたり、見たりあるいは聞いたりできるものと同一視しがちです。しかし心理学的に考えようとするなら、この予断は捨て去らねばなりません。ほとんどの心理学的実在は、空間を占めるような、また触知できるような属性をもちません。たとえば夢、幻覚、信念、思考、関係、愛、憎しみあるいは欲望などもそうです。しかしこうした実在が、どこか非物質的な領域にしか存在しないというのは正しくありません。それらは物質的なものと分かち難く結びついています——思考ですらそうなのです。真実はこうした性質をもった実在です。それは測定することはできないものの、実際に存在しているのです。そしてこのことは真実が定義しづらいものであるという事実によっても損なわれません。真実は、プラトンが考えたような不滅のイデアのようなものとしては存在しませんが、あいだに実在するものとして存在しています。つまりそれを探し求めている二人の人のあいだに、また精神分析、社会学、心理学、経済学そして宗教のあいだにです。それはどんな人物、あるいは集団によっても所有されることがありません。「真実を所有している」と宣言する人は、すでにそれを失っています。なぜなら真実は知ったり垣間見たりすることはできても、所有することはできないからです。私が真実を知るとき、私の中には何らかの変化が生じます。二度と再びもとのままではありえません。私のパーソナリティの中の何かが変わったのです。それまでの予断が真実に取って代わられますが、しかしそれはまさに真実のもつ性質、つまり真実というものはそれを垣間見てもいつもそれがどのくらいまだ外側にあるいは彼方にあるのかが強調されるだけであるという性質に従って、取って代わられるのです。このことは、個人は常に真実との関係の中にあり、ポテンシアの状態にあることを意味しています。ポテンシアという言葉によって私が意味しているのは、何かに向かって動いている状態です。

　真実が垣間見られる以前の状態とは予断が存在する状態であると申し上げ

背景の説明

ましたが、この臨床的な例を挙げましょう。私はある男性をしばらく治療していたことがありましたが、この患者の弟は、患者が3歳の頃に事故死していました。当初彼は、彼にとっての私の重要性をひどく否認していました。毎週治療が始まるとき、彼は「お喋りしにちょっと立ち寄る」のはいいものだとよく言っていましたが、私が休暇でいなくなると意気消沈しました。そのうち彼は、私がしたことやしなかったことに多大な影響を受けていることを認識する段階に至りました。あるとき彼の乗った列車がひどく遅れてしまったため、駅から電話してきて私の秘書に来られないことを伝えました。彼は何とか私に電話をつないでもらおうとしていたのですが、私は部屋からふらりと出て誰かと喋っていたのでした。

　彼は私に電話がつながらなかったことに腹を立てているだろう、そして自分がそのことに腹を立てていることは否認するだろう、と私は考えました。翌週彼がセッション（診察）のためにやって来たとき、私の心にはこうした予断がありました。彼が今朝は来ないでおこうかと思いましたと言って口火を切ったとき、私の予断はギシギシと動き出し、私はこう言いました。「おそらく先週あなたが電話してこられた際、私が部屋にいなかったことに腹を立てておられたからなのでしょうね」「いいえ、いったん秘書さんにつながったらすっかり気持ちが落ち着きました」。さて私は一瞬これは否認だと考えましたが、落ち着いて考えてみて当惑しました、いったい全体なぜ彼はいったん秘書につながってしまうと安心したのだろうかと。そのとき突然真実が浮かんだのです、「ああそうだ、彼は私が死んではいないということに安心したのだ」。私がこれを彼に伝えたところ、彼は即座に同意しました。私が彼の弟と同じ運命にみまわれるのではないかという彼の不安がどんなに大きいものであったかに、われわれ二人はともに気づいたのです。私の予断は真実を前にして退き、新しい理解が取って代わりました。

　その真実の瞬間、私の心の中では何が起こっていたのでしょうか。私の予断は、不安に関する分析理論と結びついた、私自身の過去のある理解に基づくものでした。こうしたものはすべて、類別し、理論を組み立て、私の考え方や行動の仕方に方向性を与える私の人格の部分にあるものでした。その真実の瞬間に、私は新しい何かを垣間見たのです。1分後にはこれは類別されてしまい、私のいつもの考え方の一部となりました。2分後にはおそらく真

実は別のものとなっており、私はその予断をこだわりなく捨て去ったほうがよいのでしょう。

　これまでの私の説明では、真実は個人の内面で洞察の一瞬に把握されるかのような印象を与えたことでしょう。しかし私が実際に言いたいのは、真実は一人のあるいは複数の他者との会話を通じて把握される、つまりそれはあ・い・だ・に現れるということなのです。知的な真実は、あたかも自然界のデータに関してその個人のみによって把握されるかのように思われるかもしれません。しかしこの場合ですら、真実は考えている人とデータとのあいだに立ち現れます。そして考えている人の頭の中でデータを再構成する働きをするのです。そののちこの新しい概念的枠組みは考えている人をその人の世界に向かわせます。こういった類の知的な真実は別の人間との会話を通じてでなくても生じるかもしれませんが、しかしこの場合でも考えている人は自分自身の教師すなわち自分自身の科学における師らと内面で会話しているのであり、彼の予断を形作るのはこれらなのです。

　精神分析における真実は分析家と患者とのあいだに現れ、そして理解の瞬間には両者に変化が生じます。真実が垣間見られるためには、両者が予断を捨て去らねばなりません。というのも両者が自らの予断と出会うことになるからです。自分自身の個人的な予断以外に、分析家は自分の精神分析的な予断をもっています。これが彼の理論であり、私がこの講義でお話しすることになっているものです。逆説的なのは、こうした理論がまさにその本質ゆえに捨て去られねばならないという点です、ちょうど羽化したての蝶が飛び立とうとするときそのサナギを捨ててゆかねばならぬように。患者もまた予断と出会いますが、それは分析家のもつ理論に比べて真実により近いこともより遠いこともあるでしょう。しかしわれわれは当然分析家の予断のほうが真実により近いものであると決めてかかるべきではありません。特にわれわれの関心事が、この患者についての真実――すなわち彼もしくは彼女にとって世界とは何であるか――を発見することであるときには。

　言語の研究によって、いかに人間の世界がその人の言語によって組み立てられているかが明らかになってきました。分析家の仕事の大部分は、患者が見ているように世界を見ること、すなわち彼の世界を理解することであり、なぜこの患者はクモに怯えるのか、なぜこの男性は関係を築くことができな

いのか、なぜこの女性は試験に集中できないのかを理解することです。理解の瞬間は両者に生じます——ただ一方にだけ生じることはありません。皆さんはこれに反論して、分析家が理解したことを患者が理解できるよう解釈をもっと繊細に言い表す必要があるとおっしゃるかもしれません。もしそれが本当であるとしても、それでも私は分析家が理解を得るのは自分がもっと繊細である必要に気づいたときのみであると申し上げたいと思います。

　どういうことなのか例を挙げましょう。私は同年代の男性と性的なつながりをもてたことがない大変に敏感な女性の治療にあたっていました。ある日彼女は新しいボーイフレンドについて語り、彼がしじゅう座っているだけだとこぼしていました。彼女がずっと話をしなくてはならず、彼は自分のことを決して話さず、彼に対して性的な感情を見せたときにも反応しなかったと言うのです。彼女は私への不満を語っていると私が解釈したところ、彼女は恐慌状態に陥りました。彼女は実際に私への不満を語っていたのだと思います。しかし問題は、私が彼女を理解してはいなかったという点です。私に対する気持ちを私と話し合うのに十分な安心感がなかったのですね、とあとで私が言いましたら、彼女はそれを事実だと認めました。そこで私はこう言うことができました。あなたが表現なさっているボーイフレンドにまつわる気持ちのいくらかは、あなたが表現できないでいる私にまつわる気持ちなのだと思います、なぜならあなたはそうすることに安心感をもてないのですからと。彼女はこれも認めることができました。こうして私は、私にまつわる気持ちを私に表現するという考えですら彼女にとっていかに激しい不安を喚起するものであったかを、彼女に指摘することができました。このとき私が理解したことは最初の解釈において理解したと思っていたこととは違うもので、われわれが到達した真実はとても単純なものでした。彼女の人生における中心的困難は、自分の感じていることを人に直接言えないことであり、性的な感情を表わせないことではなかったのです。私の経験では、精神分析の中で到達された真実の大部分はこのような意味で単純なものですが、しかし逆説的なことに、最も単純な真実が最も深くもあるのです。

　さて、真実は分析家と患者のあいだに存在し、お互いの発見によって到達されるという点に戻りたいと思います。患者は、私が真実を所有しており私に対して十分親切にすればそれを教えてもらえると思って分析にくるかもし

れません。もしそういうことが起こらなければ、患者は私が頑迷なのだと感じはじめるでしょう。もし患者が十分な時間とどまっていれば、その予断を捨てて、真実はわれわれのあいだにあり、この奇妙な精神分析の過程がそれに向かって少しずつ進んでいるのだと思いはじめるかもしれません。私が言っていることの例を挙げてみましょう。それはある患者との経験からの例ですが、この患者は私が「動かない」ことをたびたび強く非難して、私がまず動かないと動けないと訴えていた患者でした。彼女はまた別のときには私がアプローチを変える必要があると訴えました。というのも彼女をコントロールするために私がわざと反応を控えていると思っていたのです。私は彼女といると本当にぼうっとしてしまっていました。彼女が何を言っているのか何を言いたいのかしょっちゅう分からなくなり、そして私が彼女をわざと援助しないでいると責められることに憤りを感じている自分に気づくのでした。

背景の説明

　同時に私は彼女に関連したあること――内的な感情の変化――を経験していました。たとえば彼女の分析の初めの頃、私は幻覚となった要素を可能な限り互いにつなぎ合わせ、そうしてわれわれの共同作業により何らかの統合されたパターンを彼女とともにまとめ上げようとしていました。するとある日、私にもうこれ以上これを続けたくないという強い感情――「内的変化」の一つ――がわきました。そこで、そうしたばらばらの要素を私につなぎ合わせてもらいたいという彼女の欲望について解釈しました。私がもったこれらの内的経験の一つひとつが違った解釈の枠組みへとつながり、分析の進む方向を変えることにつながりました。

　分析が始まってしばらくすると、私がまずアプローチを変えないうちは変わることができないと患者がしばしば言うようになりました。彼女が何を言いたいのか私には何年も理解できずにいました。彼女に対する技術的アプローチを変えてほしがっているのだとおおむね考えていたのです。すると突然あることに思い当たりました、彼女は私がまず内面的に変化しないと変われないと言っているのだ、そうして彼女はこうした内的変化を感じ取ってきたのだと。とはいえ彼女は私がそれを意志でもって変えられるものと誤解していました。そこで私は彼女に、自分の内的な変化に影響を及ぼす力が私にはあると思っておられるようだが、と言いました。すぐに彼女は、そんな力は自分にはもちろんありません、と答えました。私は、もし私に変化を起こす

力がなく、あなたにもないとしたら、そういったものはまったく存在しないとあなたは思っておられるようですねと指摘しました。もちろん変化を起こす力はわれわれのあいだに存在する過程に備わり、われわれを包みこみ、しかもわれわれのコントロールの及ばないものなのです。

われわれが精神分析と呼ぶこの過程は、真実の取りうるいくつかのかたちのうちの一つに実際に近づくことができますが、さてそれはどのようなものでしょう？　この問いに答えるには、心理学的発達の問題をしばらく考えてみなければなりません。

　心理学的発達についての最も基本的な真実は、それが解剖学的な発達に必ずしも伴わないということです。それはさまざまな事情で妨げられたりある局面で止められてしまいますが、一方で解剖学的な発達は続きます。解剖学的な発達はいつも変わらないと仮定することは、つまりあたかも心は平行線上を走っていて解剖学的な出来事には決して巡り会うことがないかのように仮定することは、実際には間違いでしょう。というのも心理学的な停止は通常身体的な面に表れるからです。（たとえばこれが最も顕著にあてはまるのがインポテンツです。）そのうえ、どんなにひどい心理学的な停止の状態にあろうが身体的な発達は進んでいきます。たとえ情緒的に成熟していなくても人は年をとってゆくものであり、フロイトはこういう心理学的発達の障害を「固着」と呼んだのです。精神分析はまさにこの過程を理解することに取り組んでいるのですが、しかしこういう表現をすると精神分析が実際より認知的なものとして印象づけられてしまいます。この点については次の講義で詳しく説明しましょう。

　精神分析の領域は、心理学的発達の領域と必ずしもまったく同一の広がりをもつものではありません。それは発達の心理学的な過程を阻害した要因に焦点を当てており、したがって病理に向けられる傾向にあります。それでも病理を理解するためには心理学的健康についての観念をもっている必要があり、われわれが再び真実の所在を見いだすのはここにおいてなのです。というのも心理学的健康は、その人の真実に対する個人的な関係を通して保証されるものだからです。私やあなたが心理学的に発達しそこなったという真実こそが、精神分析の関わっている領域なのです。

精神分析――真実の僕（しもべ）　I

精神分析は、すでに申し上げたように真実を探索する手段です。別の手段では同じ真実に到達することができないというわけではありませんが、しかし洞察的理解が崩壊してしまっている場合には精神分析が役立ちます。洞察的な理解はわれわれが人生を送るうえで欠かせないものであり——これを欠いていると人生においてひどい災難が生じることすらあります——、その欠陥にいかに漠然とであれ気づいたときに、人は精神分析を受けにやって来ます。たとえば、あるとき私が分析治療していた患者には、ロンドン郊外で小さなホテルを経営している父親がおりました。彼は週末を父親のもとで過ごして戻ってきたのですが、返ってこない借金を毎年毎年容赦なく取り立てようとするより、さっさと帳消しにしたほうがましだという洞察を父親がすでにもっていたことに非常に驚いていました。「これまで分析を受けたことはないのに、こんな洞察をもっているのです」と彼は言い、父親が洞察的理解によって人生の哲学を発展させてきたやり方をほかにも挙げつづけました——どれも分析によらないものです。分析家のカウチにやって来るのはこの能力をもたぬ人たちなのだというのはなかなか衝撃的な真実のようですね、と私は言いました。精神分析は真実を所有してはいませんが、むしろ真実に到達する能力を修復しようとしているのです。

　同様にかなり衝撃的なのは、すでに申し上げたように精神分析で到達される真実がしばしばきわめて当たり前のものであるという事実です。例を挙げてみましょう。ある男性患者は、女性にとって大切なあらゆるものの価値に対してまったく共感的な理解をもってはいなかったことに、3年間の分析を経てやっと気づきました。このことに盲目であったために、彼も他の人たちも相当の辛酸をなめていました。ある知的な女性は、あるテーマを論じた最新の学術書を読んでも自分が本当は何を感じたのかが分かりませんでした。そのため彼女は批評家たちのあらゆる書評を読んで論じられているすべてのことをうまく要約しましたが、自分自身が何を感じたのかが分からないでいることを大変つらく感じていました。ある音楽家はバイオリンをとても上手に弾きましたが、その良さを感じ取ることができなかったせいでオーケストラに参加する代わりに退屈な事務作業をしていました。ついにその良さを感じ取ることができたとき、彼は生涯を通じて何よりの満足を、結婚以上の満足を感じたのでした。これらの例ではいずれも彼ら自身に関する真実は隠さ

れていましたが、しかしどの例でも患者と私がこれらの理解に到達したとき、彼らは私に——それぞれ違った言い方でですが——今までにもそう言われたことがあると言ったのです。

　私が主張していることはごく当たり前のことでしょうけれども、私はこれは主張に値することだとこの数年で確信するようになりました。自分たちは真実を所有しているという幻想をわれわれの実に多くが抱いている事実に驚いているのです。けれども真実は、分析家と患者のあいだに、クライン派と古典的フロイト派のあいだに、フロイト派とユング派のあいだに、精神分析と社会学のあいだにあります。あいだにあるものは決して所有されることがありません。精神分析は真実の僕(しもべ)であるということを思い起こせば、われわれは他の分野や職業において真実を探求しているすべての人たちと近しい間柄なのです。

I　精神分析——真実の僕(しもべ)

2
精神分析における洞察と感情

背景の説明

　分析の過程には意識的なゴールとして変化が含まれています。患者は自分自身のもっていた性質を捨てて新しい性質を獲得します。彼らは自分のものと認めていなかった自分自身の性質を統合し、内的諸構造のあいだの関係のバランスが変化します。われわれは患者が良いほうへ変化することを願いますが、しかしフロイトは熱心すぎるいく人かの弟子たちに注意を促すため、つねづね２枚の写真を机上に置いていました。１枚はある患者の分析を開始する以前の写真で、もう１枚は分析が終わったあとの写真でした。前者ではその患者は元気で希望に満ち健康そうに見え、後者では気落ちし抑うつ的で人生に打ちひしがれていました。この講演では、変化がどのようにして生じるのかを理解することに努めたいと思います。小さなパロディから始めますが、ここには苦い真実がたっぷり含まれていると思われます。

　　質問者：精神分析はどうやって効くんですか？
　　分析家：それはですね、ええと、こういうことなんです、患者が自由連
　　　　　　想して、つまり心に浮かんだことをすべて言って、そうして分
　　　　　　析家が解釈を与えて……
　　質問者：ええ、それで？
　　分析家：それで、患者は解釈の真実性を悟るんです。もちろんそれは患
　　　　　　者にとって大変ショックでしょうから、患者はそれを抱えてそ

してそれに取り組み……
質問者：それで？
分析家：それで、彼は分析家が言ったことの真実性に気づくにつれて徐徐に変わっていき、それが「ワーク・スルー」するに任せるんです……
質問者：どういう意味ですか？
分析家：それはですね、新しい真実が人格全体に浸透するのには時間がかかります。最初の洞察から人格全体でそれを受容するまでの期間をわれわれは「ワーク・スルー」の期間と呼んでいるんです。それは苦心してシステムに浸透します。知性で受け止められたことはゆっくりと気持ちや感情に伝えられていくんです。
質問者：カウンセリングと精神分析には違いはあるんですか？　先ほどの説明はカウンセリングにもまったく同様にあてはまるように思うんですが？
分析家：そうですね、精神分析では患者は週5回通い、過程全体がより深くより強力になるんです。
質問者：なるほど。

　さて、こういった類の説明にはいくつか欠陥があります。それは文化のズレの問題です。ここでは人間の合理的で知的な部分が残りを支配していると仮定されていますが、これは前世紀まで最高の支配力を誇ったプラトンやアリストテレス以来の哲学的遺産です。自分たちがどんなに生きる力を動物たちと共有しているかに気づくことは不快なことですが、ダーウィンはわれわれにこれを気づかせ、フロイトはわれわれが不合理なものにいかに支配されているかを暴いて見せました。しかし逆説的なことに、それが「分析家」の言ったことだったために、フロイト派の理解はわれわれの哲学的人間学には浸透しませんでした。
　こうした類の説明はまた洞察の働きにあまりに重点を置きすぎているうえに、変化はその働きから生ずると仮定してもいます。しかしもしそうであるならば、なぜ内省を伴う読書を通じて同じように変化を生じさせることができないのかが、ただちには明らかではありません。われわれは読書を通じて

非常に多くの洞察を得ます。洞察は精神分析の知的な部分ではありますが、私の考えではそれを変化の最も重要な動因であると見るのは誤りです。ハンナ・シーガル（Segal, H.）も下記に示すとおりそのような見方をしているようです。

> 洞察は分析のなかで得られるあらゆる永続的な人格変化の前提条件であり、かつ他のすべての要素がこれと関連しています。ここで私は特に精神分析的な洞察のことを言っています。すなわち意識的に経験することを通じて自らの無意識についての知識を得ること、そしてほとんどの場合は、かつては無意識であった過程を明瞭にかつ言語的に認められるようになることです。それが治療的に有益であるためには、正しくまた十分に深くなければなりません。無意識の深層に達して、こうした早期の過程、つまりそのなかで内的なまた外的な関係性のパターンが定まったところの過程、そしてそのなかで自我が築かれたところの過程を照らし出さねばなりません。無意識のより深い層に到達するほど、治療の結果もより豊かでより安定したものになるでしょう。[99, p.70]

　変化は（意識的な水準で受け入れられた）洞察から始まり、そして人格の最も深い層にまで降りてゆく。こうした見方は、すでに申し上げたようにわれわれが不合理な力によって支配されているというフロイトの革新的な見解よりもむしろギリシャの哲学的伝統に起源をもっています。

　シーガルの立場がもつ別の危険は、それが解釈を与える分析家に真実の中心をおいている点です。たしかに洞察は一緒に到達されえますが、しかし変化を説明する図式が知的な動因に重点を置くときには、また洞察が階層をなす複数の動因の筆頭に位置づけられる際には、一面的な状況が生じる危険はより大きくなります。ひとたびこうしたかたちの変化の説明が無批判に受け入れられれば、分析家の側の傲慢や万能感というさらなる危険も遠くはありません。ほかにも非常に重要なことがたくさんあるのです。

　さて、この問題に違った角度から接近してみたいと思います。精神分析的な試みにおいては二人の人間が出会います。二人の人間の出会いからは永続

的な効果を伴う感情の激しい爆発が生じえます。バートランド・ラッセル (Russell, B.) の自伝から、小説家ジョセフ・コンラッド (Conrad, J.)[*1] との初めての出会いを描写したくだりを引用します。

> 1913年に生じた私にとって重要な出来事は、ジョセフ・コンラッドとの交友関係が始まったことであったが、これはわれわれがそれぞれオットーリーン［・モーレル］の知己であったことのおかげだった。私はその何年も前から彼の著作を大変すばらしいと思ってはいたが、あえて紹介なしに知り合おうとまではしたことがなかった。私はどこか不安な期待を抱きながら、ケントのアッシュフォード近くにある彼の自宅まで赴いた。第一印象は一種の驚きであった。彼は外国人訛りの強い英語で話し、そのふるまいのどこにも海を思わせるものはなかった。まったくの貴族的ポーランド紳士だった。彼が海にそしてイングランドに寄せる思いは、情熱的な恋愛——ロマンスを色あせさせない距離からの恋愛であった。海を愛するようになったのは子どもの頃だった。両親に船員を一生の仕事にしたいと話すと両親はオーストリア海軍に入るよう勧めたが、彼は冒険や熱帯の海や深い森に囲まれた未知の川を望んだ。そしてオーストリア海軍は彼にこうした願望に対する見通しを与えてはくれなかった。家族は彼が英国商船で働こうとしていると聞いて怖気立ったが、彼の決意は揺るがなかった。

> 彼は、誰でもその著作を読めば分かるように、非常に厳格な道徳家であって、革命主義者を政治的にまったく支持していなかった。彼と私は意見の大半においてまったく相容れなかったが、どこか非常に根本的なところでは驚くほど一致していた。

> ジョセフ・コンラッドとの関係は、私がかつてもったいかなる関係とも違っていた。彼とはめったに会うことはなかったし、長いあいだにわたって会っていたわけでもない。実生活における仕事の上ではわれわれはほとんど他人同士だったが、人間の一生や宿命についてはある共通の見解を抱いており、それがそもそもの始まりから大変に強い絆を作り出し

たのである……
　初対面のとき、われわれは話すにつれいよいよ親密さを深めた。表面的なものの諸層をこえて深みへと進みながら、お互い徐々に中心部の情熱に向かって到達してゆくようだった。われわれはそんな世界でお互いを発見しあったことになかば唖然としなかば有頂天で、互いの目を見合わせた。その感情は情熱的な恋愛のごとく強烈であり同時にすべてを包み込むものであった。私は途方に暮れ、日常をどうやっていったらよいかわからないという思いでそこを辞した。[96, pp.207-209 *2]

　これは二人の人間の出会いがどのようなものでありえるかを描いた、ことに感動的な描写です。この一節は二人の男性のあいだの強い感動と連帯をはっきりと強調しています。ここからラッセルは生涯を通じた影響を受け、長男にコンラッドという名前をつけるに至りました。ここではおおかたあらゆる深さの人間的出会いで同様に生じる苦痛、悲しみ、憎しみ、怒りそして失望については描かれていませんが、皆さんに注目していただきたいのはこの点ではありません。むしろ私は、このような出会いによって引き起こされる情緒的な動揺を強調したいのです。ビオン博士（Bion, W. R.）は英国精神分析協会に対する最後の公開講義の冒頭で、このことに注意を喚起しました。

　二つの性格あるいは人格が出会ったとき、情緒的な嵐が生まれます。彼らがお互いに気づくに十分な接触をもてば、あるいはお互いに気づかない程度の接触であったときにすら、この二つの個人、この二つの人格によってある情緒状態が生みだされます。そしてその結果生じる動乱は、彼らが一切出会わなかったとした場合の状況の進展とはかけ離れたものとなります。[13]

　ジョン・クラウバー（Klauber, J.）も分析の開始によってもたらされる強烈な不安を強調しました。

　精神分析は外傷的な要素と治療的な要素の両方をもっている。その外傷的な性質を明白に示しているのは、それが現実からの逃避を常に誘発す

るという事実である。これが分析の最も劇的な特徴であり、われわれはこれを転移の発展であると説明する。これは無意識に対する刺激障壁の崩壊に起因し、したがってフロイトが外傷を「制止、症状、不安」の中で、外的起源からであれ内的起源からであれ、もたらされた興奮の蓄積を前にした自我の無力感の経験であるとした定義（1926）によくあてはまる。多くの精神分析家が、自らの分析において自分の自我が部分的に活動不能になった経験をありありと思い起こせるに違いない。分析の外傷的な威力は、患者がそれを外界に投影しそこで解消することによって自らを転移から守ろうと試みることからも推察できるだろう。まれでない例としては、分析の初期に性的な関係をもつようになり、結婚で分析を終える場合があるが、これは分析の終わりに抗する防衛——すなわちすべての段階で働く転移の強烈な威力に抗する防衛である。[75, p.112]

したがって、まさに最初の出会いにおける情緒的な激変によって当事者二人は変化して、もはや再び同じ人間ではなくなります。新しい実在が創り出されるのだとも思います。つまり新しい現実が現れるのです。その二人はもはや独立した存在のままではありません。以前にはなかったつながり合った存在、合体した現実が現れます。精神分析の過程ではこれが最初に生じる変化ですが、なぜそんな変化が起こるのか疑問に思われるかもしれません。分析的な出会いでは二人の人間が出会うとどんなときでも即座に融合が起こり、そうして新しい存在が現れるのだと私は思います。この融合は人格の中心ではなく周辺で起こります。ウィニコットの言葉を用いるなら、真の自己は手つかずのまま残されていますが、心的実在の一部である対象はほかの人のそれと融合します。分析家の人格の大部分が患者の人格に吸収され、またそれと逆のことも生じるのです。

私が状況を見る見方が、患者を観察しその患者の太古的（アルカイック）イメージの投影を受ける超然とした分析家の像とかなり異なっていることは分かっています。この後者の見方は、分析家が何をしようとまた誰であろうとそれに関わりなく転移は生じると示唆しています。しかしフロイト自身は治療の初めに分析家は転移が発展するにまかせる必要があると言っています。[36, p.139] 転移は分析家が患者の外的人格構造に吸収される過程であるという私の考え方を仮に受け入

れていただくとすると、フロイトは分析家にこの過程が生じるにまかせよと勧めているわけです。逆転移もこれと似た過程で、分析家は患者が自分の外的人格構造に吸収されるにまかせるのです。もし仮にこれが事実でないとするなら、分析家が体験する気持ち——われわれが特に逆転移と呼ぶもの——は生じないはずです。これにはさらに納得のいく説明が必要かもしれませんね。

　ここで私は、哲学者マルティン・ハイデッガー、心理学者モーリス・メルロ-ポンティ、そして実存主義のアプローチをとった人びとが取った立場に従っています。デカルトが成文化し人間の世界認識に対するヨーロッパ的態度の特徴となした二分法によって西洋思想がこうむった損害を修復したいと、彼らは皆望んでいました。デカルトが人間を周囲の環境から切り離したので、人間が確実に所有しているのは自分の内界についての知識のみということになりました。そこで彼の有名な格言「我思う、ゆえに我あり」となるわけですが、しかしこの基底には、考えることはいわゆる「外界」から切り離すことのできる完全に内的な活動であるという確信があります。デカルトが人間と外側の世界とのあいだに大きな分裂を生じさせたせいで、内界と外界について語ることはきわめて普通のことと響くようになりました。この二つの世界は互いに大変隔たっています——あまりに隔たっているので、デカルトの言によれば、外界については知りようがない、あるいはそもそもそれが存在しているのかどうか知りようがないのです。（外側にある世界の存在を支持する彼の主張は次のようなものでした。すなわち、外側の世界が存在しないのに、われわれを欺いて、あると思わせるようなことは神はなさらないだろうというのです。）続いてカントが、外側にある世界についてわれわれが真の知識をもっていることを証明するという問題に取り組みました。しかしこのことは彼もまたデカルトの前提、つまり人間と世界とのあいだには分離があるという前提を受け入れたことを意味したのです。この分裂は西洋の思想に非常に深く根付いているので、われわれの考えることすべてに染みわたっています。

　実存主義者の努力はこの分裂を修復するためのものでした。人間と世界とは二つのばらばらの実在ではなく、「世界とともにある人間」という一つの現実です。したがって内的な認識と外界とのあいだにある深淵をいかに越え

るかという問いは生じえません。なぜならそれは誤った前提に基づいたものだからです。これに加えて実存主義者は認識と感覚の領域とのあいだの分裂を認めてはいません。人間は世界の一部であり、世界を自分の感覚を通じてつまり自分の気持ちや自らの判断行為によって識別します。世界におけるこうした存在のあり方を認識する能力は、人間に特別な仕方で備わっています。仕立屋であれば身体の輪郭に注意を向けねばならないかもしれませんが、人間はそういうものによって境界づけられてはいません。（収容所から脱走しようとしている捕虜は、自分が手探りで気づくことができるよりも番兵はずっと広範なものに気づくことを覚えておく必要があります。）目に入り耳に聞こえる世界全体が人間の中にあり、そして人間もその世界の一部なのです。

　身体的皮膚の外にあるものが心的にも外側にあるという考え方は大変な間違いです。知るという行為は、見る行為や聞く行為以上のもので、主体と環境とのあいだにすでに生じた相互作用が心的に記録されることです。それは世界とともにある人間、すなわち全体性を記録する内的な調整なのです。決していわゆる外界のみ、あるいは内的な本能や刺激、願望や欲望のみが記録されるのではありません。

　さて、分析家と患者はお互いに相手の世界に吸収されると述べたところに戻りたいと思います。二人の人間が出会ったとき、そこには新しい世界が生じます。これは相手が単なる石ころや植物や動物のような対象ではないためであり、また人を認識するということがその相手の認識の世界内で生じるためです。このため人間のあいだには特別な知が可能になります。しかしまずこれから知られるべき新しい世界が生じ、初めに激変の段階があることは、冒頭述べたとおりです。これはどんな人間同士の出会いにも生じますが、分析的な出会いにはそこに加味されるものがあります。それは知ったり理解したりすることに対して分析家が感じる脅威です。人間は知ったり理解したりすることに対して防衛するのです。そのため二つの動きが同時に作動しはじめます。すなわち一方の明かそうとする力と、その反対の隠そうとする衝動です。

　ですから、分析状況では新しいシステムを暗示する動揺状態が生じるわけです。さて何が起こっているのかまったく手がかりのない混沌とした状態では非常に落ち着きません。それゆえ両者は状況を理解しようと試みます。通

常分析家はこうした状況をすでに何度か経験しています。初めて受けもったトレーニング・ケースの治療に当たっている訓練中の分析家ですら、それまでに患者としてその経験をし、また論文で読んだり討論や症例提示で耳にしたりもしていますから、体験の主要な部分をつかんでいます。他方で患者は通常それを初めて経験します。しかしながらこの試みの焦点は患者の世界にあてられていますから、それが自分の世界であってずっとよく分かっているという強みが彼にはあります。そこで真の理解の瞬間が訪れれば、それは両者にとって大きな喜びとなりますが、もちろん同時に非常につらいものともなりえます。こうした洞察の瞬間は特定のシステム、つまりある患者と治療者とに特有なものです。こうしたことがいかにして起こるのか正確には分かっていませんが、しかしわれわれはいくつか基本的な相違点をはっきりさせることによって、正しい方向に導いてくれる手段へと接近を試みることはできます。

　私は解釈を3段階に分けています。まず理解のまたとない瞬間に生ずる洞察の表現。次に、正しい方向に会話を進ませあるいは向かわせつづけるために必要な推測。そして最後が、部分的な理解による解釈と、推測による解釈と洞察との中間の解釈です。私の経験では、分析において個人理解の創造的瞬間が生じることはかなりまれです。そのような瞬間が本当に生じた場合それによって治療的転換が起こりますが、準備作業の混乱がまず生じなければなりません。分析家もまた毎セッション黙って座ってばかりいることはできません。つまり彼は会話を進行させつづけなければなりませんが、しかし同時に洞察の瞬間が生じるのを妨げるようなことは何も言わないよう努めねばなりません。

　この点を例証してくれそうな症例を思い出します。私が今よりもっと未熟であった頃、ある少女が私のところに紹介されてきて、彼女と週3回会いました。彼女はきちんと規則正しくやって来ましたが、なぜやって来るのか私にはまったく見当がつきませんでした。ずいぶん長いこと私はあらゆる類の解釈を試みましたが、どれもまったく役に立ちませんでした。そこで私は「解釈を与える」ことをあきらめ、その代わりテーマに従って話を進め、時折コメントを差し挟みました。2年ののち、彼女にとっては私が存在していると知ることが重要なのではないかという考えが浮かびました。私がこの解釈を

したところ彼女はすぐに反応し、それから他の解釈も可能になりました。今では私はあの２年間「解釈を与える」ことをあきらめて、礼にかなった無害なコメントを差し挟みながらただ会話が続くようにだけしていたことが重要だったのだと思っています。というのもその少女は推測に耳を傾けようとはしませんでしたから。

　推測は、分析家がはっきりとした確信はないものの何らかの努力の表現がおそらく求められているだろうと感じているような心の状態にあるときになされます。私にもこの経験が大変よくあり、何かが突然「分かる」ときとはまったく違う心の状態であると分かっています。この両者がなければ分析は進まないとも思います。ですから、何が語られているのかはっきりとは分からずに、かと言って必ずしも混乱しているのでもない状態で――単に内的な確信を欠いた状態で――、私は推測をします。私はこれを経験に基づいた推測だと考えたい、つまり申し分のない起源――訓練といっても良いかもしれません――から生じた推測であると考えたいのです。それはクライン、ウィニコット、バリント、アンナ・フロイトあるいはジグムント・フロイトから来たものかもしれませんし、私の分析家から来たものかもしれませんし、あるいは過去の経験から私が編み出してきた原則のようなものから来たのかもしれません。こうした経験に基づいた推測を行う際、私は自分の不確実さを自覚していますし、それが確証されるのか何らかのかたちで否認されたり修正されたりするのか確かめるために、患者の反応をかなり注意深く見守っています。

　さて、分析における洞察ということについて簡単な例をいくつか挙げてみたいと思います。私は強迫的な特徴をもったボーダーラインの患者を治療していましたが、この患者はボーイフレンドみたいな男の子に対する自分の感情についてや、現れたもう一人の別の男性に対して感情のほとばしりを感じたときに自分の抱く極度の不安について、私に何度も繰り返し語っていました。私はいく度も「推測」の解釈を試みましたが、彼女の行動はおよそ２年半変わることはありませんでした。私の患者は二人姉妹の妹で、彼女が生まれる際に母親は非常に重篤な状態に陥っていました。ある日私は突然に、彼女を産むとき母親が抱いた葛藤を彼女が行動の中で再演していることに気づきました。つまり、新しい赤ん坊に対して感情がほとばしるが、そのあとま

た第一子へと戻ってくるというわけです。彼女は二人の子どもを愛によって包み込むことができなかったらしく、私の患者を産む際に重篤な喘息を起こしたのでした。私がこれを――つまり彼女の行動は再演ではないかという考えを――患者に解釈するとそれは即座に奏功し、その後何週間にもわたって経験と彼女の行動とを転移に関連づけることが可能になりました。彼女の独特の不安は急速に治まったのです。

　別の例です。ある患者は私との初回面接時、自分には単純なことを言ってもらうことが必要なのだと語りました。変化に富んだ夢や多様な連想の見られた数カ月を経たのち、私に突然この男性は悲しむことができないのだという考えがわきました。悲しみはまったくつらすぎて耐えられないものだったのです。私がただこのことだけを彼に言ったところ、非常に大きな影響が生じました。彼の行動は大きく変化したのです。

　洞察の瞬間はしばしば分析家と患者に同時に起こることを申し添えたいと思います。セッションの際、時折極端に攻撃的になっていた女性患者がこれは愛情に対する防衛だと気づいたのは、私がそれに気づいたのと同時でした。あるなれなれしい男性は誰からも好かれ、私にもいつも明るく挨拶していましたが、自分が恋愛関係では冷めた無神経な態度であることに気づきました。彼がこのことに気づいたときには無神経さはすでにそんなにひどいものではなくなっていたことが、私にははっきり分かりました。これと同様のことですが、ある女性患者は自分がいかに嫉妬にかき立てられていたかに気づいたのでしたが、ちょうどその頃私は直観的にその嫉妬がすでに制御可能な程度に収まっていることを感じ取っていました。分析家は皆このような例に何度も出くわしていると思いますが、このことは洞察というものが過程の産物であって原因ではないという事実を指し示しています。実際のところ、洞察の瞬間はそれに先立つ変化の産物であり、かつ変化は洞察の産物であるというのが真実であろうと思います。情緒的変化と洞察は、精神のより深い水準で進行している変化の現れなのです。

　治療の初めに強烈な嵐が起こり、そうしてその後しばらくしてすでに説明したような洞察の瞬間が生じることはお話ししました（初回面接ですばらしい深遠な解釈を首尾よく成し遂げるような人たちについてはさておき）。この最初の激変と洞察の瞬間のあいだに何が起こったのでしょうか？　思うに

背景の説明

一つはっきり言えるのは、洞察にはどちらかといえば静けさが伴っているということ、すなわち精神身体的存在が静かな状態にあるということでしょう。表面的にはそういう状態なわけですが、内的に起こっていることについてはどういう仮説が立てられるでしょうか？　私は何かを定式化しようとしはじめると、かつての職場であった精神医療刑務所でのある新入所者の入所面接をいつも思い出します。刑務所での生活から何を期待するかを尋ねられて彼はこう言いました。

　　そうですね、先生、こんな感じですね、今のところまるでジグソー・パズルのピースを全部取り上げられ空中にばらまかれて、それが床の上にめちゃくちゃに散らばっているみたいな気持ちです。ここにいるあいだにそのピースのいくらかでももう一度つなぎ合わせはじめられるといいのですが。

　きわめて当然のことですが、分析の過程によってこれらのピースが同定されはじめます。だからフロイトは「分析」という用語を用いたのです。つまり異なった要素を分析するということです。ジグソー・パズルのたとえを用いるなら、まず最初にピースがはっきりと見えるようにピースを全部同じ向きにし、それから空であるらしい青いピースを寄せ集め、次に家の一部らしいものを、それから何か草原の一部と思われるもの、また川らしいものを寄せ集めなければなりません。そうすれば統合の過程がおのずから生じるとフロイトは述べました。

　　……神経症者は、抵抗によってばらばらになり引き裂かれた精神をわれわれの前に差し出す。われわれがそれを分析し抵抗を取り除いてゆくと、それはまとまりをもつようになる。すなわち、彼の自我とわれわれが呼ぶところの単一体が、これまで分裂排除されて離れた場所に置かれていたあらゆる本能的衝動を、自我自身に従わせるようになる。このように、精神の統合は分析治療のなかでわれわれの介入なしに、自動的かつ不可避的に達成されるのである。[46, p.161] *3

　思うに動揺が生じるのは、ピース同士がぶつかり合うとき──われわれの

精神分析における洞察と感情　2

心的構造の諸断片があちこちでぶつけ合わされているときなのでしょう。静けさが生じるのはその諸断片が一緒になって動くときです。こうしたピースがぴったり合うと洞察や情緒的満足が生じます。それは完成した形の絵が箱のおもてに載っているようなジグソー・パズルではありません。青のピースがいくつか集まったとき、それは女性の青いドレスの形であって青空の形ではないということが突然はっきりと分かるようになるのです。同時にわれわれは、その絵がいったいどんな絵であるかという考えをあらためて調整しなおしはじめます。（付け加えると、精神分析的技法で重要な点とは、統合に伴う感情が大切に世話されまた育まれるべきだという点であると私は思います。）

　最初に起きる動揺と統合の過程についてすでに述べたことは、人が情緒的隔離や敵意から親密さへと移行しようとする際に不可欠な心的調整と組み合わされる必要があります。情緒的親密さには、情緒的隔たりの場合とは異なる内的な心的構造が必要です。情緒的隔離や他人から隔たっていることが悪いわけでは必ずしもありませんが、それは20世紀に優勢な社会構造のなかではある種の苦痛のもとになります。けれどもこれを論じ出すとわれわれの話題の範囲を大きく逸脱してしまうでしょう。さしあたり私が強調したいのは、精神分析において洞察を通じて到達された気づきが生じるのは、分析家と患者両者にとってのこの世界における新しいあり方を通してであるという点です。われわれの分析家としての気づきはこの新しいあり方の現れなのです。

訳注
1　ジョセフ・コンラッド（Joseph Conrad）：(1857-1924)、英国の小説家。ポーランド出身。16歳で船員となり、のち英国に帰化して小説家となった。
2　以下に邦訳あり。
　『ラッセル自叙伝1』バートランド・ラッセル著、日高一輝訳、理想社、p.269-272、1968
3　以下に邦訳あり。
　「精神分析療法の道」『フロイト著作集第九巻　技法・症例篇』小此木啓吾訳、人文書院、p.129、1983

3
意味の科学としての精神分析

　さて、これから意味の問題について、またそれが精神分析の過程で果たす役割についてお話ししたいと思います。フロイトは彼の論文『素人による精神分析の問題』のあとがきの中でこう述べています。

　41年間医師として活動してきたが、かえりみると私は厳密な意味での医師ではなかったという気がする。私が医師になったのは本来の目標からどうしても外れざるをえなかったためであるが、私の人生における成功は、自分の最も早期にたどった道に戻る方法を大変な回り道を経てではあったが発見することができた点にある。子どもの頃に苦しんでいる人びとを救いたいというような渇望をもっていた記憶はまったくない。私がもって生まれたサディズム的素質はあまり強いものではなかったので、これをその派生物の一つへと発展させる必要もなかったわけである。それに「お医者さんごっこ」をしたこともまったくない。私の幼児期の好奇心は明らかに別の道を選んだのである。青年期に私は、われわれの住むこの世界の謎をいくらかでも理解したい、またできるものならその解明のために何らかの貢献をしたいとすら非常に強く感じるようになった。
51, p.253 *1
（傍点引用者）

　またアーネスト・ジョーンズ (Jones, E.) はフロイトについてこう語っていま

す。

> 神経症の患者を治療する運命となった……とき、彼はすぐにその──当時慣例であり最近また別のかたちで復活している──電気による刺激という方法を捨てたのだった。そして催眠の使用に見切りをつけたのもほどなくしてのことで、この方法を彼は「粗暴で侵襲的な方法」と見なしたのだった。そのかわりに彼は観察し聴くことを選んだ。もし神経症の構造が認識できれば、それを引き起こした力を真に理解しまたそれに対する影響力をもつことができると確信していたのである。66, p.58 *2（傍点引用者）

フロイトは『自己を語る』の中で、なぜ催眠に見切りをつけたのか説明しています。

> ある日のこと、私は、長年そうではないかと推測していたことをありのまま白日のもとにあらわにするようなある経験をした。その経験とは私の最も従順な患者たちのうちの一人に関係したものであった。それまでもその患者に催眠を用いると大変驚くべき効果がもたらされていたのだが、私は痛みの発作の起源にまでさかのぼることによって彼女の苦痛を緩和することに取り組んでいた。あるとき彼女は目を覚ますと私の首のまわりに腕をからませてきた。思いがけず使用人が入室してきたおかげで私たちはつらい議論をしないですんだが、そのときからわれわれは暗黙のうちに催眠法をやめることに合意したのだった。私はこの出来事の原因を私個人の抗し難い魅力に帰したりしないだけの謙虚さはもち合わせており、そしてまさにいま催眠の背後で作用している神秘的な要素の本性をつかんだと感じた。それを除外するため、あるいは少なくともそれを分離するために、催眠に見切りをつける必要があったのである。50, p.27 *3（傍点引用者）

彼は自らの行った研究に導かれて無意識の領域に入ってゆき、そこで、そしてこの時期に、幼児性欲を見いだしました。上述のような経験の背後にあったのはこれであり、これが無意識を通じていまだに効力を発揮していたのです。催眠のヴェールが剥がれて、探求し明らかにすべき豊かな領域がひら

かれたのです。無意識自体は新しく記述されたものではなく、その発想は哲学者や作家によって200年以上にわたってさまざまに語られてきましたが、それを支配する法則や原理を探求したのはフロイトでした。つまり彼は意味を発見することに関心を寄せていたのです。

　一個の独立した現象が他との関係のなかに位置づけられ、そうしてあるシステムや組織の構造の内部に取り込まれるとき、意味が獲得されます。ある女性患者はネズミを目にすると叫び声をあげ、ある男性は妻が自分を見下し邪険にするだろうと分かっていながら結婚し、またある患者は親しい友人を一人としてもたないのにそれでも友を求めます。意味というものは、こうした一つひとつの出来事が他の心的因子に結びつき全体として把握されたときに生じます。フロイトはこれを次のように言い表しています。「特定の神経症患者たちの示す病的症状には意味があることがある日発見された。精神分析的治療技法はこの発見に基づいている」。[44, p.83]

　われわれ大人の世界は意味に充ち満ちていますから、意味の存在しない世界というものを思い浮かべたり、世界がばらばらの感覚の寄せ集めでしかないような原始的状態を想像することは大変困難です。これは伝えるのが難しい感覚ですが、それをおそらく最も首尾良くやりおおせた作家の一人が『審判』を書いたカフカでしょう。

　　彼の女家主の料理人はいつもは8時頃朝食を運んでくるのに、このときはやって来なかった。そんなことはこれまで一度もなかったことだ。K.はしばらく待ってみた。枕に頭をつけたまま、向かいの家の老婆が並々ならぬ好奇心でもってこっちを観察しているのを見ていたが、そのうち腹も立ってきたし空腹にもなったのでベルを鳴らした。すぐにドアを叩く音がして、この家でこれまで見かけたことのない男が入ってきた。やせているががっしりした体格で、ぴったりとした黒いスーツを身にまとっている。いろんなひだやポケット、とめ金、ボタンやベルトまで施されているので旅行服に似てきわめて実用的に見えるが、さて実際何の役に立つのかもうひとつ判然としない服だった。「どなた？」とK.はベッドから半身を起こしながら尋ねた。しかし男は自分が現れたことに何の説明も必要ないというように質問を無視して、ただ「ベルを鳴らした

か？」と言っただけだった。「アンナが僕の朝食を持ってくることになっているんだが」とK.は言い、黙ってしかし熱心にこの男がいったい何者なのか探ろうと観察した。しかし男はこの観察にそう長く身をさらすことなくドアのほうへ向き直り、ほんの少しドアを開きその先に立っているらしい誰かに言った。「アンナが朝食を持ってくることになっていると言ってます」。すると隣の部屋からげらげらと笑う声がしたが、その響きからはそれが複数の人間のものなのかどうかは分からなかった。そんなことでこれまで知らなかったことが分かるはずもないのだが、見知らぬ男はK.に言い渡すかのように言った。「それはできない」「そんなこと聞いてないぞ」と叫んでK.はベッドから飛び出し、急いでズボンをはいた。「隣にいるのがどういう奴らなのか、グリューバック夫人がこんな仕打ちに何と言い訳するか見きわめないとな」。しかし彼はこんなことを大声で言わないほうが良かった、こう言ってしまったことでその見知らぬ男が彼の行動に利害関係をもつ権利をある種認めてしまった格好になったとすぐに感づいたが、当座そんなことはどうでもいいとも思った。けれども見知らぬ男はそのようにとったらしく言った。「ここにいたほうが良いんじゃないのか？」「僕はここにいることはしないしあんたに話しかけられもしない、あんたが自己紹介するまではね」「良かれと思って言ったんだがな」、見知らぬ男は言って今度は自分からドアを開けた。K.は自分が思っていたよりゆっくりと隣の部屋へ入っていったが、隣室は一見したところどこも昨晩とほとんど変わりなかった。グリューバック夫人の居間だ。いつもは家具や敷物や陶器や写真などに埋め尽くされた部屋に普段より空いた空間があるようだったが、すぐにそれと分かるわけではなかった。というのも一番の変化とは、開いた窓の脇に座って本を読んでいる男がいることだったからだ。と、この男は本から目を上げて……。[70, pp.7-8][*4]

|背景の説明|

　実際K.は逮捕されたのですが、その理由は物語を通じて彼にはまったく分からないままなのです。彼は意味をもたない世界に生きており、何が起こったのか理解することができません。
　赤ん坊にとって世界がどのようなものかわれわれには想像がつきませんか

ら、アンナ・フロイトやメラニー・クライン、ピアジェ（Piaget, J.）そしてウィニコットといった人びとによる助言がなされてきたにせよ、われわれは自分たちの発想が常に大人的なものであることを忘れてはなりません。われわれは乳幼児がもっている知覚の場が刻々と変化し対象恒常性を欠くことを知っています。たとえば一切れの紙が視界から消えればそれは「存在しなくなる」、というようにです。乳幼児は触覚と嗅覚をもちますが、それらはまとまりを欠いています。ものごとが生じるという認知ができるほど記憶が発達していないのです。母親から分離しているという意識もありません。自分が働きかけているという感覚もありませんから、ものごとはただ偶然生じ、乳幼児はそれに攻めたてられています。さて、次に乳幼児の知覚の内側に想像だけをたよりに入り込もうとした試みをお目にかけましょう。

そこにあのすてきな紫がある。それは昨日やってきて、あの湿ったスポンジがそれを吸った。それは木をカタ、カタ、カタと打った。それはそこかしこを震わせた——ずっと下のほうまでだ。あの白い肉のプディングが蹴飛ばした。するとそれは行ってしまった。前のぶよぶよがそれに向かって行ったがそれは戻ってこようとしなかった。それはあのすてきなスポンジを湿らせることはなかった。そして紫。震動はない。ぶよぶよは波打ったが紫はない。それらは波打ち、虎が肉を食べるようなひどい痛み、それから水があの闇と光から流れてきた、そして紫、いや紫じゃない、あるのは白と紫だ。巨大な穴とそこからあふれ出てくる騒音。黒い洞窟と、海の波が岩を砕くようなブンブン言う騒音。震動はない、紫もない、ただ空白だけ。それは海底のプラスチック・カプセル、波に打たれている。ただ暗闇と閃光とざわめきだけ……

ウウン——よしよし、ウウン——よし。洞窟と海は行ってしまい、紫、紫だが空っぽの洞窟と恐ろしい火。黄と白のボールがついた堅い茶色の棒。棒についているボール、ぶよぶよの中のボール、カタンカタン。すごく大きなスポンジが小さなスポンジに触れて、闇は明るく、ぶよぶよ中に伝わるすてきな震動、闇と光それにずっと下のほうに冷たい湧き水。大きな穴、すてきなすてきなものでいっぱいのスポンジ。みんなすてき

すてき、ウウン——よし——よし——ウウン。甘い蜂蜜、極上のクラレットワインの香り。肌にピンクの棒、心地よい音楽。青い夏の日。騒音はない、紫もない、ぶよぶよもない。すてきな白い雲、美しい光……燃えている、燃えている、まさに燃えている。黄色はない、紫もない、「ウウン、よし——よし」もない、ただ燃えている、燃えている。パチパチと音を立てる巨大な炎。火あぶりのジャンヌダルク……

よし——よし、ウウン、ウウン——大きなピンクの風船、ゴクリゴクリ。オアシスと光とジャスミンの香り。なで、なで、ピンクの風船。綿の雲に寝転がる。闇はなく、すべて光……

不連続で混沌とした、考えられない要素群。サミュエル・ベケット（Beckett, S.）は『わたしじゃない』という短い戯曲でおそらくこういった観念を伝えようとしたのでしょう。彼が描いたのは老女ですが、私の推測では彼女は非常に早期の経験へとフラッシュ・バックしているのではないでしょうか。

背景の説明

……ぱっと閃いたの……前のよりもっと恐ろしいと言っていいくらいの……つまり感覚が戻ってきかかっているんだっていう考えが……まああきれた……感覚が戻ってきかかっているんですって！……上から始まって……だんだん下のほうへ……機械全体に……いえ、違う……そうじゃなくて……口だけよ……今までのところは……はは！……今までのところはですって……それからまたこう考えて……ええずっとあとのことよ……ぱっと閃いたの……このまま続くはずはないって……こんなに……あんなに……絶え間なくあふれる言葉が……いっしょうけんめい耳をそばだてて……理解しようと……それから自分の考えも……何とか理解しようとして……そういうのすべて……なに？……ざわめき？……そう……いつもそのざわめき……っていうのかしら……そういうのをすべて一緒に……まああきれた！……体全体が消えちゃったみたい……口だけが……そして唇と……頰と……顎が……ちっともじっ……え？……舌？……そう……唇と……頰と……顎と……舌が……ちっともじっとしていないで……口に火がついたみたい……あふれ出る言葉……耳の中で……

032

ほとんど耳の中で……半分も聞き取れない……四分の一も……自分が言ってることがまったく……まああきれた！……自分が言ってることがまったく分からないですって！
……そして止められない……言葉を止めることができない……。[7, p.11 *5]

さてわれわれは赤ん坊を見てきました。『ある幻想の未来[52]』でフロイトは成人の中にあるこれと同じ恐怖について語っていますが、そこでは意味をもたない自然を前にしたときの原始人について特に語られています。

> 自然がすでに征服されてしまったと考える者は誰もいない。また、この先自然が完全に人間の意のままになるだろうとあえて期待するような者もほとんどいないのである。人間の制御力をあざ笑うかのような自然現象が存在している。たとえば、震動し地割れを生じすべての人間やその創造物を埋め去ってしまう大地や、氾濫しあらゆるものを混乱の中へ溺れさせてしまう水、何もかも吹き飛ばす嵐、他の生物からの攻撃であることがつい最近になって分かってきた病気、そしてきわめつけに、これまでどのような治療薬も発見されず今後発見されることもないであろう死という痛ましい謎がある。こうした威力をもって自然はわれわれに挑戦する。すなわち堂々たる、残酷かつ容赦ない力で……人格をもたない力や運命というものは手のつけようがないもので、永久に手の届かないところにとどまりつづける。しかし仮に自然現象がわれわれの魂と同じように怒り狂う激しい感情をもつとしたら、死ですらも偶発的なものでなく邪悪な意志の暴力的なしわざであるとしたら、また自分たち自身の社会で見知っているような類の生き物が自然のそこここで私たちのまわりに存在しているとしたら、われわれはほっと息をつくことができ、不気味なもののなかにあっても安堵していられ、自らの意味のない不安を心的な手段で扱うことができるだろう。[52, pp.15-17 *6]

世界はばらばらの断片であり、われわれもばらばらの断片です。これらの断片をまとまりのある全体につなぎ合わせるのが意味の科学です。パーソナリティは断片の集合体であり、精神分析はこれらをつなぎ合わせることに関

わっています。混沌としての外界は内的な深淵を映す鏡です。テイヤール・ド・シャルダンは現代の宗教的神秘論者ですが、この点を詩的に表現しています。

> 私は燭台を取り、何もかもが明瞭なものに見える日常的な仕事や関係の領域を離れ、私の自己の最も内奥へと、つまり私が自分の活力の源であるとうっすら感じ取っている場所である深い深淵へと降り立っていった。しかし、私が社会生活に表面的に光を投げかけている慣例的な確実性から離れれば離れるほど、自分自身とも接触を断たれてゆきつつあることに気づいた。降りてゆくに従って新たな人物が私の内部に現れたが、もはやその名前は判然とせず、もはや私の意のままにもならなかった。そうして足下から路が消えてしまったために探求を打ち切らねばならなかったとき、私は自分の足下に底なしの深淵を見たのだった。[104, pp.76-77 ＊8]

最後に、精神病患者である40歳男性との、精神病を発症してすぐの頃のやりとりを少しご紹介したいと思います。

> いくつか青い丸……黄色いキリン……それに悪魔。

> あなたは私の冷たい態度に取り囲まれた感じがして、私がいやなのだけれども、私の黄色いネクタイで私をなでたいと思ってもいるのですね。

> カーペットの切れ端……椅子の脚……ドア越しにのぞいている顔。

> あなたはまったく自分一人で遊ばなくてはならず、私はあなたの水準まで降りてはこないのですね。

> アベロンの男の子……弁髪の男……空っぽの家。

> 自分の手を使って、また嗅いだり見たりして遊ぶのが楽しいと感じているのだが、ここでは言語に乗り換えなければならず、あなたはそれを知

性では理解できるもののそれは感情としての意味をもたないので、生活が空っぽの家みたいなのですね。あなたが言葉を備えた私の水準まで上がってくると、感情の深淵にいるような気持ちになるのですね。

　分析における解釈というものは意味をつくり出すことに関係しています。精神分析は意味の探求ですが、しかしそれで治せるのでしょうか？

　私が断片の寄せ集めということについてお話ししているのは、人間という存在が一つのものであるかに見えていながら実は断片の集合体であるからです。ユング（Jung, C. G.）はこれをこう表現しました。「われわれの無意識的心理には、それ自身確かな生命をもつ特有の像が存在する。これはすべて、いわゆる意識の単一性というものは幻想であるという事実から説明されます。それは実際には願望夢なのです。われわれは自分たちを単一であると考えたがります。けれどもそうではありません、絶対に違うのです」[68, pp.72-73]。

　まわりの世界はすべて分裂していると説明しましたが、それは、主体と客体から成る二元的な性質をもつという点において、精神はすべて分裂していることを意味しています。精神は現実のものですが、テーブルや象や卓上スタンドのような物質的現実とは違っていますし、フロイトは心的現実ということを言いました。さて、あらゆる証拠が指し示しているのは、精神が分裂しており個々の断片がそれ自体小さなパーソナリティとして作動しているという事実であるように思われます。ユングはこれらの心的なパーソナリティを「コンプレックス」と呼び、このように述べています。「コンプレックスは、ひとりでに動きわれわれの意図とは離れてそれ自体の生命を生きる傾向をもつ、自律的な連想群なのです。われわれの個人的無意識も、集合的無意識と同じように、無限の数の、というのもそれが未知であるからですが、コンプレックスあるいは断片的なパーソナリティから成っていると私は信じます」[68, p.73]。

　ですからこの現実が何であれ、われわれはそれがストレス下では破壊され苦しみをもたらすことを知っています。人は矛盾や狂った考えやいらだたしい症状を抱えつつも大変うまくやってゆけるときもありますが、さまざまなかたちで苦痛を経験するときもあります。そんなとき彼らは精神科医や精神

分析家を訪ねます。あるいはまた信仰療法家か催眠術師を訪ねることもあるかもしれません。

それでも人間は自分を単一体であると思いたいのです。それを求めて苦闘し、実際にそうなのだという考えを通常は意識的に精力的に守っています。自分は一つだと感じるのが好きなのです。この考えが矛盾しているのは他人の目には明らかですが、通常は本人には隠されています。このことについてサマセット・モームは深い知恵をもってこう語っています。

> ……人間について私が最も感銘を受けたことは、それが一貫性を欠くことである。私はかつて人を首尾一貫したものとして見たことはない。大変つじつまの合わない諸特徴が同一人物のなかに存在し、にもかかわらずもっともらしい調和を呈することに私は驚かされてきた。一見相容れない諸特徴がいかに同一人物のなかに存在しうるか、私はしばしば自問自答してきた。自己を犠牲にすることのできる詐欺師、優しい気性のこそ泥、金に見合った見返りを与えなければ体面に関わると思っている娼婦を私は知っている。[84, p.40 *9]

人が単一性を感じるには二つの方法があります。自分自身の外側にある統合されたシステムにしがみつくか、自分自身の内側にある何ものかを統合すべく努力するかです。前者の場合、内部の不統合はそのまま残されますが、宗教や政治的イデオロギーや文化的価値体系やまた国家、民族あるいは家族的な伝統にしがみつくことによって人は名付けえぬ恐怖から自分を防衛しています。この方法は伝統的な社会や単一的な価値システムをもつ社会ではうまくゆくのですが、現代的な巨大都市圏の多元的な価値システムのもとでは同等の効果を発揮せず、むしろ失敗に終わる可能性が高いのです。

もう一つの方法は、人が自分自身の中へと入っていって自らのいくつもの異なったコンプレックスをまとまりある全体へと鍛え上げることです。専門的な援助なしにこれを成し遂げる場合もあって、フロイトやユングはそのようにしたのであり、今もそうしている人は一定数いますが、精神分析家への接近が必要になることもあるでしょう。患者の語ったことに意味が与えられることによって心的断片はゆっくりとためらいがちに凝集し、まとまりある

単一体を形作ります。このようなことがどうして生じるのかという問いに答えようとするのは簡単ではありません。

　まずわれわれは単一体を形作りたいという内的衝動を自らのうちに認めることができますが、これが精神分析的な過程におけるこの上なく重要な要素です。このような過程がまだ動きはじめていないような患者にはまだお目にかかったことがありませんが、しかし妨げとなっているものを除くためには分析家の援助が必要でした。その過程が抵抗にぶつかっているため、それを乗り越えるための援助が必要なのです。フロイトが分析の仕事は記憶を明らかにすることではなく抵抗を乗り越えることだと言ったのはこのためです。分析家は抵抗するパーソナリティや抵抗するコンプレックスに出会いますが、まさにこれが彼の仕事を難しいものにします、というのもこれには洞察と技術が必要とされるからです。

　第二に、単一性は分析家が患者の不安をもちこたえる能力を通じてもたらされます。統合されていないパーソナリティに伴う情緒は不安であり、そうして不安のせいで断片同士は互いにばらばらのままになっているのです。どちらがどちらの原因なのかなんて訊かないでください、卵が先かニワトリが先かという問題なのですから。しかしその状況から不安をいくらかでも取り去ることができれば、そうした断片がよりまとまりをもちやすくなることが分かっています。分析家は患者と、成文化されてはいないものの、ある契約を結びます。すなわち「あなたが私にこの過度の不安のいくらかをゆだねてくだされば、それがわれわれの行なってゆく治療の助けとなります」という契約です。すると、患者が取り払いたいと願っている、パーソナリティの抵抗し不安を抱いている部分が、分析家へと投影されます。これが転移として知られている現象なのです。

　第三に、単一性は解釈によりもたらされます。分析家は不安を和らげるために、また患者の矛盾した考えや感情を互いに結びつけるために解釈をします。物質でない言葉が物質でない精神に入ってゆきばらばらの断片同士をつなぎ合わせるのです。あらゆる表現形式のうちで、口にされた言葉は最も心的で、触知できる物質から遠いものです。

　分析家の人格は不安に耐えます。そうして解釈として与えられた言葉が心的な部分部分をつなぎ合わせます。分析家は患者から伝えられるものと彼自

身の精神分析理論とを自由に扱える裁量をもっています。どの解釈も理論を反映し、またどの解釈も意味の構造のなかに埋め込まれています。理論が豊かであればあるほど、扱える意味の体系はよりよいものになります。解釈するために分析家は「夢想」やあるいは「漂える注意」に身を任せます。その想像過程は患者によって刺激されますが、これがかなわなければ自らの予断のえじきとなってしまいます。しかし最終的には、その患者が自分自身の個性的で個人的な世界観を打ち立てなければならないのです。

訳注
1　原著ではSE22とあるがSE20の誤りか。
　　以下に邦訳あり。
　　「『素人による精神分析の問題』のためのあとがき」『フロイト著作集第11巻　文学・思想篇Ⅱ』池田紘一訳、人文書院、pp.230-231、1984
2　縮刷版であるが、以下に邦訳あり。
　　『フロイトの生涯』アーネスト・ジョーンズ著、竹友安彦、藤井治彦訳、紀伊國屋書店、1964
3　以下に邦訳あり。
　　「自己を語る」『フロイト著作集第4巻　日常生活の精神病理学　他』懸田克躬訳、人文書院、pp.422-476、1970
4　以下に邦訳あり。
　　『審判』〈文庫〉フランツ・カフカ著、原田義人訳、新潮社、pp.11-13、1971
5　以下に邦訳あり。
　　「わたしじゃない」『ベスト・オブ・ベケット(2)　勝負の終わり・クラップの最後のテープ』サミュエル・ベケット著、安堂信也・高橋康也訳、白水社、1990
6　3に同じ。
7　テイヤール・ド・シャルダン（Teilhard de Chardin）：(1881-1955) フランスのイエズス会聖職者・古生物学者・哲学者。
8　以下に邦訳あり。
　　『テイヤール・ド・シャルダン著作集第5巻　神のくに・宇宙讃歌』宇佐見英治・山崎庸一郎訳、みすず書房、1968
9　以下に邦訳あり。
　　『要約すると』サマセット・モーム著、中村能三訳、新潮社、新潮文庫、1968

フロイトの発見

4
ダーウィンの信奉者、および物理主義的伝統の基礎を築いた人物としてのフロイト

フロイトの発見

　フロイトは1856年に生まれましたが、これはダーウィンが『種の起源』の出版をついに決意した3年前のことでした。この本は半日で完売し、科学界に革命をもたらしました——生物学、民族学、人類学、心理学、社会学、経済学それに神学は、いずれもダーウィンの進化論に深い影響を受けたのです。フロイトも彼の同時代人と同様、ダーウィンから深い影響を受けました。まだ若い頃の彼が行っていた顕微鏡による研究は、ダーウィンの立場からおのずと導き出されるある仮説を検証したいという欲望に大きく動機づけられていました。同時にフロイトはウィーンにあったエルンスト・ブリュッケ(Brücke, E.)の生理学研究所で最も厳しいトレーニングを受けてもいました。このブリュッケは物理主義者協会の四人の設立者のうちの一人であり、この協会の見解は当時のヨーロッパのほとんどの医学部を支配していたのです。これら二つの思想的伝統をある程度把握しなければフロイトの科学に対する姿勢を理解することはできません。

　ダーウィンの理論の中心的な教義は、大変簡潔に説明できるものです。彼はまず、もし妨げるものがなければあらゆる生物の数は幾何級数的に増加すると述べています。その原理は、幾何級数的に増加すれば一から始まっても非常な多数にすぐに達してしまうというもので、これは次のような物語で説明できます。あるエチオピア人の旅人が裕福な中国人地主のところに滞在していましたが、その滞在中地主の息子がおぼれかけていたのを助けました。

中国人は感謝して、どんな高価なものでもよいから望みの贈り物を選んでほしいと客に申し出ました。そこでエチオピア人はチェス盤を持ってきて地主に向かって言いました。「チェス盤のいちばん隅のマスに米を1粒置き、次のマスにその倍の量を置き、そしてその次のマスではその倍の量にして、それから次のマスではまた倍にしてという具合にしてチェス盤のマスをすべて埋めていただけますか」。中国人は、自分が考えていたのはそんなものよりもっと立派で高価な贈り物だといって反対しました。けれどもエチオピア人は、先ほどお願いしたそれがぜひほしいのですと譲りませんでした。

　この物語の結末には察しがつかれることと思いますが、この中国人がどんなことに巻き込まれたのかということだけお話ししたいと思います。彼は1マス目に米を1粒置き、2マス目に2粒、3マス目に4粒、4マス目に8粒、5マス目に16粒、6マス目に32粒、7マス目に64粒、8マス目つまり1列目最後のマスに128粒の米を置きました。これを1マス1マスいちいちやってゆき皆さんを退屈させることはしませんが、しかし1ポンドあたり1,024粒の米とすればその中国人は2列目の終わりに65,536ポンドの米を置かなければなりませんでした。3列目の終わりまでには16,777,216ポンドの米を置かねばなりませんでした。4列目の終わりにくるまでには米113トンです。5列目の終わりまでに28,000トン、6列目の終わりまでに7,168,000トン、7列目の終わりまでに40億トン、そしてチェス盤の最後までに1000兆トンもの米を置かねばらなかったのです！

　ダーウィンを読むまで、幾何級数的とはどういう増加をいうのか私にはぴんときませんでした。『種の起源』でダーウィンはこの事態をきわめて明快にこう説明しています。

> あらゆる生物は自然に非常な高率で増加し、もし滅ぼされなければ地球は一組のつがいからでた子孫たちでたちまち覆い尽くされるという原則には例外がない。増殖の遅い人類でも25年かけて倍になってしまうが、この率でいくと数百年で文字どおり人類の子孫たちが立っているだけの余地もなくなってしまうだろう。リンネの計算ではもし一年草が2粒の種子をつけ——こんなに生産力のない植物は存在しないが——、そこから出た苗が翌年2粒の種子をつけ…とやっていくと、20年で100万の植

物ができることになる。ゾウは既知の動物のなかで最も増殖の遅い動物と目されているが、その自然増殖の最低の予測率を見積もるにもなかなかの骨が折れた。すなわち、標準以下の予測になるが、30歳で子をもうけ、90歳まで出産を続けてこの間3組の子を産んだとする。すると5世紀目の終わりには最初のつがいを祖先とする1,500万のゾウが生存していることになる。[17, p.117 *1]

このように休みなく爆発的に増えつづけるすべての生き物が必死で生存しようとし、生息に利用できる限りあらゆる隙間へと殺到するわけです。
　ダーウィンの二つ目の主張は、大規模な破壊が常に起こっているということです。彼はこのように言っています。

> 苗たちはさまざまな天敵によって大量に破壊されてもいる。私は耕され開拓された縦3フィート、横2フィートの小さな敷地で他の植物によって枯らされる恐れのない場所に自生した雑草の苗をすべて観察したが、357のうち295もが主にナメクジや虫によって破壊された。[17, p.120 *2]

したがって、どの個体が滅びどの個体が生存する少数派に入るのかということが問題になります。個体間に変異が存在することが詳細な観察によって示されており、そうしてある個体の色や形が他の個体に対してわずかな優位性をもつことになるのです。結局よりよい生存者が選択されることが見てとれます。
　生息に利用できる新たな隙間に種が押しかける際には、そういうより適応に優れたわずかな変異をもつものが生き残ります。生まれたときの変異は無作為に生じますが、しかし長い期間にはある型の変種が他のものより統計的によりうまくやっていくのです。われわれは何千年、何百万年という単位での話をしているわけですが、地球の構造が変化してくるに従って生き物も新しい環境への適応を迫られてきました。一方のものの他方のものに対する生存の可能性が増すようなわずかな変異というものがたえず働いてきたのです。
　このようにして一つの種が新たな種類へと発展してきました。魚類から始まって両生類、爬虫類、哺乳類を経て、霊長類からホモ・サピエンスへと進

んできたのです。何百年、何千年という単位でなく、何百万年という単位で考えるなら、1,500万年ほど前にはわれわれは猿と共通の祖先をもっていました。もう1,500万年さかのぼれば、ほかの哺乳類は皆われわれのいとこと見なせます。さらにさかのぼると、爬虫類やしまいには魚類までも仲間に入れねばならないことになるでしょう。

　エルンスト・ヘッケル（Haeckel, E.）はダーウィンの支持者の一人で、個体発生は系統発生を繰り返すという考えを定式化しましたが、これはつまり個体の発達のなかでヒトは人類以前の祖先の段階をたどるという考え方です。ですからヒトとゴリラの胎児では体長に対する脳の比率は同じですが、幼児期になって初めて差が出てきます。さらにヒトの胎児は、出生前には抜け落ちる産毛と呼ばれる細かい毛に覆われており、あらゆる哺乳類と同じように魚だったわれわれの祖先と同じ水中環境の中で生きています。ヘッケルの法則が生物学者のあいだで無条件に受け入れられてはいないことは分かっていますが、フロイトは間違いなくヘッケルの影響を受けたのであり、より原始的な機能形態への退行ということが昔も今も分析理論のかなめなのです。われわれは通常この退行を、人間のライフサイクルのより早期の段階への退行とのみ考えています。しかしある種の状態では人類以前の精神の機能形態への退行ということがありうるという可能性を——少なくとも仮説としては——考慮に入れないと、精神分析からその説明能力の一部を奪うことになってしまうでしょう。たとえばある女性は性交渉のあと夫をむさぼり喰いたいという強烈な欲望を抱きました——こういったことを行うあのクモ類動物への退行です。

　ここでできるだけ簡潔に、物理主義者協会の科学的な立場を説明しておきたいと思います。物理主義者協会は四人の著名な医師によって創設されました。ヘルマン・ヘルムホルツ、エルンスト・ブリュッケ、カール・ルートヴィヒそしてエミール・デュ・ボア-レイモンです。この４人はあらゆるかたちの生気論、すなわち生体は魂によってあるいは少なくとも物理学や化学に還元できない原則によって生命を与えられているのだとする考え方に激しく異を唱え、共同でベルリン物理主義者協会（*Berliner Physicalische Gesellschaft*）を作ったのです。その信条は以下のような誓文の中で定式化されていますが、これは反生気論者協定として知られているものです。

一般的な物理学的力や化学的力以外には、生体内で働く力は存在しない。こうした力によって当座は説明がつかない場合には、それが働く特有の方法や形式を物理学的・数学的手段によって発見するか、あるいはまた物質に生来備わっている化学的・物理的力と同じくらい重要で引力と斥力とに還元できるような新しい力を仮定しなければならない。[66, p.45 *3]

25年のあいだにこうした科学的な態度がヨーロッパのほとんどの医学部を席巻してしまいました。たとえば哲学者のフランツ・ブレンターノは異なった観点をもっていましたが、当時の科学界から「例の時代遅れの老いぼれアリストテレス学派信奉者」と嘲笑されていました。彼の講義は実際多くの聴衆をひきつけており、フロイト自身もウィーン大学で2年間にわたって聴講していたにもかかわらずです。しかしながら、フロイトはブレンターノからの影響を著作の中で一度たりとも認めたことはありませんでした。これは注目すべき点だと思います。

物理主義の伝統は啓蒙思想の精神がさまざまに分岐したものの一つでしたが、フロイトに話をうつす前に、啓蒙思想の精神について、またその前の時代を支配する思想を生んだ哲学者すなわちルネ・デカルトについて、少しだけ考察したいと思います。啓蒙主義の時代までは、キリスト教が聖なる秩序であり、それにそってすべての現象が説明されていました。キリスト教の概念的枠組みでは、説明の階層(ヒエラルキー)がたった一つの意味の中心に従属していました。自然界ですら被造物の一部とされ、人間がその歴史のなかで神をたたえる行為のために必要な舞台や舞台装置だったのです。啓蒙思想はこの説明の秩序をあらあらしく退け、そのかわりに全世界の理解を可能とするような合理的で科学的な原則をもたらしたのです。しかし啓蒙思想は同時に、ほかのどんな説明原理に対しても徹底的に非寛容でした。反生気論者協定は、それがもつ狂信的といわないまでも独断的な態度を雄弁に物語っている一例です。

デカルトは啓蒙思想以前の人で死ぬまで敬虔なクリスチャンでしたが、彼の哲学は、私の講義の第2回ですでにお話ししたように、神と観察可能な世界とのあいだ、魂と肉体とのあいだ、知る人としての人間と彼の環境とのあいだには裂け目のあることを明文化しました。彼の哲学はこれらすべての意

フロイトの発見

味のある結びつきを断ち切ってしまったのです。またわれわれは彼のことを、分裂（splitting）という心理学的現象を哲学的思考や神学的思考のなかで体現してみせた哲学者と考えたほうがいいのかもしれません。神は信仰心の対象となり、人間の人格は魂のなかに宿っているとされるようになり、肉体は魂がすり込みを受ける経路として働き、その結果知識にも影響が及ぼされるような知覚機械とされるようになりました。これに伴い人間は世界を観察する独立した観察者であるという考えが生まれましたが、人間は世界の存在を証明することはできませんでした。感覚はきわめて疑わしく信用してはいけないものとされたのです。人間が外界の存在を「知る」のは感覚を通してでした。感覚が知識を得るための媒体としては頼りにならないものとなってしまった以上、人は自分の外側に存在するものがあるとどのように確信することができるでしょう？　こうした態度から、第一原理から現象を演繹し、ときには科学的観察によって自分の行った演繹を確かめなければならない、人間としての科学者の理想像が発展してきました。文学、美術それに詩は、創作者のファンタジーの産物であるため何の役にも立たず、それ自体では科学的営みのなかに位置づけることはできないとされたのです。

　さて物理主義者協会に話を戻しましょう。それは1845年に設立されましたから、フロイトが医学部に入学した1873年にはすでにそれに代表されるような科学的風潮が十分に確立されていました。しかし同時にこの頃までにダーウィンの発見が科学界に大きな衝撃を与えてもおり、熱心な支持者たちが彼の理論のさまざまな面の証明にさっそく取りかかってもいました。フロイトは1876年にブリュッケの弟子となり、その協会のあらゆる著名人たちをあつく信奉するようになりました。たとえばウィーンを短期間訪れたヘルムホルツにフロイトが会えなかったことがあったのですが、そのときフロイトはヘルムホルツを自分にとっての英雄の一人だと言っています。

　フロイトは研究を始めた頃に、トリエステの動物学実験研究所に学生として他の何人かとともに選ばれて行くことになり、そこでウナギの性腺の構造を研究することになりました。十分に成長し精巣をもっているウナギを発見した人はまだ誰もいませんでした。その難しさは、ウナギが交尾期前に非常な大回遊をすることと明らかに関連したものでした。フロイトがトリエステに赴く前年、動物学者のシルスキは葉のある小さな臓器を発見し、それをこ

れまで発見されていなかった精巣であると結論づけていましたが、これには検証が必要で、それがフロイトに与えられた課題だったのです。彼は約400体のウナギを解剖し、その多くにシルスキが記述していた臓器を見いだしました。顕微鏡による観察で、彼はそれをおそらくは未成熟な精巣であろうが確証には証拠が不十分だと考えました。

　ブリュッケは再び彼に神経細胞の微細構造の研究、とりわけ原始的な円口類に属する魚の一種であるアーミステス（Amoectes：ヤツメウナギ）の脊髄にある巨大細胞の研究を課しました。ブリュッケはこうした原始的な生物の細胞構造が――特にライスネル細胞の構造が――人体のものと本質的に同じであるのかどうか突き止めようとしていました。

　フロイトは組織を染色する新しい技術を発見したため、ライスネル細胞についてある程度結論を出すことができました。彼は、それは「こうした下等な脊椎動物において、胚の神経管の末梢への移動が完全でない際に、脊髄内に残存している脊髄の神経節細胞にほかならない。このようにしてあちこちに分散している細胞は、脊髄神経節細胞が進化の過程でたどった道筋をしるしている」と述べました。アーネスト・ジョーンズはこれを評して、詳細な観察によってもたらされた勝利であり、すべての生物は進化の上で共通だという確信を最終的に科学者にもたらすことになっていく千もののささやかな業績のうちの一つであったと述べています。[66, pp.52-53*4]

　フロイトには神経細胞と原繊維を形態学的かつ生理学的な単一体――つまり現在われわれがニューロンと呼んでいるもの――として概念化することが求められていました。アーネスト・ジョーンズは、もし彼がのちの大胆さをもう少しもち合わせていれば今日現代神経学の父として知られるようになっていてもおかしくない、と言っています。アーネスト・ジョーンズはまた、フロイトは顕微鏡を用いた観察においてずば抜けていたが実験を含む研究計画ではいつもそれほどの成功を収めなかったという興味深い指摘をしています。彼は動物であれ人間であれ生物を傷つけることを好みませんでした。前回の講義の初めに申し上げたことを思い出していただけると思いますが、のちに彼は粗暴な干渉となると思われるような治療法を避けることになります。もし神経症の構造が観察できれば、神経症に効力を及ぼすことができると信ずるようになったのです。彼は何にもまして観察者であったのです。

フロイトは結婚した年である1886年の４月に神経科医として開業しました。まずはじめに、彼は当時一般的であった方法を用いました。つまり電気療法、水療法、そして催眠です。すでにお話ししたように彼ははじめの二つに早々に見切りをつけ、催眠に集中しましたが、それについては次の講義で詳しくお話ししましょう。彼はかつての指導者たちがもっていた科学的態度の限界を明らかに超えつつありましたが、それはフロイトのもつ最も魅力的な側面の一つです。つまり、一つのメタ心理学の視点を越えて妥当と思われるようなまとまりを何とかして作り上げていったのです。彼の研究手法はむしろ人文主義的(ヒューマニスト)と漠然と呼ばれるようなものになっていきましたが、それでも彼はそれに分かち難く結びついた物理主義的(フィジカリスト)な態度も科学的精神も捨て去ることはありませんでした。（実際フロイトは、これから見てゆきますように人文科学的な関心や芸術的な関心をもっていたにもかかわらず、科学界で高く評価されることを生涯切望していました。）フロイトはまた生涯にわたって頑として無神論者を貫きましたが、無神論を守るには物理主義者の誓いという教義にすがりつくことが避けられないと彼は感じていたのではないかと私は思います。

　概念化にあたっての物理主義的な手法はすべてのフロイトの著作に浸透していますが、1895年に書かれた初期の著作『科学的心理学草稿』ほど、それが純粋なかたちで見いだせるものはないでしょう。これは、ヒステリーという臨床的現象を物理主義的モデルにそって説明しようとした試みです。冒頭はこのように始まります。「この草稿の意図は自然科学的な心理学の提示である。その目的はすなわち、心的な諸過程を、量的に決定される特定可能な物質的粒子群の諸状態として表して、簡潔で矛盾のないものにすることにある」。[33, p.295 *5]

　次に彼はこのモデルに従って記憶、睡眠、ヒステリー性の観念、意識その他の内的な心理学的現象に説明を加えようと試みます。一方同僚のヨーゼフ・ブロイエル（Breuer, J.）は、自分は心理学の用語での説明のみを試み、脳や微粒子に言及することはしない、と言いました。『草稿』を書き上げて間もなく、ご存じのようにフロイトはブロイエルにならってこう述べました。われわれの知識は、心理学的状態を特定可能な器質的相互作用に結びつけるほど十分に進歩してはいない、と。そして彼はそののち自らを厳格に心理

学的モデルの範囲内に限定し、それを生理学的知識と調和させようとすることをやめました。それでも彼は生理学的研究がいつの日か自分の心理学的理論構成に追いつくことを願っていたのです。

　局所論的モデルはまさにそうした心理学的モデルでしたが、生体内のすべての活動は純粋に盲目的な力から生じているとする点でいまだ物理主義的伝統を帯びていました。その一例をフロイトのメタ心理学の論文『無意識について』から引用しますが、これは1915年、彼が精神的な過程を三つのシステムすなわち無意識、前意識および意識のあいだの相互作用として定式化しようとしていた頃に書かれたものです。

> 全体の過程を見渡すと、第三の位相は第二の位相を大規模に繰り返したものと言える。「意識」（Cs）システムは、代理表象の周囲を逆備給することによって代理表象の活発化から自らを防衛するが、これはちょうど以前に、抑圧された表象が浮かび上がるのを代理表象の備給によって防いだのと同じやり方である。置き換えによる代理形成はこのようにして続けられてきた。次のこともまた付け加えねばならない。つまり、「意識」システムは以前には抑圧された本能衝動により突破される可能性のある箇所として代理表象というほんの小さな部分しかもっていなかったのだけれども、最後には無意識の影響をこうむるこの飛び地は恐怖症的な外的構造全体に拡がるのである。40, p.184 *6

　ここではこれらの諸システムを器質的に位置づけようとする試みはなされていませんが、それでも生体内の活動の源は非人格的な動因にあるとされています。意図をもった自我というようなものは引き合いに出されていません。フロイトがついに意図性を十分に考慮に入れうるモデルを採用したのは『自我とエス』*7 という論文を出版した1923年になってからのことでした。それは構造論的モデルとして知られるようになりましたが、フロイトはその採用にあたっても古いモデルを捨て去ることはなく、晩年の著作には、物理主義的な見地と非常に生気論的な見地との混在が至るところに認められます。お互いにぶつかり合っているような異なったモデルをもつと混乱につながるのではないかと思われるかもしれませんが、しかし実際にはこれらのメタ心理学

的視点は非常に調和し、まとまった一つのシステムを形成しています。たとえばマリー・ヤホダ(Jahoda, M.)[63, p.26]は、フロイトの非凡な才能がこの事実から見てとれると考えています。

　精神分析のなかの異なる諸学派も、フロイトのモデルのうちのどれかに従ってきています。思うに物理主義の伝統は古典的フロイト派に最もよく受け継がれています。すなわちアンナ・フロイト、ハインツ・ハルトマン(Hartmann, H.)そして自我心理学者たち——つまり初期のアメリカの学派ですが、彼らについてはこの連続講義で詳しく述べることはしません。私は個人的には物理主義的な伝統やそれが生み出した諸モデルには共感しませんが、しかしそれにはあるすばらしい価値がありました。科学的態度というものに対しての深い敬意があったのです。仮に物理主義的なモデルを捨て去るにしても、それと一緒に科学的態度まで捨て去ってしまわないように気をつけねばなりません。最後に、われわれは人間として無生物の世界とある種の重要な諸特徴を全体として共有していますが、そのなかには人間の動機づけというものの特徴を理解するために重要なものもあります。残念ながらこの考えをきちんとご説明するにはあまりにも時間がかかりそうです。それでもやはり物理主義的な伝統は、こうした動機づけの特徴を要約し概念化する試みとしてはおそらく誇大な試みであったのでしょう。

訳注
1,2　以下に既訳あり。
　　『種の起源(改版)』上・下、ダーウィン著、八杉龍一訳、岩波文庫、1990
3,4　縮刷版であるが、以下に邦訳あり。
　　『フロイトの生涯』アーネスト・ジョーンズ著、竹友安彦、藤井治彦訳、紀伊國屋書店、1964
　5　以下に邦訳あり。
　　「科学的心理学的草稿」『フロイト著作集第7巻　ヒステリー研究　他』小此木啓吾訳、人文書院、p.233、1974
　6　以下に邦訳あり。
　　「無意識について」『フロイト著作集第6巻　自我論・不安本能論』井村恒郎訳、人文書院、p.100、1970
　7　以下に邦訳あり。
　　「自我とエス」『フロイト著作集第6巻　自我論・不安本能論』小此木啓吾訳、人文書院、pp.263-299、1970

5
フロイトと、メスメルの催眠運動

フロイトの発見

　驚くべきことに、ヘルムホルツ医学学派のわれらが厳格な科学者は、数年後催眠を擁護するようになっていました。彼はベルネーム（Bernheim, H.）の著書『暗示』をドイツ語に翻訳したのですが、この序文の中でこう述べています。

　　催眠の問題は、ドイツの医学の指導者たちのあいだで最も好ましくない受け入れ方をされた（クラフト-エービング［Kraft-Ebing, R. von］、フォレル［Forel］などの数少ない例外を除き）。にもかかわらず、ドイツの医師たちがこの問題およびこの治療手段にあらためて注意を向けることがあえて望まれるのである……[31, p.75]

　前回の講義ではフロイトはブリュッケの生理学研究室に落ち着いて献身的に働いていたはずなのに、いまや神経症、特にヒステリーの治療における催眠の有用性を主張しています。どうしてこんな変化が起こったのでしょうか？
　これまで見てきたように、フロイトは3年遅れて医師の資格を取りました。その間、彼はブリュッケの研究室で重要な研究をしていたのです。しかしついに自分の経歴上それが必要であると認識するようになって、1881年に資格を取りましたが、これは医学教育を受けはじめて9年後のことでした。彼はその後18カ月間その研究室で自分の研究を続け、そこで方向転換するきっか

けとなるあることが起こりました。マルタ・ベルナイスと恋に落ちたのです。
　彼は医学教育を受けているあいだずっと父親の経済的援助を受けていましたが、その父もまた生活に窮していました。また研究室ではわずかばかりの給与しか支給されていませんでした。彼は遠くない将来に研究室のより高いポストに昇格できる可能性があるのかどうか聞き出そうとして、ブリュッケと話してみました。するとブリュッケは、こんな見返りの少ない仕事を研究として続けるに十分な個人的経済的支援の用意は自分にはないから、医師として開業するようにと助言しました。それでフロイトは生理学研究室を去り、臨床経験の獲得に取りかかったのです。
　その後の３年間、彼は複数の異なった病院に職を得て医学のさまざまな専門分野をまわりましたが、そのなかには精神医学も含まれていました。この間も彼は神経学の研究を続け、重要なモノグラフを数冊出版し、そして激しい競争を経てウィーン大学の員外講師に選ばれました。員外講師になるためには大学のスタッフの前で公開講義をしなくてはなりませんでしたが、フロイトはそのテーマに「脳の脊髄神経路」を選びました。これが満場一致の満足をもって受け入れられたのです。この地位は給与こそないものの大変名誉なもので、学生を教えて謝礼を受け取ることができるので経済的にも利益が得られ、また開業医として働くにあたり神経科医としての評判を高めることにもなりました。
　しかしこの３年のあいだフロイトが主に注意を集中していたのは、開業するにあたって十分な力をつけることでした。彼は1885年に、うまくいけば６カ月の休暇をとり特に興味ある分野を研究することを可能にしてくれるであろう奨学金に応募しました。これもまた大変受給資格の取りにくい奨学金であったのですが、彼はこれを獲得してパリへゆき、J-M.シャルコー（Charcot, J.-M.）のもとで研究することを即座に決めました。当代随一の神経科医であったシャルコーは、ヒステリーに注目し、その症候を催眠を用いて供覧していました。ここで、われわれはしばし立ち止まって、この治療技法のたどった奇妙な歴史を概観してみる必要があります。

　物語はフランツ・アントン・メスメル（Mesmer, F. A.）の不思議な発見から始まります。彼は1734年コンスタンス湖畔の下流階層の家に生まれ、1815年に

没しました。彼の初めての学術的研究は哲学や神学の分野のもので、イエズス会の援助のもとで行われたものでした。ウィーンにおいて33歳で医学を修了しましたが、その際人間の疾患の経過に惑星が及ぼす影響に関する論文を発表し、医師としての地歩を固めました。彼は羽振りよく暮らし芸術のパトロンとなりました。ハイドンとモーツァルトはいずれも彼の家を何度か訪問しています。40歳のとき彼は自分の磁力を発見し、しばらくのあいだ開業したのちウィーンを離れ、パリに赴いて10年間滞在して有名になり、また金持ちの患者たちから得た莫大な報酬によって裕福にもなりました。滞在の終わり頃に、彼の評判は手痛いどんでん返しをくらったため彼はパリを去り、社交界から姿を消して引退しコンスタンス湖畔に戻り、30年後に年老いて亡くなりました。

メスメルの発見は彼が27歳の患者エスターリーン嬢を治療していたときに始まりましたが、彼女はおよそ15の重篤な症状に悩まされていました。彼女の病気が周期的に危機的増悪をみる特徴をもっていることに気づき、これを天体の特有な運動と関連づけました。ちょうど月が潮の干満を支配しているように、患者の中にある何らかの神秘的な流体が天体の運動によって支配されているのだとメスメルは考えました。もし彼が人工的な潮の干満を惹起することができれば、彼女を治癒させられるかもしれないと思いついたのです。そこで彼女に鉄を含んだ製剤をのませ、彼女の体に磁石をあてました。すると患者は神秘的な流体が体の中を流れくだる尋常でない流れを感じはじめ、数時間で悪いものはすっかり洗い流されてしまいました。メスメルはこうした効果が金属磁石単独ではもたらしえないとさとり、自分自身の中に溜まっている流体によってもたらされたに違いないという結論に達しました。この流体を彼は動物磁気と名付け、自分が達成することのできた治療成果はこの存在のためだと生涯確信していました。

メスメルはこの患者で成功をおさめ、引きつづき多くの治癒をもたらしました。ウィーンではマリーア・テレーザ女帝から特別に庇護を受けているマリーア・テレージア・パラディースのヒステリー盲を治しました。けれどもウィーンの医学界は彼に対してきわめて敵対的でした。というのもこの患者を診察した医学調査委員会は、彼女はメスメルがいるときにしか目が見えるようにならないと主張していたのです。のちに患者が自分の家族の家に戻り

それ以降ずっと盲目となってしまった際に、メスメルは、彼女が再び盲目となってしまったわけは彼女の評判も女帝からの経済援助も目が不自由なことによっていたせいであると言いました。もしメスメルが正しかったとすれば、これはフロイトがのちに二次疾病利得あるいは症状からの利益と呼ぶことになったものの一例であることになります。

　メスメルが患者たちに引き起こした危機（クリーゼ）には激しいけいれん様のものがあり、患者たちはてんかん発作に類似した何らかの体験をしているようでした。けれどもこの磁力の背後にあるものは本当は何なのでしょうか？　メスメルをめぐる騒動の結果、ルイ16世は1784年彼の治療法を調査するための王立委員会をもうけました。化学者アントワーヌ・ラボアジエや米国大使のベンジャミン・フランクリンのような著名人たちがこの任にあたっています。この委員会の王への公式報告は治療効果があったことを否定してはいませんが、しかし磁気流体が存在するという証拠はないと述べ、治癒は想像によるものだとしています。しかし委員会は王に対して内密の報告書も提出しており、磁気をかけられた女性が男性の磁気治療者に対してもつ性的魅力によってもたらされる危険をも指摘しています。

　メスメルとその追随者たちに関するあらゆる報告は、磁気治療者とその患者とのあいだに生ずるラポールの現象にもまた大いに注目しています。これは患者とその磁気治療者のあいだに存在する奇妙な引力でした——どのくらい奇妙かというと、同じ人物から磁気治療を受けている患者同士がお互いのことをよく兄弟とか姉妹などと言っていたのです。（精神分析研究所での研修１年目のとき、もう一人の研修生がやって来て彼女と私は「いとこ同士」だと言うのです。聞いたこともない新しいいとこに出くわして私はびっくりしました。そこで彼女が私に説明してくれたところによると、私の分析家と彼女の分析家は以前同じ人から分析を受けていたというのです。）ラポールは患者の治療における大変重要な要素となっていると理解されましたが、しかしのちにフロイトが催眠の利用をあきらめることになった一つの理由はまさに、彼が性愛的な現象を分離し最終的にはそれを分析の過程を通して解消したいと考えたからなのです。

　メスメルの最も重要な弟子の一人はピュイセギュール侯爵（the Marquis of Puységur：1751-1825）でしたが、彼は若い時期には軍役に従事したり、ソワッ

ソンの近くの城に暮らして所領の管理をしたりしていました。侯爵はメスメルの弟子となりましたが、彼の最初の患者の一人が自分の所領に住む若い小作人であったヴィクトル・ラースでした。ラースは何らかの軽い呼吸器疾患をわずらっていましたが、ピュイセギュールに磁気をかけられると大変奇妙な危機(クリーゼ)に陥りました。けいれんを起こしたのでも、運動錯乱を呈したのでもありません。そのかわりこの若者は妙な睡眠に入ってしまったのです。ピュイセギュールはこれを「完全クリーゼ」と名付け、またこの状態に入っている患者には彼、つまりピュイセギュールが暗示をかけることができるのに気づきました。患者は再度はっきりと覚醒したときにその命令を実行するのでしたが、しかしその間自分のしていることが自律的に行われているのではないという認識はなく、自分自身の自発的な行動だと思いこんでいたのです。ピュイセギュールは患者に、訴えていた病気はもはやなくなった、目が覚めると同時に消えてなくなるであろうという暗示を与えられることが分かりました。

　ピュイセギュールはほどなくして大変成功し、彼の所領にあったある樹のまわりで集団療法を行いましたが、彼が誘発することのできたその特殊なクリーゼはのちに英国人ジェームズ・ブレイド (Braid, J.) によって「催眠」と名付けられました。しかしながらピュイセギュールはその死後ほとんど忘れ去られ、彼が創始した治療法は衰退の道をたどりました。催眠は偽(にせ)医者や信仰療法家によって、また降神術の会において無差別に利用されだしたのです。この問題は多くの流行小説に取り上げられる大衆受けするネタとなり、もはや科学者たるものがまじめに取り上げるようなものとは見なされなくなりました。そこに19世紀最後の四半世紀になって二つの催眠の学派が登場したのです。ナンシーとパリでのことでした。

　ナンシー学派の創始者は田舎医者のオギュスト・リエボー (Liébeault, A.) でした。彼は19世紀初頭の催眠に関する専門書を偶然見つけて、自分の患者たちにそうした治療を施すようになりました。患者らがあまり乗り気でないのを見てとると、通常料金で普通の手段による治療を受けるか、あるいは無料で催眠治療を受けるか選択させました。催眠の実践はけた外れに増えていきました。しばらくして彼は引退しそのテーマで本を書きましたが、しかしまったくと言ってよいほど売れず、医学界の同僚からはいかさま医者呼ばわり

されたのでした。しかし1882年、ナンシー大学医学部教授イポリート・ベルネームの訪問を受けてから事態は変わりました。彼はリエボーの理論と臨床にほれこみ積極的な関心を抱くようになったのです。いまやリエボーの著作は多くの読者を得るようになり、大評判になりました。ほどなくベルネーム自身がそのテーマについて本を書きましたが、すでにお話ししたとおり1889年ベルネームを訪ねたフロイトがこれをドイツ語に翻訳しています。ベルネームの見解はこうでした。催眠現象は暗示によって完全に説明がつく、そしてそれはまさに暗示が人に及ぼしうる力の実証である、と。

　シャルコーに話を移しましょう。先に述べたとおり彼は当時最も有名な神経科医であり、パリの古いサルペトリエール病院を、時代遅れの残骸から、研究室や講義室その他科学に必要な品々を備えた場へと変身させた人物です。彼が初めてその病院を訪れたとき、そこは評価や出世を望む医師なら必要でもない限り1日たりともよけいに滞在しようとはしないような場所でしたが、シャルコーはそこが他所には見いだしえないような臨床的多様性の宝庫であることをさとったのです。そしてヨーロッパ中から彼のもとで学ぼうと医師たちが集まりました。フロイトは彼を大変尊敬し、彼が1893年に若くして亡くなったときには彼への賛辞を書いています。フロイトは特にシャルコーの仕事の仕方や科学的観察の方法に感銘を受け、彼についてこのように述べています。「彼は理解できないでいるものを何度も何度も眺め、それについての印象を日ごとに深めてゆく、そうして突然それが彼に理解されはじめるのだ」[32, p.12]。これはフロイト自身も採用した手法であり、また今日の精神分析にとっても必須の手法です。科学的試みにおいてより実験志向であるような人たちは、こうした手法やあるいは精神分析をすすんで受け入れようとはしません。

　ベルネームが催眠をおもに治療の道具として利用したのに対して、シャルコーはそれを、1870年以降、ある種のヒステリーが心的な起源をもつことを実証するために用いました。シャルコーは、ヒステリーはあらゆるタイプが基本的には遺伝に見いだされるであろう要因によるものだが、しかしおもに2群に分かれると信じていました。神経系の器質的な病巣から生ずるものと、心理的要因から生ずるものです。この後者の仮説を立証するためにシャルコーは、催眠を通じてまったく似通った症状を生じさせることができたのでし

た。

　さらにベルネームと異なりシャルコーは、催眠現象は暗示のみによっては説明できない、つまり神経系の要因を通じてもつくり出されると信じていました。フロイトもこの見解を取り、ベルネームの著作のまえがきで人びとがいかなる暗示もなしに催眠トランス状態に入りうる事実にふれ、歯科医師が顔にライトを浴びせたところ催眠にかかってしまったある女性患者の事例を挙げています。一方ベルネームは、シャルコーが出した結果こそ暗示を通じて得られたものであり、患者がもつ特性とはまったく何の関わりもないものだと信じていました。二つの学派は互いに激しく対立しました。

　フロイトは1886年の復活祭の日に個人開業を始めました。彼は当時の神経科医に利用可能だったさまざまな手法を、特に電気治療を利用しましたが、それにはまったく見込みがないことを知り、しばらくするともっぱら催眠を用いるようになりました。この頃にはすでにヨーゼフ・ブロイエルが彼に、四肢麻痺、聴覚や視覚の障害、摂食不能といった重篤な症状をわずらっている自分の患者——名高い症例アンナ・O——のことを話していました。ブロイエルはある日、患者がある症状がどんなふうに始まったかを彼に語ると、その症状が消失することを発見しました。そこで彼は毎朝彼女を催眠にかけ、症状の源につながっている記憶を一つひとつ順に明らかにしていくために、トランスを利用するようになりました。多くの症状は、彼女の父親がわずらった晩年の病気をめぐる痛ましい状況に源をもつことが分かりました。彼女はその間、父親の看護をしていたのです。

　ブロイエルはさらに、患者がその症状を突然よみがえらせるような出来事について話したとき、その語りに感情が伴っている限り症状は消失するということを発見し、この治療法を「カタルシス」と命名しました。しかしながら彼は、アンナ・Oが彼に対して発展させた強力な性愛的愛着に気づくと結局治療をあきらめてしまいました。このことに彼の妻が嫉妬し機嫌をそこねていたのです。

　ブロイエルからこの症例について初めて聞いたとき、フロイトは大変興味をひかれました。パリにいたとき、彼はこれについてシャルコーに話したのですが、その高名な神経科医が関心をもった様子はありませんでした。実のところそれがなぜフロイトの興味をそそったのかはたやすく理解できます。

というのも、ここでは催眠が従来よりずっと科学的なやり方で用いられていたからです。権威的な命令を与えるかわりに、ブロイエルは症状の源を発見するために催眠を用いていました。すなわちそれはまじめな探求を補助するために使われていたのです。そればかりか、科学的発見は治療的成果とも重なっていました。これが最終的に精神分析の特徴となったのですが、そのあらましについてはすでに第一回目の講義で述べました。

　まとめましょう。フロイトは個人開業において、催眠を独特の方法で用いていました。精神分析の技法は1892年から1896年にかけてカタルシスという催眠の手法から発生しましたが、しかし1896年までにフロイトは催眠の利用をすっかりあきらめました。この変遷については転移の講義でもう一度取り上げることになりましょうが、ここでもう少しだけ催眠の性質やそれがもつ精神分析との類似点について考えてみたいと思います。というのもこういったことは十分に認識されていないからです。

　もしも治療者が理想化されていなければ——つまり、もし患者が催眠術者に対して軽蔑的な考えや意識的な敵意をいだいていれば——その場合、トランスは生じえません。もしも治療者がわれわれが呼ぶところの「陰性転移」を解釈しようとすれば、トランスは消え失せます。なぜかというと、催眠トランス状態では性愛的要素が理想化に転換されているからです。ヒステリー状態の重要な特徴は、催眠トランス状態にある人にも分かちもたれているのですが、それは喜ばせたいという深い願望です。ヒステリーの人は最も巧みなやり方で治療者が聞きたいと思っていることを話すものですし、分析者はどんなことを喜ぶかについて分析者から与えられる微妙な手がかりを、おそらくは無意識的にでしょうが、とらえることができます。ユング派の分析を受けている患者は「ユング派の」夢を生むし、フロイト派の分析を受けている患者は「フロイト派の」夢を提供するだろうというシニカルな批評の背後にあるのはこの現象なのです。しかし精神分析が催眠から発展したのであってみれば、私の考えでは問われるべきは「催眠現象の名残が精神分析にはどのくらい残されているか？」という問いです。この答えを示したいとは思いませんが、ただ少し意見を述べたいと思います。

　カウチの利用は催眠からの名残です——フロイトがはっきりと述べている

事実です――そうしてそれは、催眠における重要な要素のいくらかが精神分析においても作用しているしるしかもしれません。例を挙げましょう。ある種の患者たちがカウチに非常におびえる一つの理由は、彼らが分析者に完全に服従するだろうと感じるからです。皆さんはおそらくこう言い換えることができるでしょう、すなわち喜ばせたいという深い願望は、社交的な交わりにおいては通常利用可能な視覚的手がかりから、患者が切りはなされたときに浮かび上がってくるのだと。

　分析家に座位で対面する姿勢からカウチに変わったときに催眠トランス状態に入った患者が思い出されます。分析家はひどく理想化されており通常の現実の領域とは無縁になっていたのです。患者の最大の願望は愛されることであり、彼女はこれを相手を喜ばせることによって獲得しなければならないと感じていたのです。陰性転移を解釈されると彼女はひどく腹を立て、そしてすっかり変わりました。したがって、催眠現象は陰性感情の否認を利用しているのだと言えるでしょう。この患者には、無償の愛を与えてはくれずその愛を勝ち取らねばならなかった、そんな母親に対する、非常な敵意があったと推量してもよいのではないかと思います。このような場合患者がよくなるためには、喜ばせたいという欲望に愛が取って代わる必要があり、分析家は自分が現実的な色合いで認知されるまで絶え間なく陰性転移を解釈する必要があります。つまり、良いものと悪いものの両方が統合された総体として心的エネルギーを備給されるまでということです。

　それでもやはり実際には催眠現象の要素はいくらか残されます。分析を受けている患者で、その分析家が患者に多少なりとも理想化されていないような患者にはめったにお目にかかったことがありません。それにまた、仮にある分析家を、その人から分析を受けている最中である人物のいる場で率直に批判したりすれば、精神分析の世界でうまくやっていくというわけにはいかないことをつねづね感じてきました。これは被分析者というものが自分の分析家をかなり理想化してとらえがちであることを意味するにほかなりません。そこからまた特定の分析家たちやその学派に対する中傷がもつ意味も、その人個人の、分析者に対する陰性感情の置き換えとして理解することができます。たとえばタビストック・クリニックでは、催眠現象の存在を引き合いに出さない限り、メラニー・クラインに対する好き嫌いの感情の激しさを理解

することは困難です。というのも、フロイトが1896年に催眠の公式な使用をあきらめたにもかかわらず、それはさまざまに姿を変えてわれわれのあいだにいまだ存在しているからです。治癒を得るためにはいくつかの要素が今なお必要かもしれません。私自身はそういう結論をよしとしてはいないのですけれども。

5 フロイトと、メスメルの催眠運動

6
ロマン主義者フロイト

フロイトの発見

　フロイトはヘルムホルツを最も崇拝する科学者でしたが、同時に18世紀末ヨーロッパに興り19世紀にも色濃く受け継がれていった文化現象の精神にひたされたロマン主義者であったことも確かです。ロマン主義のような文化現象を少ない言葉で巧みに定義することはとうていできません。ロマン主義はわれわれがそれに目を向ければ認識しうる精神あるいは傾向ではありましたが、しかし論理学者にも満足がゆくように明確に表現することは困難です。その精神のいくばくかをお伝えするためには、啓蒙運動およびフランス革命後続いて生じた幻滅に立ち戻らなくてはなりません。
　ロマン主義は啓蒙運動の名残から興ってきました。すでに申し上げたようにこの後者の運動における思想家たちは、コンスタンティヌス１世の時代から中央ヨーロッパを支配してきたキリスト教の秩序とは対照的に、人間社会が合理的原則の上に築かれる日を待ち望んでいました。当時は天上から地上にわたるすべてのものごとがキリスト教の概念的枠組みのもとに統合され説明されていたのです。創造ですら、キリストによる救済という神の目的への第一歩であったと理解されていたのです。何事もこの中心的目的の外にはありませんでした。他方、啓蒙運動の思想家たちはいまやすべてのことが科学の合理的原則にそって説明しうると信じていたのであり、前回の講義で引用した反生気論者協定もそこから引き継がれた典型的な遺産でありました。けれども実は啓蒙主義は、それに先だつキリスト教と見解をともにしていたの

です。それはすべての現象が統一されたシステムにそって説明しうるとする見解でした。

　さて旧秩序すなわちアンシャン・レジームを覆そうとする政治的出来事がフランス革命でした。多くの人たちがこの政治的大変革にすべての望みをかけていたため、それが失敗に終わったときには幻滅しました。もちろんフランス革命が全面的に失敗だったというのは正しくありません。ナポレオンがまた特権を握り、彼の死後君主制がふたたび現れたにせよ、彼はフランスを再構築しました。領土の再分配が生じたのです。つまりまったく新しい法的構造が社会的関係を支配し、君主制ですらいまや民主的原則によって選ばれる一つの方法となったのです。

　けれどもたとえアンシャン・レジームが消え去ったとしても、旧秩序が完全に消え失せることはありませんでした。宗教的な支配はまだ存在していましたし、自由、平等、博愛の理想がいまだ達成されていないことは誰の眼にも明らかでした。そこで幻滅が広がったのです。宗教的説明のにおいがするようなものには何であれ断固として抵抗することをますます堅く決意し、自然現象であれ社会現象であれものごとの科学的物質主義的な説明にますます熱心にこだわるようになった人たちもいました。しかしながら幻滅によって、もう一つの異なった傾向をもつ作家や画家、思想家らの集団が生まれました。これがロマン主義者たちでした。

　ロマン主義者たちは、あらゆる現象を宗教的目的にであれ科学的目的にであれ、より高い目的に服従させることに対して抗議しました。水仙も蝶もそれ自身価値をもっている。それ自体の美を備えている。それは神の栄光のために存在するのではなく、また機能主義的科学的説明に服従させられる必要もない。それはより高い秩序の目的に奉仕するものではなく、そうした目的に対してどんな意味があるかが問われる必要もない。ロマン主義者にとって神とは、自然の中にまた魂の中に存在するものでした。彼らの自然宗教において、ロマン主義者たちは汎神論的でした。シェリーの場合のように無神論が率直に表明されるときにも、その詩のテーマはその深みにおいて汎神論的でした。超越的な神というような、つまりはるかにすばらしい存在がありえるというような考え方はロマン主義者の気風にはなじまぬものでした。なぜなら何らかの意味体系への服従は事物それ自体の価値をおとしめるからです。

哲学者アルフレッド・ノース・ホワイトヘッドはこう言っています。「ロマン主義の台頭は、価値のための異議申し立てであった[106, p.90]」と。

　啓蒙運動の熱い理想を抱いていた人びとの内的な自己は、彼らが信奉していた大義と同一視されていましたが、しかし幻滅に伴って理想から自己が分離するようになりました。特に将来の社会の改善に関する理想はひどく遠いものとなりました。ロマン主義者たちは大義とか世界観といったものからは尻込みしていました。彼らは政治には無関心な傾向があり、社会的関心に背を向けて自然礼賛に向かいました。彼らの絵画は典型的には風景を描写する傾向にありました、険しい山だとか海の荒れ狂う嵐だとかいったものをです。ロマン主義の画家たちは新古典主義の題材もその手法もあからさまに軽蔑していましたし、現代のわれわれにとっては実感をもって理解しにくいことですが、コンスタブル[*1]の「乾草車」は1824年にパリで初めて公開されたとき美術界に大変な反響を巻き起こしました。というのもその題材が、新古典主義の画家たちなら描いてみようと考えすらしなかった題材だったからです。ターナーは同時代の人たちから色の使い方が粗雑だとひどく批判されました——ある批評家などは、その絵の題材が何なのか理解するには部屋のまったく反対側まで行かなければなければならないと文句を言ったほどでした。

　ロマン主義者たちが従来神聖だとされてきたえせ宗教的な諸価値を軽蔑したことは分かりましたが、われわれはまだこの運動の最も重要な思想に到達できたとは言えません。一番重要なのは題材や手法のことよりも、それが文学であれ詩であれ絵画であれ音楽あるいは建築であれ、その内的感覚が本物であったかどうかです。表現されたものは、どの媒体であれ、その個人の真の内的感覚の表現でなくてはなりません——他人の手法やスタイルを単に猿まねするだけの人間ほどロマン主義者たちが嫌ったものはありませんでした。ですからロマン主義は、文化におけるプロテスタント主義の出現と言えるかもしれません。つまり重要なのは内的な光、内的な魂だったのであり、バイロンがどんなことであれその瞬間その瞬間に自分が感じていることを表現しようと決心したことは、こうした気質の特色をよく示すものでした。熱狂的な個人主義者であったロマン主義者たちは、個々の人間を形のはっきりしない集団に入れてしまうようなすべての理想を憎みました。自分自身をそのような理想のために犠牲にするようなことは、最も嫌悪すべきことだったわけ

フロイトの発見

です。

　ロマン主義者たちはありのままの世界を求めました。彼らは世界を自分たちが見たままに受け止めました。ジョージ・ハーバート・ミード*2が『19世紀の思想動向86*』*3の中で引用している話ですが、マーガレット・フラー（Fuller, M.）がカーライルの前で「私は全世界を受け入れる」*4と言ったところ、カーライルは「やれやれ、御随意に」と答えたそうです。理想主義者は世界をありのまま受け入れることを特に難しいと感じつつも、世界の厳しく揺るぎない事実を自分に対してうまく糊塗するような理屈を案出しようと試みている、というのがもし正しいなら、ロマン主義者たちは実際に存在している改善への可能性に常に背を向けていることになるでしょう。D. H. ローレンス*5の「私のための芸術」という言葉は、ロマン主義的態度の特色をよく表しています。

　自己が最高の価値をもっていたのです。ロマン主義者たちはそうしたより高い価値といったものに対していつも懐疑的でした。一人の人間の人生について患者と分析家が莫大な時間と労力を費やすことの倫理性についての議論を私はよく耳にしてきましたが、ロマン主義者であればそもそもそのような疑念は抱かないでしょうし、そのような議論を軽蔑すらしたことでしょう。

　さて、実際は自己は孤立した状態では存在しえません。つまり何かに帰属しなければならないのです。理想主義者が未来に向かうのに対して、ロマン主義者は過去に還ります。どんな時代に還るにせよ、常に現在よりはましでした。彼らは失われた時代を悼んでいたのです。自然に向かうことは、いくぶんは産業革命以前の想像上のよりよい状態への回帰でもありましたが、しかし典型的にはロマン主義者たちはユダヤ教とキリスト教の熱烈なる伝統以前の時代、あるいはそこから外れた時代へと回帰したのでした。そこで彼らは古代ギリシャとその神話へと向かいました。その中に人間に備わる非合理的なものの表現を見いだしたのです。ロマン主義者は人間の魂のもつ暗い力や情熱を強調し、非合理的なものを賛美し、社会は合理的原則の上に構築しうるというような考え方を退けました。彼らはあらゆるものを合理的法則に還元しようとする科学的風潮を信用しませんでした。彼らは人間の内の神秘的なものや不可知のものに親しみを感じていました。ロマン主義者たちは内省を好み、自分自身の心の最も深い内奥への内的な旅を試みました。ロマン主義者が自然の風景を愛した理由の一つには、それが人間の魂の内的な広が

りを象徴していると感じたからでした。

　人間の価値や人間についての真実は内面に見いだされるものであり、合理的科学によっていくら探索しても、人間の本質は何であるかを突き止めることはできません。人間というものを明らかにするために、ロマン主義者は想像力——物理主義的伝統を受け継ぐ科学者からは排斥された道具——に目を向けました。だから詩や音楽や文学や絵画といった、内面的な情緒や感情を細やかに表現するのに役立つあらゆる媒体へと向かったのです。想像力を通じて人間は真実に、それも人間とその世界に関する最も重要な真実に到達することができるのです。ロマン主義者は想像力なしには真実はなく、ただ不毛な公式だけしかなくなると信じていました。想像力、ファンタジー、直観そして自発性が彼らの研究道具だったのです。

フロイトの発見

　さて、フロイトに戻らなければなりません。フロイトは非常に教養のある人物でした。文化は彼の血の中に流れていました。歴史に影響を残した最も偉大な人たちというのは成長期に広く読書しているようですが、フロイトも例外ではありませんでした。彼がイングランドと英国文学を愛していたこと、そして17世紀の歴史にとりわけ興味をもっていたことは特に申し上げておかねばなりません。なかでも国王の斬首とクロムウェルの支配につながった革命に興味を抱いていました。オリバー・クロムウェルは彼があこがれていた人物の一人であり、彼は息子の一人にオリバーという名までつけたのです。また彼はシェークスピアも特に愛好しており、自分の著作で非常にしばしば引用しています——フロイトにとっては、ハムレットは文学の最も偉大な業績の一つでした。彼はミルトンも読んでいましたし、ジョージ・エリオットの小説も何作か、それにディケンズの作品はほとんど読んでいました。彼の婚約者であり後には妻となったマルタ・ベルナイスに初めて贈ったものの一つが『デービッド・コパーフィールド』だったのです。

　フロイトはスペイン語も読みまた話すことができ、何より気に入っていたのは『ドン・キホーテ』でした。彼はこの本を何年にもわたって繰り返し拾い読みしています。それだけでなくスペインの劇作家カルデロンの全作品を読破してもいたようです。（カルデロンはおよそ200本もの脚本を書きましたから、これはちょっと信じられないほどのことです。）フロイトはラテン語

も読み、著作で繰り返しラテン語による引用を行っています。フランス語はさほど上手に話せませんでしたがもちろん読め、実際シャルコーの著作の一つをドイツ語に翻訳したのでした。彼が大変気に入っていたらしいもう一つの作品がフローベールの『聖アントワーヌの誘惑』でした。マルタへの手紙で彼はそのことを述べています。

> 私はすでにすばらしい眺め（グムンデンへの旅で見た景色）に深く感動していましたが、そこに、最も凝縮されたかたちで、かつこの上ない鮮明さで、この世のあらゆるくだらないものを人の頭に投げ込むこの本が現れたというわけです。というのは、それが知識についての重大な問題ばかりでなく、人生の真の謎、感情と衝動のあらゆる葛藤を呼び起こすからです。それは、あらゆるところで支配力をふるっている神秘性の中でわれわれが当惑していることにはっきりと気づかせてくれます。確かにこうした問題はいつもそこにあり、人間はこのことをいつも考えているべきです。しかしながら人間がしていることと言えば毎時間あるいは毎日自らを狭い目的に限定してしまうことで、そのような謎にかかずらうのは特別な時間の仕事であるという考え方に慣れてしまっています。こうした謎はそういう特別な時間にのみ存在するものだと思いこんでいるのです。するとある朝、その謎は突然人間を襲い、平静と正気を奪い去ってしまうのです。
> _{66, pp.191-192に引用されている}

彼はもちろん母国語の文学にも精通していました。ゲーテも好みましたし詩人ハイネも好きでした。そのほか彼が特に興味を引かれていたものの一つに考古学があります。けれども彼がさほど通じていなかったテーマは哲学でした。彼は哲学に対してやや懐疑的でありながら、同時にそのせいで見解が偏ったものになる可能性も感じていたようです。フロイトは、自分が臨床的に観察しようとしていることがらにニーチェが触れていることは承知しているが、科学的観察の純粋性に影響が及ぶことを嫌ってわざと読まないでいるのだ、と述べています。ここに彼とユングの大きな相違点があったのですが、ユングはニーチェとショーペンハウアーの両者にかなりの影響を受けまたこれを公に認め、かつ哲学者の仕事を考慮に入れようとしないといってフロイ

トを批判しました。

　これまでのところフロイトに大変教養があったことは述べましたが、彼がロマン主義者でもあったことはまだお話ししていませんでしたので、その根拠を見てゆきたいと思います。さて、フロイトの研究の中心となる領域は無意識でした。これまで見てきたように、これはロマン主義者たちによって支持されていたものでした。すなわち科学者たちからは否定される精神の神秘的で未知なる暗い領域が、彼らのもっぱらの領分だったのです。無意識という概念は宗教の世界では何世紀も前から知られていましたが、この概念を初めて明確に述べた哲学的思想家はライプニッツで、18世紀初頭『単子論』においてのことでした。以来この概念への関心が高まったのです。J. F. ヘルバルト*6はこのテーマについて長文の解説を書いていますし、メスメルとその弟子たちもこれに大いに注目し、ショーペンハウアーとニーチェも同様でした。それはまた19世紀の多くの小説家たちの注目の的でもありました。

　しかしながら科学者らはその概念を神秘主義的なたわごととして軽蔑しており、どんな科学者であれそんなことを真面目に取り上げるなどとはほとんど考えられないことでした。ですからフロイトがそれに真剣に関心を寄せはじめたとき、彼はかつての指導者たちのいく人かから拒絶されたのでした。脳解剖学者テオドア・マイネルト教授などです。しかしフロイトは、無意識を単に神秘的なものとしておきはしませんでした。彼の科学的精神はそれでは決して満足しなかったのです。催眠がどうやって効くのかを理解しないうちは催眠が効くということを受け入れられなかったのと同様に、無意識は神秘的なままでありつづけるべき精神の領域だということを彼は受け入れられませんでした。もし本当にそんな精神の領域があるなら、それは研究できるはずでした。

　とはいえ、彼の研究はすべてロマン主義者たちが強い関心を抱いたものに集中していたため、加えて夢に焦点を合わせたこともあって、彼はロマン主義者たちの領分へと入ってゆくことになったのでした。こうした興味は彼の自己分析として知られている自分自身の内面への旅に伴って生じましたが、この旅の目的は自らの内的動機を発見することでした。実際、彼自身の秘められた目的を明らかにすることが『夢判断』の全体を貫くテーマです。この本に出てくる夢の多くは彼自身の夢であり、彼の欲望や意図を大変あらわな

ものにしていますが、しかし最も個人的で私的なもののうちのいくつかは明らかに隠しています。特に自分の性生活における葛藤は覆い隠していますが、キャリアや野望といった領域で自分が同僚らに対して抱いた対抗意識については率直に述べています。

マルタ・ベルナイスに対するフロイトの情熱についてはすべてが分かっているわけではありません。4年の婚約期間に彼は900通を超える手紙を書き、しかも4ページの手紙などは短いほうでした。しばしば手紙は12ページに及び、アーネスト・ジョーンズによれば、なかには22ページのものまであったといいます。フロイトは彼女を情熱的に愛していました。彼は彼女からの愛と注目を嫉妬深く執拗に求め、そうして婚約期間中に何回か彼のほうが怒りを爆発させています。マルタが彼に従順に従ったりはせず、彼が彼女を独り占めしようとして、彼女の家族でなく彼の味方をさせようとしたときには、彼女自身の主張を擁護しています。ある手紙で彼は彼女の死というありうべき事態についての自分の気持ちを表現していますが、そこでこのように述べています。

> 愛するものの死でさえ、何千年もの人間の歴史のなかでは些細な出来事に思えるだろうという考え方も、あるに違いありません。しかし、白状せねばなりませんが私の考えはまったく逆で、そんな事態はまったく世界の終わりに等しいものでしょう。少なくとも私に関する限り、世界は終わったも同然です……。
> _{66, p.146に引用されている}

こうした告白はロマン主義者に特徴的なものであり、この発言の核心は精神分析をとりまいている価値観の中心をなすものです。精神分析においては個人の重要性と価値に対して具体的な表現が与えられ、一人の患者に対する面接が毎日長期間にわたって行われるのです。

このようなやり方は理想主義者にとってはとんでもないことであり、またこの時代において社会主義的思想を固く信ずる人びとにとってはつまずきの石でした。精神療法センターに対して翌年20,000ポンドの補助金が与えられるべきかどうかについて意見を求められたある労働党の議員が思い出されます。彼の意見は、同じ金を大勢の人の利益になるような別の使い方で使え

のに、センターが診るのはごく少人数だというものでした。その人はフロイトとは正反対の、反ロマン主義的な見方を表明していたわけです。

共同体のより高尚な利益のために個人がわが身を捧げることの価値を強調するような文化は、精神分析に対立しがちです。たとえばこれはソビエト共産主義やローマカトリックの文化に支配された国々にもあてはまります。そればかりか通常精神分析家は、他人の要求や意見のために自分自身を犠牲にしようとするような考えが患者から表明されれば、何であれ病的なこととして解釈するものです。なぜなら服従的かつ自己卑下的な態度は、分析家が解釈しなければならない病理のしるしと見られているからです。個人の意志の服従を通して共同体の文化が機能しているような場合、それは通例精神分析に対立します。

フロイトは、啓蒙思想の原理に幻滅した点でもまたロマン主義者でした。啓蒙思想の原理は彼が理解しようとしていた諸々の精神現象を説明できなかったのです。彼はロマン主義者たちが好むタイプの説明、とりわけ古い神話、古代ギリシャ神話に向かいました。こうした神話には人間の最も深層にある葛藤が詰まっていると彼は確信していました。そして最も有名なエディプス王の神話は人間の中核的な神経症を表現しており、そこから他のすべての精神障害が生じてくると信じていました。

実際フロイトを読んでいると、厳格な科学的説明から神話的説明へと突然飛躍することに非常にしばしば仰天させられます。たとえば彼は『快楽原則の彼岸』で性的魅力の源を探求しようとして、そこにはより原始的な生物にすでに存在する原則があるのだろうかと思いめぐらしています。この議論の最中で彼はこう言っています。

> ……科学はセクシュアリティの起源についてほとんど何の示唆も与えてくれないので、この問題はかつて仮説の光がそれほど差し込んだことのない暗闇になぞらえられる。まったく違った領域では、確かにわれわれは実際そのような仮説に出会うのだが、それは非常に空想的なもの——科学的説明というよりもむしろ神話——であって、仮にそれがわれわれの望むある条件を正確に満たすものでなかったら、私はそれをここであえて提示すべきではなかったろう。つまりそれをたどると、本能の源が

ものごとの以前の状態を回復する必要であったことが分かるからである。
　もちろん私が念頭においているのは、プラトンが『饗宴篇』の中でアリストファネスに語らせている理論であるが、この理論は性的衝動の起源だけでなくその対象に応じての変形という最も重要なことを論じている。「もともとの人間の本性は、現在のようなものではなく違ったものだった。そもそも性というものはもともと三つあり、現在のように二つではなかった。男、女、そしてそれらが合体したものがあった……」この原始人に関するものはすべて2倍だった。4本の手と4本の足、二つの顔、二つの陰部、等々である。けっきょくゼウスはこの人間どもを、ちょうどナナカマドの実を漬け物にするために二つに割るように、二つに切断することに決めた。切断された後「人間の二つの部分はお互いにそのかたわれを求めて集まり、何とか一つになろうとしてお互いに抱きあった」。

　われわれは詩人哲学者のほのめかすところに従って、あえてこう仮定すべきなのだろうか、生命ある物質は生を受けた最小部分に分割され、それ以来性的本能を通じて再結合しようと試みていると？　こうした本能では生命をもたない物質が科学的な親和力をもちつづけているが、こうした本能がだんだんに成功を収め、原生生物界を経て進化し、こうした試みを妨害すべく危険な刺激——この刺激のために彼らは防御の役割をもつ皮膜層を形成せざるをえなくなったのだが——に満ちた環境から課せられた困難を克服していったと？　生ある物質が引き裂かれたこうした断片は、このようにして多細胞の状態を獲得し、ついには再結合の本能をその最も集中したかたちである胚細胞へと変化させたと？　——しかしそろそろ議論を打ち切らねばならないときがきたようだ。[*7]

　フロイトにはこのような例が何度も何度も出てきます。彼は回答を与えるかわりに思考への道をひらきます、それが必ずしも常に明確に述べられているかどうか分かりませんが。神秘の感覚は保たれてあり、想像が刺激され、そうしてさらなる探求への入口は開かれてあるのです。こうしたすべてにおいて、フロイトは典型的ロマン主義者なのです。彼は新たな意識をもって古

い神話に立ち返り、そのなかに理解の源を見いだしたのです。

　最後にわれわれは精神分析的な手法そのものに目を向け、それが科学的なものとロマン主義的なものとのいかに奇妙な混合物であるか見ておかねばなりません。創造的なイマジネーションは、制約されることなく精神がかけめぐる過程にその基盤を見いだします。こうした社会的制約からの精神の自由がロマン主義者の目には美徳と映っていました。こうした作業の手法、そう呼んでよければですが、それをフロイトは知っていたことがアーネスト・ジョーンズによって証言されています。彼によるとフロイトは、ロマン主義作家ルートヴィヒ・ベルネ[*8]の著作の多くを読んでいたといいます。彼はベルネのエッセイ『３日で独創的な作家になる方法』も読んでいたのですが、この結びははっきりとこんな言葉でしめくくられています。

> 私がぜひお勧めする実践的な処方箋とは次のようなものです。紙を何枚か取り、頭に浮かんだことを何でも、一切の歪曲や偽善なしに３日間たてつづけに書きとめてごらんなさい。自分について、妻について、トルコの戦争について、ゲーテについて、奇妙な刑事事件について、最後の審判について、自分にとっての権威ある先輩について、自分の思うところを書くのです――３日が過ぎる頃には、いかに斬新で驚くべき考えが自分の中に湧き出ているかにあなたは驚かされることでしょう。これが３日で独創的な作家になる方法です。[66, p.270に引用されている]

　フロイトが患者に対して自由連想のルールを採用したのがベルネに影響を受けてのことであった可能性は十分あります。しかしこの手法は、ロマン主義的な雰囲気をもってはいるものの、同時にフロイトにとっては彼の科学的志向からくる何かと関連したものでした。それはつまり、一連の連想により原因にたどりつけるだろうという信念です。ここに、流れは突き止めることが可能なある原因によって生じているというフロイトの決定論的な確信がうかがえます。フロイトはさらに、分析家にとっての適切な精神的態度とは一種の「平等に漂う注意」であるとしています。言い換えると分析家は、夢想し自由に想像をめぐらす必要があるというわけです。それが患者の葛藤の中心的領域を見つけるのに役立つかもしれません。すなわち彼が双方――つま

フロイトの発見

り分析家と被分析者——に対して勧めたのは、想像やファンタジーを育むことでした。それはロマン主義者にとっては薬であり、物理主義の科学者にとっては毒であったわけですが。

しかしながら自由連想という手法のなかから、われわれが精神と不十分にしか名付けえていないものを探求する新たな科学的道具が見いだされることになりました。時間の経過につれこの道具はより精密に調律されていきましたが、その最初のおおざっぱなかたちをつくり出したのはフロイトだったのです。その道具はロマン主義的なものと科学的なものの混合物でした。彼の研究対象である無意識はロマン主義の空想の的でありましたが、この手法を用いてフロイトはロマン主義とは相容れないこともしました。彼は無意識の地図を描き出し、その領域内でどんな法則が働いているか発見し、それを体系化しました。彼は科学的な調査と分類の論理を、いまだかつて図示されたことがない領域に対して適用しました。彼の非凡さはロマン主義的伝統と科学的伝統という二つの伝統を統合する能力によるものであり、それまではこれらはお互いに反目し合っていたのです。科学とロマン主義とは精神分析において調和していますが、しかし精神分析は今日も自然科学者とロマン主義者の両者にとってスキャンダルでありつづけています。

訳注
1 コンスタブル（John Constable）：（1776-1837）英国の風景画家。
2 ジョージ・ハーバート・ミード（Geoge Herbert Mead）：（1863-1931）米国の哲学者・社会心理学者。
3 以下に邦訳あり。
『19世紀の思想動向―社会学思想史講義』上・下、G.H.ミード著、河村望・近藤敏夫監訳、いなほ書房、1992・1994
4 カーライル（Thomas Carlyle）：（1795-1881）アイルランド出身の思想家、歴史家。
5 D.H.ローレンス（D.H. Lawrence）：（1885-1930）英国の小説家・詩人。
6 J.F.ヘルバルト（J.F. Herbart）：（1776-1841）ドイツの哲学者・教育学者。
7 以下に邦訳あり。
「快楽原則の彼岸」『フロイト著作集第6巻　自我論・不安本能論』小此木啓吾訳、人文書院、pp.150-194、1970
8 ルートヴィヒ・ベルネ（Ludwig Börne）：（1786-1837）ドイツの評論家。

7
フロイトの自己分析

フロイトの発見

　フロイトがヴィルヘルム・フリース（Fliess, W.）との往復書簡の中で、研究中の患者のうち最も重要な患者は自分自身だと語るようになる時期が訪れました。1897年に彼は内的な旅を特別な仕事とするようになりましたが、これは精神分析の最も重要な焦点は自分自身であると考えてのことでした。相当長くなりますがその値うちはあると思いますので、ブルーノ・ベッテルハイム[*1]が書いた『ニューヨーカー』の記事から引用します。

　『夢判断』[34]は、夢の意味の理解をわれわれにもたらしたばかりでなく無意識の性質とそれがもつ力の理解をもたらしたが、その中でフロイトはさらにより広い自己意識を獲得しようとする自らのたゆみない奮闘について語っている。他の著作では、なぜわれわれも同じことをする必要があると思うのかを語っている。ある意味で彼のあらゆる著作には、読者であるわれわれも同じような自己発見の旅によって得るところがあるだろうことが、優しく説得力のある、しばしば見事なまでの表現によって示唆されている……私は40年近く、アメリカの大学院生と精神科の研修医に精神分析の授業をしてきた。ほとんど例外なく見受けられたことだが、精神分析の諸概念はそうした学生たちにとって、安全な距離をとって他人のみを——自分たちと何の関わりもないものとして——観察するための方法となってしまった。彼らは抽象的な見方で他人を観察し知的

な概念による理解を試みたが、決して目を転じ魂の中や自分自身の無意識を見つめようとはしなかった。自分自身が分析を受けている学生ですらそうだった——そのことによる大した違いはなかったのである。精神分析は、彼らのうちのある者にとって自分自身に安心を深めたり人生にうまく対処するための役に立ったり、またある者にとってはやっかいな神経症症状から解放されるための役に立ったりしたが、しかし彼らの精神分析に対する誤解は変わらなかった。精神分析はこうした学生たちの認識では、深い混乱をもたらすかもしれない己の内部への、また己の行動への洞察を獲得することであるよりも、むしろ純粋に知的な体系——知的で刺激的なゲーム——であった。彼らが分析したのはいつでも誰か他の人間の無意識であり、自分自身のものであったためしはほとんどなかった。フロイトが精神分析を創造し無意識の働きを理解するために、自分自身の言い誤りや自分がものごとを忘れたりその他いろいろな間違いをしてしまった理由を分析しなければならなかったという事実を、彼らは十分に考えてみようとはしなかった。[8, p.52]

　この自己分析の過程を通してフロイトは個人的な洞察に到達し、それによって自分の理論のいくらかを放棄することになったようです。1880年代の終わりから1890年代初頭にかけて彼は患者に対する父親からの性的な干渉があったせいでヒステリーが起こると信じていましたが、しかし有名なヴィルヘルム・フリース宛の1897年9月21日付けの手紙によって、彼がもはやこの理論を信じてはいないことが明らかになりました。フロイトは四つの理由を挙げました。第一に、彼は分析を成功裏に終わらせることができずそれが絶え間ない失望のもととなっていること、第二に逐一すべての事例を父親のよこしまな行動に帰すべきであるとはほとんど信じられないこと、第三に無意識には現実検討がないため、真実と情緒的負荷のかかった作り事とを判別できないこと、そして最後に、患者が錯乱状態のときですら精神病状態の中で無意識の記憶が出てくることはないことです。エルンスト・クリス[*2]はその手紙への脚注でこう述べています。「誘惑仮説を退けることを可能にしたのは、まさにこの夏の自己分析であったと推測しても妥当であろう」[82, p.216]。
　エディプス・コンプレックスというものの最初の漠然とした概念が、彼の

意識にのぼりはじめていたようです。母親に対する自らの近親姦的な願望と父親に対する攻撃性に気づきはじめていたのです。そうして彼は、以前には受け入れることを拒んでいた子どもの性的な願望についての定式化にたどり着きました。ただし、フロイトが子どもは性的に無垢であるという考え方に異議を唱えた最初の人物だと考えるのは不正確です。スティーヴン・カーン（Kern, S.）はフロイトの見方を明らかに予見している10冊以上の出版物を挙げていますが、それらはヘンリー・モーズレー、グスタフ・アドルフ・リントナー（Lindner, G. A.）、アルベルト・モル[*4]、ハヴロック・エリス[*5]、そしてサンフォード・ベル（Bell, J. S.）といった著者によるものです。カーンはこう結論づけています。「フロイトによる幼児性欲の理論のほとんどあらゆる要素は、彼より前に完全に先取りされていた、あるいは何らかの仕方で言及されたりほのめかされたりしていた」。たとえばハヴロック・エリスは1897年にこう書いています。

> こうした類似性は非常に強いにもかかわらず、私の知る限りまた思い起こせる限りでは従来指摘されたことはない。勃起した乳首は勃起したペニスに類似し、お乳をほしがってよだれを垂らしている乳児の口は湿ってうずいているヴァギナに、アルブミンを含み活力の元となるミルクはアルブミン質を含み活力の元となる精液に類似している。一方から他方に向けてかけがえのない有機的な液体をもたらすことにより母親と子どもが身体的にも精神的にも互いに得る完璧な満足は、性の営みの絶頂にある男女の関係に寸分違わない生理学的類似の一つである。

実際『精神の生物学者フロイト』でサロウェイ（Sulloway, F. J.）が示唆しているところでは、フロイトは子どもの性的無垢に対して異議を唱えたのでしたが、それは進歩的とか良識に反するというよりむしろ当時としては遅れていたのであって、実際それ以前はかなり上品ぶっていたのです。フロイトが新たな結論に対する抵抗を克服したのは、自己分析に導かれてのことだったと思われます。分析の仕事は記憶の回復ではなくむしろ抵抗の克服であると彼が述べたのも大体この頃でしたが、その点についてはすでに私も触れました。重要なのは発見ではなく発見の仕方だったのです。

抵抗を克服することを通じて生じてくる一つの知識は、そこにまさにモノとして存在していた私の中にある知識とはまったく異なっています。もし私が、中核的な神経症はエディプス葛藤にある、と淡々と述べたとしたら、それは、自分が世界の諸部分を自分の母親の見方で見ており彼女に愛着していて、かつ父親に関係した特定の態度や価値を拒否していると突然気づくこととはまったく異なります。前者ではその知識は私自身の主観性に触れていませんが、一方後者では私は自分の存在の中心からくる何かを知りそれを理解しています。私が第１講でこの連続講義にはもともと矛盾が含まれているといったのはこういうわけだったのです。つまり私は教師として最初に挙げたような知識を提供していますが、一方臨床的営みとしての精神分析は２番目に挙げた知識に関するものなのです。真に治療的なのはこの２番目のほうの知識なのです。私はまたこのようにも信じています。すなわち、この２番目のほうの知識に基づいて分析者の側が──自分の存在の中心から──獲得した解釈だけが、患者にとって治療的なのです。

　言い換えれば、私が言おうとしているのはある種の知識、仮にそれを主観的知識と呼んでもいいですが、それが聞き手の側に影響を及ぼすということなのです。この影響とは何でしょうか？　内的に認めることを余儀なくさせるという影響だと私は思います。主観的知識を表現している誰かの前にいることが、われわれの内部にありそれによって真実を知り本物を感じ取ることができる何かと共鳴するのです。ロマン主義者のもつ本物に対する感覚とは、どんな媒体を通してであれその人の中の内なる光から、また主観的知識から表現がわき起こってきたときに、それを記録する能力でした。

　なぜフロイトが先ほど申し上げたモーズレー、リントナー、モル、エリスそれにベルなどの人びとを人物としてはるかにしのいでいるかと言うと、彼が自分の知識に主観的に到達したからであり、それがフェレンツィ（Ferenczi, S.）、ユング、シュテーケル*6そしてアドラー（Adler, A.）といった人たちの心の琴線に触れたために、彼らはフロイトに協力して彼が精神分析と呼んだ新しい運動を始めたのでした。精神分析において重要なのは知識自体ではなくその知識の得方です。するとこういう興味深い問いを発したくなるかもしれません。つまり、知識を客観的に所有するよりも主観的に得るほうが治療的なのはなぜなのでしょうか？

フロイトの伝記の中でアーネスト・ジョーンズは、フロイトの自己分析を最高に勇敢な行為であり孤独な旅であったと言っています。エレンベルガー（Ellenberger, H. F.）は事態を異なった見方で見て「創造の病」（creative illness）という概念をもち出し、これを次のように概念化しています。

> 創造の病は、ある観念に激しく没頭したりある種の真実を求める時期の後に生じる。それは、抑うつ状態、神経症、心身症、あるいはまた精神病というかたちすらとりうる一種の多形的な状態である。症状が何であってもそれは、当人にとって苦悶に満ちたとまではいかぬにしても苦しいものに感じられ、また軽快と悪化の時期がかわるがわる訪れるものである。創造の病の期間中、その当人は自分の頭を占めている関心の導きの糸を失うことは決してない。創造の病はしばしば正常な専門職の活動や正常な家庭生活と両立可能である。しかしたとえ仮に社会活動を継続しえているとしても、当人はほとんど完全に自己自身に没頭している。その人は完全な孤立感に悩むものである。たとえ、この試練を通り抜けるあいだ自分を導いてくれる導師のような人があったとしてもである（シャーマンの徒弟とその師の関係のように）。病気が終結するのは急速で、爽快な一時期が目印となることが少なくない。当人は、人格に永久的な変化をおこし、そして自分は偉大な真理か新しい一個の精神世界を発見したのだという確信をたずさえて、この試練から浮かび上がってくる。[19, pp.447-448]

エレンベルガーは、フロイトが孤立して自己分析を行ったというよりもヴィルヘルム・フリースというかたちをとったシャーマンをもっていたと考えています。またそれは人間の歴史の中でフロイト一人が経験したことでもありませんでした。エレンベルガーはフェヒナー[*7]、それにユングもそうだと述べています。事実、自伝的作品である『思い出・夢・思想』[*8]からユングがある種の似かよった体験をしたことは明らかであり、彼はまたそのような内的な旅を行うには周囲に支えとなる人物をもつことが欠かせないとも述べています。社会学者マックス・ウェーバーもこれに匹敵する経験をしたと思われますし、哲学者ルートヴィヒ・ヴィトゲンシュタインもそうでした。しかし

ながらフロイトが理解したのは、支えとなる人物あるいはシャーマンへの愛着は分析される必要があるということでした。独立した個人となるには自分自身を師(マスター)から自由にする必要があるのです。フロイトが病にとりつかれていたというエレンベルガーの発想はフロイトの発言や示唆の多くと符合しており、とりわけフリース宛の手紙での発言や示唆と符合します。フロイトに自己分析を行わせた内的な病気からの圧力が存在したということも強調されています。したがって、自由の水準ということをほのめかしているアーネスト・ジョーンズの発言は疑わしく思われます。ジョーンズがフロイトに帰しているような類の自由は、おそらく分析の成果として生じたものでしょう。つまりそれは弟子が師のもとにやってくるときには十分に存在していないのです。エレンベルガーの概念を拡張すると、分析において分析家は、この内的な旅を通じて弟子を助け、弟子が師を超え自分自身の師となるまで援助しつづける師となるのです。

　フロイトの自己分析について最後にもう一つ要点を述べたいと思いますが、その要点とは、それが統合的な経験であったということです。前回の講義の最後で私は、フロイトが自分自身の中に科学的伝統とロマン主義的伝統を統合していたという意味のことを申し上げました。しかし彼の自己分析は、はるかそれ以上のものを統合したのです。それは催眠運動に関する彼の物理主義的研究を統合しました。それは彼の父親および母親に対する内的願望と、彼の妻それに家族に対する願望とを統合しました。その時代の精神医学的見地を、彼自身の内的な主観的経験と統合しました。本能についての心理学的見地を、当時の生物学からの見解と統合しました。宗教的世界観を、子ども時代の願望およびエディプス葛藤と統合しました。自分のユダヤ人としての同一性を非ユダヤ的な関心事と統合しました。何ものも、他のものに触れることなく隔離されてあることはできなかったのです。彼の職業人生は、彼の家庭生活と切り離すことができないものでした。彼の著作はこれらの異なった諸領域の内外を縫うように進み、内的な統合に表現を与えています。

訳注
1　ブルーノ・ベッテルハイム（Bruno Bettelheim）：（1903-1990）ユダヤ人。ウィーン大学で心理学をおさめた。自宅で二人の自閉的な児の治療・教育を試みる。1939年アメリカ亡命、その1年前ナチス強制収容所に。1944年シカゴ大学教授。1950年代から自閉症研究・治療

に。オーソジェニック・スクール責任者。
2 エルンスト・クリス (Ernst Kris)：(1900-1957) 自我心理学を代表する精神分析学者。自我のための自我の統制下における一時的部分的退行の概念の創始者。ウィーンに生まれウィーン大学で美術史学を専攻、1930年までウィーン美術館副館長を務めた。フロイトの古美術品蒐集の相談役に。その後分析に興味をもち、ヘレーネ・ドイチュの教育分析を受け、1938年からロンドンで、ついでニューヨークで分析の研究・指導に当たった。エール大学児童センター所長。雑誌『イマーゴ』などを編集。
3 ヘンリー・モーズレー (Henry Maudslay)：(1771-1831) 英国の機械技術者。
4 アルベルト・モル (Albert Moll)：(1862-1939) 性科学者。
5 ハヴロック・エリス (Havelock Ellis)：(1859-1939) 性科学 (セクソロジー) の創始者として知られる英国の医師。1894年の『男と女』以来、性の研究に対する偏見と弾圧の強い時代に、一貫して性の科学的研究とその体系化に力を尽くした。主著は『性の心理学的研究』全6巻。ジグムント・フロイトをいち早く評価したといわれる。
6 ヴィルヘルム・シュテーケル (Wilhelm Stekel)：(1868-1940) 現在ルーマニア領になっているブコビナでドイツ系ユダヤ人家族に生まれた。後に性科学者になり初期の精神分析運動に加わった。1902年にフロイトが興したウィーン精神分析協会にアドラー、ライターとともに創立メンバーとして加わったが、1912年フロイトから離反した。
7 グスタフ・テオドーア・フェヒナー (Gustav Theodor Fechner)：(1801-1887) ドイツの物理学者、哲学者、心理学者。精神物理学の創始者、実験心理学の祖とされる。精神と物質は同じ実在の二つの面であるとした。この哲学の科学的基礎づけとして物心間の数量的関係の実験的把握を目指したものが精神物理学である。
8 以下に邦訳あり。
『ユング自伝　思い出・夢・思想』1・2、カール・グスタフ・ユング著、アニエラ・ヤッフェ編、河合隼雄・藤縄昭・出井淑子訳、みすず書房、1972・1973

8
フロイトによる夢の理解

　フロイトによる夢の理論の中心となる考え方は、夢は願望の幻覚的な充足であるというものでした。このことは子どもたちの夢に最も明確に表れていますが、それは子どもたちの夢が大人の夢と同じようには歪曲されていないからです。二つ例を挙げましょう。一つは8歳の女の子の夢で『夢判断』に引用されているもの、もう一つは私の長男が4歳のときに見た夢です。フロイトが報告している夢から始めましょう。

　友人の一人が私の息子の夢にそっくりの夢を報告してくれた。夢を見た本人は8歳の少女である。彼女の父親は何人かの子どもを連れ、ローラー小屋を訪ねるつもりでドルンバッハに散歩に出かけた。しかし遅くなってきたので彼は子どもたちに、残念だろうけれどまた今度この埋め合わせをしてあげるからと約束して引き返した。帰り道、一行はハーメアウへ登る道を指す道しるべのところを通り過ぎた。すると今度は子どもたちはハーメアウに連れて行ってほしいと言いだした。しかし同じ理由でこれもお預けになった。翌朝、8歳の女の子は父親のもとにやって来て満足げにこう言った。「ねえパパ、ゆうべ、パパが私たちをローラー小屋とハーメアウに連れてってくれた夢を見たのよ」。彼女は待ちきれずに、父親の約束を先取りして満たしたのである。[34, p.129 ※1]

私の息子は４歳のときに小さな保育園に通っていたのですが、そこにローチェスター先生という大好きな先生がいました。このローチェスター先生が学期中にまるまる１週間休まれたことがあったのですが、このお休みの２日目の朝、息子が私たちのところに来て夢を話してくれました。夢の中で彼は保育園に行き、部屋にたどり着いたところでローチェスター先生が自分を迎え入れクラスを担当しようとしてくれているのを目にして満足したのでした。
　どちらの夢も、夢を見た本人の生活状況や最近の出来事がひとたび分かったなら、願望充足の夢であることが一目瞭然です。願望の充足が分かりやすいもう一つのタイプの夢は、のどが渇いていたり空腹だったり性的に欲求不満だったりする人が見た夢です。ここでは夢が欲望を満足させるのですが、フロイトはまた床に就く前にオリーブやアンチョビーを食べることにより冷たい水を飲んでいる夢を実験的に作り出すことができると述べています。同様に、空腹な人は食べる夢を見、性交やあるいは欲求を排出するような何らかの性的活動を性的に渇望している人、それに膀胱がいっぱいになった人は排尿する夢を見るでしょう。これらの例ではすべて真の欲求が幻覚的な充足によって成就されており、また夢の中でその願望が隠されていません。
　夢の中での幻覚的充足は通常あるファンタジーの文脈内に位置づけられますから、たとえばのどの渇いた人は、ローマで暑い日にいくつかある泉の一つから飲んでいる夢を見るかもしれませんし、あるいは旅の途中で赤毛の見知らぬ人からコカ・コーラをもらう夢を見るかもしれません。フロイトはこのファンタジーの文脈が身体的な欲求を心的な領域に導くといいます。言い換えれば夢の中で飲むことは現実の渇きから生みだされており、その渇きは言うなれば夢のパターンの中に組み入れられているのですが、しかしその夢の心的な意味はそれをとりまくファンタジーの構造に求められねばなりません。
　同様に、夢は現実世界からの３種類の刺激を含んでいます。それは外的刺激、内的刺激、そして記憶の中でいまだ興奮状態にある最近の出来事です。これら一つひとつの例を挙げてゆきましょう。フロイトは三つの「目覚まし時計の夢」をヒルデブラントというドイツ人の著作から引用していますが、そのうち最初のものを詳しく見てみましょう。

そうして私はこんな夢を見た。ある春の日の朝、私は散歩に出て緑の萌えだした野原をぬけてぶらぶらと歩き隣村にやって来たが、そこでは村人たちが晴れ着姿で、賛美歌集を小脇に抱え、教会のほうに集まってゆくところだった。それもそのはず！　今日は日曜日だった。朝の礼拝がもうすぐ始まるところなのだ。私も参加しようと決めた。けれども歩いたせいで体がほてっていたので、まず教会のまわりにある墓地に涼みに入っていった。墓石のいくつかを読んでいると、鳴鐘係が教会の塔に登ってゆく音が聞こえ、その頂には今にも礼拝の始まりを告げようとする村の小さな鐘が見えた。鐘はしばらくのあいだじっとそこに掛かっていたが、やがて揺れはじめ、そうして突然その鐘の音がはっきりと鋭く響きはじめた——あまりにはっきりと鋭かったので、それによって私の眠りは中断された。じつは鳴っていたのは目覚まし時計だった。34, pp.27-28 *2

　私たちは皆同じような例を自分自身の経験から思いつくことができるに違いありません。感覚を乱すものは何でも夢に組み入れられる可能性があります。フロイトはL.F.A.モーリ（Maury, L. F. A.）を引用しています。彼は助手に睡眠中自分をいろいろなやり方で刺激させて、それが自分の夢にどんなふうに影響するか調べました。唇と鼻先を羽根でくすぐられたとき、彼は恐ろしい拷問の夢を見ました。ピッチでこしらえた面が顔にあてられ、そうしておいてから引き剝がされると、彼の顔の皮膚も一緒に引き剝がされるのです。また別の折にはオーデコロンを与えられその香りを嗅いで、カイロの香水店にいる夢を見ました。つまりあらゆる刺激が画像的なイメージに翻訳されるのであり、騒音ですら覚醒時には聴覚的な体験ではないようなのです。
　夢を生じる刺激は生体内部からも起こりえます。アリストテレスの頃から、不安夢が疾患の最初の予兆である場合があることはよく知られてきました。夢の中では、覚醒時の生活には印象を残さない閾下の刺激がしばしば取り上げられます。たとえば私の知人で分析を受けていたある人は、自分の分析家の葬儀を夢に見ました。分析家はこれを、分析家の死を願う患者の願望だと解釈したのですが、翌日心臓発作で急に亡くなってしまいました。分析家の意識にはおそらくのぼらなかったようなかすかな刺激を、患者が拾い上げていたことはまず間違いないと思います。

最近の出来事が記録されて夢の材料となることはよく知られています。あらゆる夢が、その夢の生じる夜の前日の昼間にあった何らかの出来事を取り上げているとフロイトは信じ、それを夢の日（dream-day）と呼んでいました。夢に組み入れられるのは夢の日に起こった出来事の残滓なのです。いまだ消化されていない要素――内的、外的それに記憶の貯蔵庫――から夢はつくり出され、そのパターンの一部を形づくるのです。

　エラ・シャープ（Sharpe, E.）[101]は夢の日がもつ喚起的な要素が夢の解釈を決定する際に重要であると信じていました。皆さんもお気づきでしょうが、そのようなイメージが組み込まれた夢は願望のみによって成り立っているのではなく、そうしたどんな夢も現実の一部を含んでいます。フロイトは、夢の中の発話はそのようにつくり出されるのでなく聞き取られた発話の一部からきていて、たいてい文脈から切り離されて悪いように歪曲されているとも言っています。このように夢は思考の複雑なパターンと考えられますが、ただしそれは創造したり考えたり判断したりする因子を欠いたものなのです。次の講義の中で、またビオンの思考に関する理論について考える際に、われわれはもう一度この話題に戻ることになるでしょう。

　それでもフロイトは、夢は常に願望の幻覚的充足でありこれが夢の目的であると断定していました。これまで見てきたように、このことは子どもの夢や強力な生理的欲求がある場合の夢においては疑う余地がありません。しかしながら、通常成人の夢では願望は隠されており、このことからフロイトは夢に含まれる二つの要素、すなわち顕在内容と潜在内容とを区別するようになったのでした。もしも夢の中で願望が明白に見てとれるようなことがあれば夢を見た本人は動揺のあまり目を覚ましてしまうだろう、したがって夢は睡眠の守護者なのだとフロイトは考えました。それは意識的な自我には受け入れ難い願望を含んでいるが、そのために日中覚醒時には意識に侵入できないばかりか睡眠中ですら夢を見ている人が目を覚ましてしまわないようにあからさまな表現を許されない、という点で妥協形成なのです。したがって、夢は願望を表現してはいるがそれは偽装されているのです。

　この過程を詳しく説明してみたいと思います。というのもそれは夢の形成に関するフロイトの概念にとってきわめて重要であるというだけでなく、症状形成についての彼の考え方や、冗談、言い間違い、そして（より広い文脈

では）神話や象徴の重要性についての彼の考え方にとっても、きわめて重要だからです。夢の過程は二つの極に基礎をもっています。まず何とか意識に到達しようとしている禁じられた願望がありますが、検閲に出くわすため妨害なしに望みどおりの行程をたどることができずにいます。検閲官の仕事は願望が意識に到達するのを阻止することですが、これはそう完璧には行えません。願望が表現を求めて突き進み、そして成功するからですが、これは検閲係に強いられて変形をこうむらざるをえなくなります。監獄からまさに脱走しなくてはならない囚人が、見張りの目を盗むために職員になりすますことによってようやく脱走を可能にするようなものです。

　さて願望は、本来の姿と何らかの関連をもつような姿かたちに自らを偽装しなくてはなりません。これが象徴形成の背後にある原則なのです。つまり、象徴は常にそれが意味しているものに認知上の類似性をもっています。夢の形成においても同じことが求められますが、さもなければ禁じられた願望は表現に到達することができなくなってしまうでしょう。したがって顕在内容は禁じられた願望が願望と関係した視覚的イメージに翻訳されたものであるけれども、しかし検閲官の目を盗むに十分な偽装がほどこされているのです。その意味を解明し願望に到達するためには、顕在内容と潜在的願望のあいだの共通点を発見する必要があります。ではどうすればいいのでしょうか？そこでフロイトの夢解釈の手法を見てゆくことにしましょう。

　フロイトは夢を、それ自体一つのまとまりとして考えたりそのように解釈されるものとして考えることもできるし、あるいはそれぞれ別個の解釈が必要な異なる要素の寄せ集めとして考えることもできる、と言っています。夢の意味を見いだすためには一つひとつの断片の象徴的意義を見いだす必要があったのであり、またそうすることによってのみ隠された意味が浮かび上がったのでした。ですからフロイトは、患者が一つひとつの夢の断片に対して連想を行い、こうした連想を通じてそれぞれの隠された要素やそれぞれの促進因子に到達するという手法を採用したのです。フロイトがこれをどんなふうに行ったか知りたければ、彼自身の見た『イルマの注射の夢』に対する分析を読まれるのが一番です。[34, pp.106-121]

　さてフロイトの見た複数の夢を検討していくと、その一つひとつが潜在的な考えにつながっているけれども、それは最近のかつ特定のものであること

が分かります。つまり、夫を惹きつける女性に対して妻が感じている認知されない嫉妬であるとか、ある男性がその妻の姉妹に対して抱いている性的欲望であるとか、出世をのぞむ秘められた野望であるとか、最近の情事が妊娠につながらないようにという願望であるとかです。フロイトが挙げている実例はすべて前意識内に隠されている素材に関するもので、彼は夢が深層の無意識的願望につながっていることに気づいていたのに、そういう例は一つも挙げていません。にもかかわらず、彼は夢が常に子ども時代に関係した記憶を反復すると言っています。一つひとつの夢が分析の中で報告され、それによってそれまで健忘の中に封印されていた子ども時代からの記憶が明らかになった患者を、私自身診ていたことがあります。

　願望充足モデルに欠けていた次元で、かつ後代の分析家による夢解釈の仕事の中でわれわれになじみとなったものは、夢媒体を通して明らかにされる精神内部の構造的変化に関するものです。私が言っていることの例を挙げましょう。ある患者は私に、自分の家は何かに取り憑かれていて足を踏み入れた友人たちは皆そこに冷たくいやな存在を感じるのだと語りました。私は基本的に、その家は彼自身が認識していない彼自身の敵対的な部分と共鳴し合っているのだろうと解釈していました。それからしばらくして彼はある夢を見たことを語りました。その夢の中で彼は自分の家に向かう道を歩いていったのですが、しかし家が見いだされるかわりに家があるはずの場所にはただ空白だけがあったのでした。彼はその夢を自分自身で解釈して、それは敵意がいまや自分自身の内部にあるという意味だと思う、自分にもそれが認識できるし、それはもう家から消え去ってしまったのだと言いました。われわれは二人ともこれを大変妥当であると感じました。つまりそれは構造的変化を告げていたのです。

　夢では特定のタイプの歪曲が好まれ、そうしたもののうち最もよく知られているのがおそらく圧縮でしょう。これはわれわれが皆よく知っているものだと思います。それが最も典型的に見いだされる夢は、知人が出てくるけれどもそれがどうもあまり当人らしく見えないというような夢です。それは二人の異なった人物の組み合わせであって、夢の意味はこの二人の人たちの関連の中に見いだされることにわれわれは気づきます。ある患者は、あるとき以前の知人である二人の女性が組み合わさった人物像の夢を見ました。はじ

め彼女はまったく関連を見いだすことができませんでした——一人はアメリカに住んでおり他方はギリシャ在住、一人は年老いていたけれどももう一方は若く、一人は背が高いがもう一人は低かったのでした——けれどもそのうち二人とも離婚を経験した人だということが分かってきました。私とまったく切り離されている彼女の部分が、夢の中で知人の女性たちとして表現されていたのです。より一般的には、多くの夢があらゆる領域の思考の圧縮であり、一つの短い夢が複数の意味をもつこともあります。しばしば大変巧みに象徴が選択されるせいでそれらはいくつかの思考を表すことが可能であり、短い夢が明らかに長い夢と同じくらい大きな重要性に満ちていることもよくあります。ですからまた、分析が進むにつれ一つの夢のさらなる意味合いが浮かび上がってくるということが分析の中ではしばしば起こります。

　夢によくあるもう一つの歪曲は、置き換えと呼ばれています。何か重要なものが些細と思われる何ものかに置き換えられるのですが、ここでもまた感情の真のありかをたどることは連想を通してのみ可能になります。圧縮と置き換えはフロイトによって描写された二つの最も一般的な機制ですが、彼は他のものについても述べており、さらにそれ以外のものも彼の時代からずっと記述されてきました。たとえばもう一つ別のよくある機制は、あるものをその正反対のもので表すことです。無意識の中では正反対のものと否定的なものに区別された定義づけがないため、反対のものが指し示されている可能性をいつも念頭に置かねばなりません。私の診ていたある患者は白いブチのある黒い犬の出てくる夢を見ました。私がその夢を肯定的な意味で解釈しようと試みていたところ、彼女はこう言いました。「おかしいわね——うちの犬もそんなのだけれど、あべこべなんです——黒いブチのある白い犬なんですもの」。その犬は、議論されているのとは反対の意味こそが理解されるべき意味であることを、夢の主に間接的に指し示す手がかりだったのです。因果関係を表すために夢はしばしば主要な意味をその夢の大きな部分で表し、そうして副次的な部分はそれより先のより小さな夢へと追いやられます。もしも覚醒時の生活の中で二つのもののあいだに同一性があれば、それは夢を見ている人の眼前でもう一つのものへと変形されるでしょう。同様に、もし夢の主が覚醒時の生活の中で二つのもののうち一つを選ぶよう求められているとしたら、夢はただその両方を互いに並べて見せるでしょう。夢の作り主

はメッセージ——ある考えやテーマ——を伝えようとしているが言葉をもたない画家のようなもので、用いる道具は絵の具と筆とキャンバスなのです。

『夢判断』を詳しく読み夢の仕事がもつたくさんの異なった性質を見てゆくと、その象徴能力や夢の仕事に関係する無意識的な精神過程のいろいろな論述とともに、フロイトは彼の中心的テーマにいくども立ち戻っています。つまり夢は願望の幻覚的満足であるというテーマです。夢を解読する目的はその願望に到達することにあります。しかしながら私はこの独創的な著作を読み進むにつれ、このテーマがひっきりなしに繰り返されるのには何かしら教条的なところがあるし、またこれはほとんど固定観念の性質を帯びているという感想をもつことを禁じえません。ですから私は、1920年の『快楽原則の彼岸』の出版をもって彼が願望充足の理論を捨てたことも驚くべきこととは思いません。ここでこの修正を簡単に見ておきたいと思います。

第一次世界大戦中、直接にまた同僚を通じてフロイトは、砲弾が爆発して近くにいた友人が死んだり重傷を負ったりするなどの非常なショックをこうむった人たちの夢に偶然接しました。そうした被害者たちの多くがその出来事を、まさにそれが起こったそのままの様子で繰り返し夢に見ていたのです。フロイトはどうしてもこれを願望充足に帰することができませんでした。彼はこれを次のように説明しました。彼が言うには、われわれ皆の中には生体を絶え間なく攻め立てる刺激を濾過する刺激障壁が備わっています。しかし、突然の激しい攻撃は生体を完全に圧倒してしまい、生体は対処できない刺激の洪水で氾濫してしまいます。すると生体は、そうしたショックを処理する原始的な方法へと退行します。すなわち、こうむったショックを処理しようとしてその外傷を何度も何度も繰り返すのです。受け身的な行為者であった自らに対してなされたことを、能動的に克服しようと試みるわけです。こうした場合には、夢を見ることはこのような克服を目指して繰り返される試みがもつ目的に役立っています。この機制は反復強迫としてわれわれ皆にとっておなじみのものであり、患者に接する中でもごく頻繁に出会うものです。

ですから、フロイトは60代になって、自分の願望充足理論に例外を認めました。彼のそれまでの仮説を事実が覆すのを容認したわけです。次は、フロイト以降の夢理論の発展を少し考えてゆきましょう。

訳注
1　以下に既訳あり。
　　『フロイト著作集第2巻　夢判断』高橋義孝訳、人文書院、1968
2　1に同じ

9
フロイト以降の夢研究の発展

フロイトの発見

　夢についての文献や研究は膨大ですから、ごく簡潔にフロイト以降の見解のいくつかに限ってそのあらましを述べ、そこに含まれる共通点をお話しすることにしましょう。
　フェアバーン（Fairbairn, W. R. D.）については第22講で取り上げますが、ここで彼の夢理論の概略をお話ししたいと思います。本質的には、夢は隠された願望を明らかにしているのではなくむしろ内的な「事態」の象徴的な語りである、と彼は言いました。この考えを分かりやすくするためには、フェアバーンの理論の文脈の中にこれを置かねばならないでしょう。その理論とは、人間の精神は分裂しており、パーソナリティの対象の部分と自我の部分から構成されているという理論です。この際、対象の部分は複数の異なる小さなパーソナリティに分裂しており、一方自我の部分も対象の部分を反映して分裂しています。リビドー的な衝動および攻撃的な衝動は自我から起こってきてパーソナリティの対象の部分へと向かいます。特に自我のリビドー的な欲求を攻撃する、パーソナリティの攻撃的な部分というものがあり、これをフェアバーンは内的妨害者――内的な反逆者のようなもの――と名付けました。パーソナリティの対象の部分は子どもの頃からの外的対象と同一視されており、現在の環境にいる人びとに関連づけられつづけています。この内的な事態あるいは内的な世界は、変化し発達してゆく状態にあり、その個人の社会生活で現実に起こる相互的な出来事を支配しています。夢は瞬間瞬間の内的

世界を描写的に表現するものであり、われわれをその状態と接触させてくれます。

ユングは、20世紀の人間は自分自身を追い越してしまったと考えました。われわれはあらゆる新しい技術を手にして、人間が全体としてこの進歩に素早くついていっているかのような印象をもつかもしれませんが、それは違います。われわれが意識と呼んでいるものは科学の快適さや現代的技術の利益にどっぷり浸かっていますが、しかし人間の主要な部分は過去に根ざしています。夢は常にそれを思い出させるために現れ、人間の進んだ状態に対して心的な補償をもたらすものとなります。したがってそれは個人の幼児期からの早期の歴史を伝えるだけでなく、原始の人間たちやさらにさかのぼってヒト以前の祖先たちとわれわれとが共有している、われわれの本質の深い部分をも伝えています。このように夢生活は、われわれ自身の遺伝的に引き継がれた要素を伝えているのです。

ですからユングは、いくつかの重要な問題についてフロイトと意見を異にしていました。ユングの考えでは、われわれは皆個人的無意識とともに集合的無意識をもっており、われわれの夢は前者を伝えているとともに後者をも伝えているのです。ですから彼は、われわれが個人的に自分のものだと認めたがらないあらゆる記憶や願望の抑圧を通じてのみ無意識がつくられるというフロイトの意見と対立しました。夢は基本的に社会的に受け入れられない願望を偽装するものではなく、むしろ心がどこにありそれに何ができるかを伝える象徴的言語です。つまりそれはわれわれに、われわれが耳を傾けるべき魂からのメッセージをもたらしているのです。しかしながら夢はより原始的な欲求や機能様式の記録なので、それ独自の象徴的なコミュニケーション言語をもっており、夢の解釈をする者の仕事とは無意識のこの特殊なコミュニケーション形式を意識の言語へと翻訳することです。これを行うために精神療法家は患者の連想だけではなく、元型的象徴とその意味についても知る必要があります。

アーネスト・シャハテル（Schachtel, E.）が1940年に書いていることですが、彼は幼児期の健忘に関するフロイトの見解ではなぜ幼少期の記憶がすべて忘れ去られるのか説明がつかないと考えました。性的なファンタジーや経験に関する特異的な抑圧とは対照的に、子ども時代の経験の一般的性質にはその

[67, p.134に引用あり]

経験を忘れさせてしまうような何かがあるとシャハテルは考えました。彼は精神分析の臨床的営みに、フロイトの見解に欠陥があることの実験的な証拠が現れているとも考えました。なぜなら、たとえ長い分析でも、子ども時代の抑圧された経験は思い出されないからです。シャハテルは慣習化を、あらゆる子ども時代の経験、そのあらゆる象徴化のかたちを抑制する抑圧の一種と見なしました。この種の抑圧の目的は、意識から一次過程そのものを排除することでした。

　シャハテルの見解に深い関わりのある点として、子ども時代の経験は大変強烈なためにのちの記憶のようには思い出されることがない、ということがあります。このことにはもう少し説明を加える必要があるでしょう。つまり、きわめて強烈な経験というものは意識的な表現には翻訳されえないということです。それは、特殊な場合にはメラニー・クラインが投影同一化と名付けた過程を通して（これについては彼女についての講義で取り上げます）、またそれだけでなく観察可能なふるまいを通しても、演じられなければなりません。また、視覚的イメージに翻訳可能な、より強烈でない経験もあり、これらは象徴的に夢の中で物語られる出来事です。最後に、言葉に翻訳されうる経験は最も強烈さの少ないものです。これは私の考えなのですが、子ども時代の経験は一般に大人の経験よりもずっと強烈なものであり、したがってのちのあらゆる発達ラインに非常に大きく影響します。精神分析が効果を発揮しうるのは、それが子ども時代の情緒的経験に強烈さの点で匹敵しうるほどの深い情緒的経験を再演する方法だからなのです。（さらに、子ども時代にはたとえ強烈さの少ない性質の経験であっても、経験を蓄積するために必要な記憶装置がないということも大いにありえますが、これは私の話の眼目ではありません。）

　ピアジェは子ども時代の思考過程という文脈で夢を考察しました。子どもはある種のことがらをごく当たり前のこととらえているせいでしばしばそれに気づかないでいる、と彼は考えました。彼らの意識が呼び起こされるためには、何らかの内的あるいは外的な障害物が現れてくる必要があるのです。分析家として私は、ピアジェの言っているこの点は臨床経験によっても立証されるように思います。ある人の深くにある想定、個人的な人生哲学に深く根ざしたそれは、あまりにも彼が呼吸している空気の一部となりきっている

ために、本人もそして最も親しい友人たちもそれに意識的に気づくことがありません。まさにこのことに気づくことが分析家に課せられた仕事の一つですが、それには非常に長い時間がかかるかもしれません。私の経験では最も深い経験的知識とは、逆説的ながら意識にのぼるまでに、初回の面接のときからずっと目の前でこちらを見つめているものなのです。想定というものが無意識的なのは、それが、あまりにもありふれているために意識を呼び覚まさないようなある特定の世界が結晶化したものだからだ、というのがピアジェの見解です。さらに重要なのは、意識的思考より前にイメージの明瞭な表現を通じて起こってくる、より原始的な形式の思考があり、これが夢を見る過程で起こっていることの一部であるというピアジェの発想です。こうしてピアジェは、現に活動しているがしかし原始的でもあるような、夢が象徴する過程があると考えたのです。

　あるいくつかの要素がこれらの思想家すべてに共通しています。まず彼らは皆、抑圧されているのは隠された願望であり、この抑圧が夢の原因となったり誘因となったりするというフロイトの仮説を退けました。次に、夢の言語の中には精神機能のあり方がそっくり隠されていると彼らは皆信じていました。第三に、ピアジェは――そしてこの側面はビオンやメルツァー(Meltzer, D.)によっても取り上げられてきましたが――夢を見ることが思考過程であると考えていました。第四に彼らは、夢を見ることは過程であって静的な事実――たとえば具体的に特定できるような願望など――の記述ではないという考えをもちつづけました。事実それは結局連続したもの、語りですから、顕在内容をみるとわれわれはこれを信じたくなります。したがって結論として彼らは皆、夢をそれ自体としてずっと肯定的にとらえていました。

　さて、ここで精神分析的なお話から睡眠の生理についての考察に移りたいと思います。1950年代のはじめ、二人の睡眠研究者アセリンスキー(Aserinsky, E.)とクライトマン(Kleitman, N.)はREM状態として知られるようになったものを発見しました。REMとは急速眼球運動(Rapid Eye Movement)の略です。彼らは、眠っている人が約90分おきにある特定の現象で特徴づけられる生理学的な状態に入ることに気づきましたが、その特定の現象の一つは、両眼の瞳孔があたかも周囲を見わたすかのように素早くあちこちへ動くにもかかわ

らず目は閉じたままというものでした。この状態は脳内の橋-辺縁系により誘発されているものですが、これに随伴して脈拍、血圧、および呼吸の不整、男性ではペニスの勃起、特定の微細筋群の突発性活動、抗重力筋の緊張の大幅な消失、低振幅非同調性の大脳皮質性の脳波パターン、脳の温度や代謝率の上昇が見られ、またこの状態にあるときに起こされると高い正の相関関係をもって夢を報告できます。

　REM状態のパーセンテージは大人になってからよりも幼少期でより高く、また特定できる限りでは発達上の胎児期にも存在しているようです。すべての哺乳類に存在することが分かっていますが、両生類やそれ以下の下等生物にはまったく見られません。さらに詳細な調査によって、この状態はNREM（ノンレム）睡眠と覚醒時生活とが異なるのと同じくらいNREM睡眠とは異なっていることが分かっており、そのため研究者たちはこれを「睡眠」と呼ぶのは間違いだと考えています。彼らは哺乳類の生活を三つの生理学的な状態に分類しています。それは覚醒時生活、REM状態、睡眠です。REM状態と夢の出現には非常に高い正の相関関係があり、そして睡眠ではほとんど夢を見ることは生じません。

　最後に申し上げたところにはもう少し説明が必要でしょう。眠っている人をNREMとREMで覚醒させて行った研究では、そこで報告されることが量的にも質的にも異なっているという点を誰もが認めています。NREMでの報告は覚醒時生活の思考に類似すると見られる思考の短く断片的な描写となる傾向があり、一方REMからの覚醒で得られた報告ではより長く幻覚的なドラマが語られるのです。記述的な言い方をすると、この２種類の報告は明らかに２種類の精神的な過程について述べています。われわれは、REMからの覚醒で得られた報告を夢と呼ぶことには何の疑問も抱かないでしょう。しかしNREMでの報告に特徴的な精神活動を、私が先ほど論じたような象徴的な語りという精神分析的な意味合いでの「夢を見ること」と呼ぶのは妥当かどうか疑わしいと思います。

　フロイトはわれわれがもっているようなREM状態についての知識をもってはいませんでした。今のわれわれには、夢が睡眠の守護者ではなくある特定の生理学的状態に伴うありふれたものであることがはっきりと分かっています。けれども問題なのは、REM状態の働きとは何かという点です。こ

の問いに対して、いくつか異なった答えが考え出されてきました。一つ目は、哺乳類の代謝における何らかの有害な副産物に拮抗して作用する中和機能をもつ、というものです。R. M. ジョーンズ (Jones, R. M.) は『新しい睡眠生理学』の中で、REM状態のあらゆる生理学的機能に対して心理学的な関連物があり、夢は有害な願望を排泄することを通じて生理学的機能の心理学的パートナーとなる、と述べています。もう一つ別の見方は、REM状態が睡眠中の感覚遮断を補うための刺激機能をはたしており、夢を見ることは人間の生活を特徴づけている外的状態や内的状態によって課される周期的な心理学的衰退に対応してこれを補う働きをもつ、というものです。こうした見方は、REMを剥奪された被験者がいらいらと攻撃的になり、その後いく晩かの睡眠でちょうどきっちり剥奪された分にあたるREMの量が増加するという所見にも合致するでしょう。さらなる機能としては、哺乳類の睡眠が中枢神経系を混乱させる効果をもつためにこれを再組織化する働きがあるかもしれません。心理学的には夢は、理解力や認知的把握を高め、また新たな現実が深い情緒的水準で把握されることを可能にします。

　提唱されている機能で精神分析的な思考と特に関連しているのは、REM状態は哺乳動物に対して逃走や戦いに備えるよう注意を喚起するというものです。(この仮説にさらに付加される説明は、REMの後に数秒間眼がぱっちりと覚めている時間がありそれから動物は再び眠りにつくという所見に基づいています。) 人間は常に自らの社会的環境に打ち負かされる危険にさらされているという考え方は、最も早期の不安の一つは一次愛対象 (primary love object) に圧倒される不安であるというメラニー・クラインの見解と合致します。主体は心理的絶滅を恐れていますから、夢を見る過程は自身を脅かすような要素を主体自身の主観性を保つようなやり方で吸収して、内的な警戒ができるようにするのです。フロイトが自分の夢理論を修正するきっかけとなった外傷的な夢は、夢の機能についてのこの見解とも矛盾しないでしょう。

　まとめますと、私が言いたいのはREM状態は夢を喚起するものであり、それがその目的であるということです。それは意識が存在するために必要な事態なのです。もし仮に夢を見ることを通じて意識が更新されるのだとしたら、REMは夢を見るということが起こる機会を与えるために存在している可能性もあると私は思います。

10
転移の臨床的重要性

フロイトの発見

　第5講で申し上げたとおり、フロイトは精神分析の技法と臨床活動を1892年から1896年にかけて発展させました。この初期の頃、彼はまだ催眠を行っていましたが、しかしこの時期のおわり頃までには今日分析家たちが用いているのとそれほど違わない方法で精神分析を行うようになりました。複数の異なった要因が重なってこの変化がもたらされたのですが、しかし結晶化の重要な瞬間は、この連続講義の初めに引用したフロイトの『自己を語る』に記録されている瞬間です。もう一度引用してみましょう。

　ある日のこと、私は、長年そうではないかと推測していたことをありのまま白日のもとにさらすようなある経験をした。その経験とは私の最も従順な患者たちのうちの一人に関係したものであった。それまでもその患者に催眠を用いると大変驚くべき効果がもたらされていたのだが、私は痛みの発作の起源にまでさかのぼることによって彼女の苦痛を緩和することに取り組んでいた。あるとき彼女は目を覚ますと私の首のまわりに腕をからませてきた。思いがけず使用人が入室してきたおかげでつらい議論をしないですんだが、そのときからわれわれは暗黙のうちに催眠法をやめることに合意したのだった。私はこの出来事の原因を私個人の抗し難い魅力に帰したりしないだけの謙虚さはもち合わせており、そしてまさにいま催眠の背後で作用している神秘的な要素の本性をつかんだ

と感じた。それを除外するため、あるいは少なくともそれを分離するために、催眠に見切りをつける必要があったのである。[50, p.27]（傍点引用者）

　フロイトによる転移の発見にとって決定的だったのは、彼が患者のふるまいを彼自身の「抗し難いほどの個人的な魅力」に帰さなかったという事実でした。「慎み深さ」のおかげで、自分はむしろ患者の人生における重要人物にまつわる感情を受け入れる容器であるという発想への道が開かれたのです。当初彼はこれを青年期最初の男友達や女友達であろうと考え、次にはその人の子ども時代の最初の愛情対象にまでさらにさかのぼりました。つまり医師に転移されるのはこの愛情であると考えたのです。

　秘密を打ち明けた相手にしばしば惚れ込んでしまう人がいるという考えはその何百年も前から知られていました。すでに経験豊富な宗教指導者たちはそのことに関しておびただしい数の文章を書いてきており、女性悔悛者の相談を受けたり助言を行ったりする際には司祭は慎重になり自らの感情を抑える必要があると強調しています。医師たちもまたこの現象をよく知っており、「メスメルの催眠の伝統」についての講義でお話ししたように、ルイ16世に提出された内密の報告書では女性患者が男性の磁気治療者に対してもつ性的魅力の結果生じうる危険について警告されています。

　この現象へのあらゆる態度に見られた主要な特徴は、それを危険なものであるとし、またもしもこれが起こりかけていることに専門家が気づいたら最善の道は逃げ出すことである、とするものでした。ブロイエルはアンナ・Oからの性的な反応が自分の手に負えないほど強力なものになったとき、まさにこれを実行したのだと思われます。けれどもフロイトの態度は違っていました。まず彼は事態をきわめて科学的に見て、こう自問しました。「この現象にはどう説明がつくだろう？」次に彼はそのことによって情緒的に脅かされることはなかったようですが、しかし強力な転移が分析家にとって厄介なものになりうることも十分認識していました。それでも彼は逃げ出すことを解決法として推奨しはしなかったのです。

　精神分析家は自分がきわめて爆発的な力を扱っていることを、そして化学者同様の注意や誠実さをもって進む必要があることを知っている。け

れどもいまだかつて科学者が、必要不可欠な爆発物をその有益性ゆえに扱うとき、危険だからといって禁じられたためしがあったろうか？　これまで長いあいだ他の医学的活動には付与されていたあらゆる自由を、精神分析が自らのために改めて勝ち取らねばならないとは、驚くべきことである。[39, p.171 *1]

　フロイトは神経症の諸症状が新しいタイプの神経症に転換されることに気づき、これを「転移神経症」と呼びました。したがって患者の分析家へ愛情や賞賛を向けるという関わり方を、彼は神経症的なものと見なしました。精神分析的治療は、神経症の発症をもたらしているファンタジーをワーク・スルーすることを追求していたのです。したがって、患者から心身の症状が消え去ったかのように見えるがしかし単にそれが分析家に対する固着した愛着に置き換わったにすぎないような状況は、真の治癒ではありませんでした。つまり治癒は、分析家に対するその独特の関係が解消されたときにのみ、もたらされるのでした。患者が分析家に恋するようになった原因は、分析的状況そのものだったのです。

　フロイトは、分析治療の始まりは大部分が転移を発展するに任せることから成ると指摘しました。これこそが分析家にとって最も困難なことであると私は思っています。というのもそれは、患者が分析家を何らかの抑圧された内的な形態で認知するのを、分析家が許さねばならないことを意味しているからです。これは非常にたやすいことのように聞こえるかもしれません。しかしまず第一に私には自分の経験からそうではないと分かっていますし、次にスーパーバイズの経験からそれが治療者や分析家にとって最も耐え難く感じられる心の重荷の一つであると承知しています。何にせよ誤認されているというのは気持ちのよいものではありません。われわれのほとんどには、大切にしている自分自身についての考えというものがあります。われわれは有能に見られたいと思ったり、あるいは親切だとか、あるいはおおらかだとか、誠実だとか、親身だとか、ユーモアを解するとか、進歩的だとか、敬虔であるとか、無神論者だとか、政治に深い関心をもっているとか、現代思想に通じているとか、教養があるとか、野心があるとかないとか、博学だとか、知的だとか、あるいは自分自身の感情に触れているとかいうふうに見られたい

と思っています。われわれの中には、自分自身についての一定の考えを心ひそかにあたためていない者など一人もいないのです。

　２年ほど前に私は、患者に対してオープンで柔軟な接近方法をとるのを好む、左翼で反権力主義的な人をスーパーバイズしていました。臨床に際して教条主義的でないことに彼女は自ら誇りをもっているだろうと私は想像していました。彼女は患者たちの困難に耳を傾けることを大切に考えており、そうしてとりわけその患者に対しては彼のコミュニケーションをどんなものであれ特定の公式にむりやりあてはめることがないように努めていたからです。さて実はこの患者はある日、ずうずうしくも彼女をサッチャー夫人にそっくりだと言ったのです。治療者はこれをまったく耐え難いことと感じました。その治療者が何と言ったか今では思い出せませんが、彼女はその非難を否定して、患者はその状況を誤解しており彼女が前回行った解釈の肝心なところを理解していないと言ったのでした。聡明で、左翼支持で、寛容な人であれば、サッチャー夫人と呼ばれることに同意できはしないでしょう——この上ない侮辱ですらあるかもしれません。

　もちろんこれはかなり荒っぽい例であって、たいてい状況はもっと微妙なものです。たとえば私にも覚えがあるのですが、自分はかなり繊細で患者の内的な困難を理解していると思っていた時期がありました。そんなときある患者が、私のことを無神経で鈍感だと評したのです。私はこれを受け入れ難く思いましたが、しかし私がそれを受け入れたとき、初めて治療は進展するということも分かっていました。また私がそれを受け入れたと言うとき、それは従順にそしりを受け入れたことを意味するのではなく、正確には患者の認知のある面を事実と認めたということなのです。そうして初めて、否認されている部分を、つまり彼女自身のもつ無神経でかなり鈍い側面をワーク・スルーすることが可能になるのでした。

　さて、分析家に転移されたり投影されたりしているものとは正確には何なのでしょうか？　それは二つのもの、つまりその人物が患者と関わりをもっていた時期、特に子ども時代の過去からの重要人物と、そして現在の抑圧された耐え難い現実との結合物です。さて、これをもう少し詳細に見てみなくてはなりません。外に向かって投影されているのは両方の面の耐え難い心的

性質です、というのもそれは内側にもちこたえられないからです。個別の事例をとりあげたほうがこの点は理解しやすくなるでしょう。

　ある患者が彼の心配をまったく受け止められない母親について語りました。彼は激しい感情をもった人でしたが、母親はいつも彼に「ええ、わかったわ、坊や」と言ってはさっさと話題を変えてしまうのでした。母親のこういうところに彼はひどく腹を立てていました。というのもこのことは、彼女が自分の子どもの不安をまったく抱えられないことの表れだったからです。彼は、赤ん坊の要求にまったく対処できないように思われる母親について語りました。つまり彼女は自分の赤ん坊に対する責任を感じるやいなや、すぐに彼を放り出して誰か他の人に押しつけてしまうのでした。これは彼にとって耐え難い反応でした。今思うに、患者の母親が彼に対して実際こんなふうであったというのはありえることです。それゆえ彼は転移の中で私を同様の仕方で認知しました。彼は私が彼の要求にまったく耐えられないだろうと確信し、また治療の中で私が早々に彼を見捨ててしまうに違いないと思っていました。しばらくすると彼は、おそらく私は彼の治療を続けるだろうが、しかしそれはあくまで自分が非常に従順でありさえすればという条件付きのことだ、と感じはじめました。これが転移の一側面でしたが、しかしもう一つ別の側面がありました。彼にとってもっと恐ろしかったのは、自分もまたこの嫌悪された対象と同一化していることに気づくこと、つまり私が彼に何らかの要求を課しはじめるやいなや彼が私を拒絶してしまうだろうことに気づくことだったのです。こうして、この嫌悪された人物像あるいは機能は彼自身のふるまい方であり、しかし彼の意識からは隠されていたことが明らかになってきました。そこで疑問が生じてきます。この嫌悪されていたふるまい方は、彼自身が現在もつ側面なのでしょうか、それとも彼の母親が彼に対して実際にとっていたふるまい方でもあったのでしょうか？　私は両方の結合物であると思います。つまり外的な人物像のかたちを取り入れる心的構造の対象部分というものがあるのです、ちょうど印章の形を蠟が自らに取り入れるように。そうしてこの対象部分は自己の外側にあるものとして体験されますが、同時に自我はそれと同一化します。というより自我はこの嫌悪された対象、すなわちフェアバーンが「悪い内的対象」と呼んだものの活動に誘い込まれてしまうのです。そのため分析家は悪い対象として認知されますが、し

かし同時に彼は悪い対象の活動を受け入れる容器ともなってしまうのです。

ここまでは分析家がどのように耐え難いものを転移されるかというお話だけでしたが、しかし患者は分析家に陽性の思慕をもまた転移してきます。フロイトは転移を分析家に投影される写真の感光板になぞらえ、そうして抑圧されたものがどのようにして分析家に負わされるかを強調しました。幼児期の機能様式に退行した状態では、思慕も分析家に転移されます。どの患者もある特定の情緒的な期待をもって、また分析家には両親よりも満足のいく仕方で応じてもらえるのではないかという希望をもって分析家に近づきます。ですからどの患者も初診のときに、分析家にどのように機能してほしいか何らかのかたちで示していると私は思います。言い換えれば患者は分析家に、自分のあらゆる発達上の希望を転移するのですが、この概念についてはもう少し説明が必要でしょう。

ある日私が精神分析のために会っていたある患者は、私の子どもが家のどこかで泣いているのを聞いて心をかき乱されました。とりわけ彼女は、私の注意がそれてしまうのではないかという考えに心をかき乱されたのです。彼女の考えは図星で、まったくそのとおりでした。そこで、どうも注意がそれてしまったようです、と彼女に申しましたら、彼女はこれに同意しました。もっと彼女が心をかき乱されたのは、私が表面上払っている注意が彼女に対して払っている私の注意のすべてである、つまりそれが上っ面だけのものであるという考えでした。それまでのセッションにおけるさまざまなやりとりから、彼女の母親が彼女に向けている注意がちょうどそのような性質のものに思われました。心からの注意はなかったのです。患者は自分に対する私の注意がより深い性質のものかどうかを知りたがっていました。セッションが終わって彼女が立ち去るやいなや、私は本当に彼女を情緒的に抹消してしまうのでしょうか？　とりわけ私が彼女からはなれ妻に向かうとき、彼女の存在は消されてしまうのでしょうか？　これは私が妻とのあいだにもつ情緒的交流の性質についての、彼女からの問いでもありました。それは他人を抹消してしまわねばならない類のものなのでしょうか？　言い換えれば、それもまた表面的な交流なのでしょうか？　彼女が知る必要があったのは、とりわけこのことでした。なぜなら彼女の発達上の失敗は、母性的応答の皮相さによるものだったからです。彼女には、私が彼女を受け容れるだけの情緒的能

力をもっているのかいないのか知る必要がありました。もしも私がそうした能力をもたないのなら、彼女の必要とするものを提供することはできないと彼女は知っていました。

　このような患者が分析家を子細にわたる情緒的な自問に導かずにはおかないことは明らかでしょう。というのも、分析家が患者一人ひとりのそれぞれに異なる情緒的必要性に応えうるに十分な情緒的発達を遂げているなどということはありえないからです。このように分析を受けにやって来る患者たちは分析家に情緒的な成長を要求するわけですが、私がこれほど情緒的に過酷な職業は他にないのではないかと思うのもこうした理由からです。もしもある特定の患者に対して要求される特定の能力がその分析家にひどく欠けていたとしたら、どんなにスーパービジョンを受けても技術的方策を用いても何の役にも立たないでしょう。

　つまりまとめますと、患者は分析家に、失敗した領域における情緒的発達の責任を転移します。このプロセスの一側面として患者は分析家に自分の悪い内的諸対象を転移しなくてはならず、別の側面として患者がこれまで発達上の失敗があった特定の領域の情緒的能力を分析家に要求するということがあります。転移が治癒の起こる主要な場であるというのはこういう理由からです。それはまた分析家が患者に関するある理解に至るための道具でもあり、この点が基本的に精神分析をカウンセリングや他の治療法から分ける特徴となっています。それはまた情緒的には最も困難なことであり、そしてどんな訓練課程をもってしても教わることができるようなものではありません。

　　訳注
　1　以下に邦訳あり。
　　「転移性恋愛について」『フロイト著作集第9巻　技法・症例篇』小此木啓吾訳、人文書院、pp.115-126、1983

II
フロイトの本能論

　あらゆる心理学の中で、本能の問題ほど複雑でかつ科学者の人間観の制約を受け、また多種多様な仮説のおあつらえ向きの対象となってきたものはないのではないでしょうか。人間が本能によってどのくらい支配されているかについては非常にさまざまな見方があります。知性の進化に伴い本能は退化し、そしてもはや人間には遺物としての名残しか残されていないと信じている人もいます。しかしながら19世紀末から20世紀初頭の心理学者の多くは、本能が人間の行為決定に際して主導的位置を占めると考えていました。たとえばウィリアム・ジェームズ (James, W.)、ウィリアム・マクドゥガル (McDougall, W.)、そしてフロイトは皆そう考えていました。ハーバート・スペンサー[*1]のように、思想家の中には本能をきわめて盲目なものと信じている者もいました。すなわち欲望や意図をまったく顧慮することのない、人格の内にある力ということです。ウィリアム・マクドゥガルはこのスペクトラムのもう一方の端に属しており、本能には主体的な欲望が備わっていると考え、本能を反射的行動の寄せ集めと定義することに対して説得力ある反対論を唱えました。この問題に対するフロイトの解決はより複雑なもので、局所論的モデルから構造論的モデルへと彼がたどった発展の中でのみ適切に理解することができます。

　よくある定義は、本能的行動が「遺伝された知識」から起こるとするものです。例を挙げましょう。ドロバチの雌は穴の中に卵を置き、そこにイモム

シを詰め、そうしておいてからまさにどんぴしゃりの場所を刺してそして穴を塞ぎます。イモムシは麻痺させられているので、卵からかえったとき小さい幼虫たちは新鮮な腐っていない肉を食べられるのです。ドロバチの雌はこれを教わったわけではありません。遺伝された知識あるいは本能を通じて行ったのです。その知識は遺伝されたものなので適応的ではありません。実際、知識のかたちとしてそれは内的欲求に従って厳しく限定されています。本能に由来する行為は、別のある環境に対しては適切であったかもしれませんが現在の環境に対してはそうでない場合もあります。本能は環境に適応できません。人間の欲求に合うように環境を適合させてきたのは人間に備わった知性なのです。本能の適応は他の進化的要因とともに、何千年もかかって起こるのです。

　本能的行動は、外的な感覚印象か内的刺激が引き金となって始まりますが、これらはいずれもその動物にとって意味をもつものです。したがって、知覚器官には認知的な面があります。少なくとも人間や高等動物ではそうでしょう。マクドゥガルは、本能的行為には「その類の行為に特有の」何らかの情緒的興奮が伴っていると考え、本能的行為に伴う情緒の喚起を本能そのものにとって不可欠な部分と見なしました。フロイトは、本能は主体によって直接知られることはなくその表れから推測されるだけであり、その表れというのがおそらく特有の喚起状態であろうと信じていました。しかしフロイトの見解をみてゆく前に、フロイトが用いた*Trieb*というドイツ語のジェームズ・ストレイチー（Strachey, J.）による翻訳をめぐる最近の論争を手短にみておきたいと思います。

　Trieb――これは普通「drive」を意味すると考えられますが――の表現として「本　能」を選んだ理由としてストレイチーが述べているのは、*Trieb*という語は曖昧で非限定的な語であり、フロイトはその語をいろいろな意味で用いているから、というものです。しかしこの主張はドイツ語の原文を訳すにあたって彼が選んだほとんどあらゆる語について用いることができるでしょう。ブルーノ・ベッテルハイム（Bettelheim, B.）は最近の著作『フロイトと人間の魂』（*Freud and Man's Soul*）の中で、*Trieb*を本能と訳すことに対して説得力ある反論を行っています。つまり、フロイトは*Instinkt*というドイツ語を何度か用いており、こうした際この語は英語のインスティンクトに相当する意味

で用いられている、しかし人類について論じる際には彼は意図的にその使用を控えている。フロイトが*Instinkt*（インスティンクト）という語を使うとき、彼はいつでも動物のことを言っているので、動物とは対照的なものとしての人類について語るときには「欲動」（ドライブ）や「衝動」（インパルス）などをあてるほうがフロイトの*Trieb*（トリープ）の訳としてよりふさわしいというのです。

　本能という語を用いることにベッテルハイムが反対する中心的論拠は、本能が変えられないものであるのに対し、フロイトは*Trieb*（トリープ）という語を用いるにあたって柔軟性という含みをもたせており、これは本能という語によっては表せないというものです。この理由は私には疑わしく思われます。というのもフロイトの概念には変更不能性と柔軟性の両方が備わっていると思うからです。この問題に対する最も適切な理解とは単に、フロイトは*Instinkt*（インスティンクト）という語を動物に、*Trieb*（トリープ）という語を人類に用いたのであり、翻訳はこうした語の使い方、ひいてはその背後の思想を反映したものであるべきだというものでしょう。

　ベッテルハイムが自著を通じて論じているのは、フロイトの翻訳者たちはあらゆる手段でフロイトの人文主義（ヒューマニズム）を最小限に切りつめてしまったということですが、ここでは人文主義（ヒューマニズム）は、人類を動物とは異なるものとする態度を意味して用いられています。おそらく彼らはフロイトに含まれる不整合性をすべて消し去って彼を「首尾一貫したもの」にしたかったのでしょう。この語句は第３講で引用したサマセット・モームの『要約すると』の一節からの引用ですが、今回は全文を引用したいと思います。

　　私はシニカルだと言われてきた。人間を実際より悪いものに仕立ててしまうと非難されてきた。けれども自分がそんなことをしたとは思わない。私はただ、多くの作家たちが目を覆っていたある種の特徴を明るみに出しただけである。思うに人間について私が最も感銘を受けたことは、それが一貫性を欠くことである。私はかつて人を首尾一貫したものとして見たことはない。非常につじつまの合わない諸特徴が同一人物の中に存在し、にもかかわらずもっともらしい調和を呈することに私は驚かされてきた。一見相容れない諸特徴がいかに同一人物の中に存在しうるか、私はしばしば自問自答してきた。自己を犠牲にすることのできる詐欺師、

優しい気性のこそ泥、金に見合った見返りを与えなければ体面に関わると思っている娼婦を私は知っている。[84, p.40]

ここでモームが言っていることは正しいに違いなく、人間を特定のイメージすなわちステレオタイプに従わせようとしたり実際より一貫したものにしようとする強い欲望（これを本能と呼びましょうか、それとも欲動（ドライブ）と呼びましょうか？）が存在するに違いありません。このことは偉大な思想家たちにもあてはまり、彼らの信奉者たちの中には彼らをあらかじめ仮定された何らかの一貫性に従わせようとする欲動（ドライブ）が存在するのです。偉大な思想家を混合物であると認めることには抵抗が働きますが、フロイトもこの例外ではありません。彼の考え方にはダーウィン主義者フロイトとしての面とはきわめて異なった人文主義者（ヒューマニスト）の面がありました。翻訳者たちは人文主義者（ヒューマニスト）を抹殺したかったのだと私は確信していますが、けれども仮にダーウィン主義科学者を消し去ろうとする翻訳者が誰か新たに登場したとしても私は驚かないでしょう。ストレイチーのあやまちをそのままもち越さないように、私はこの講義が終わるまで「欲動（ドライブ）」という語を使いたいと思います。

思索の当初、フロイトは欲動とその心的代理物（psychical representative）を区別していませんでした。のちになって厳密な区別をもうけ、欲動そのものは決して知りえないがその心的代理物あるいは観念（表象（アイデア フォアシュテルング））のみが知りうると述べました。この「観念」とか「心的代理物」の心理学的性質について深く考えることには意義があると思います。なぜならフロイトが純粋に知的な観念のことを言っていたのかどうか、私には疑わしく思えるからです。思うに「代理物」とは、主体に感じ取られた現実をいうのでしょう。それは観念であるかもしれませんが、同時に感情状態やファンタジーであるかもしれません。それは主観的に知られたことですが、知られたそのことがらの状態は人格の内部で変化する可能性があります。フロイトはカントの「物自体」と「現象」という区別に影響を受けたのではないかと想像します。後者は主体によって直接知られますが、前者は言及されはしても究極的には知りえないのです。

欲動は精神的なものと身体的なものの境界にある概念であるとフロイトは述べました。したがってそれは、人間がもつこうした両面を結びつける何

フロイトの発見

かであるわけです。マリー・ヤホダ（Jahoda, M.）は、フロイトの思想はまさに人間のもつこうした二側面を橋渡しするような諸概念に焦点を合わせていると示唆しています。（同じ理由から、フロイトの思想の中では快感が中心的な役割を担っています。）それでもやはり欲動には、概念として大変つかみづらいところがあります。フロイトの定式化から始めることにしましょう。欲動はある器官内あるいは身体部位で生じる身体的過程を源としており、その精神（*seelisch*）生活における表現となっています。ここでベッテルハイムによるもう一つのストレイチー批判に立ち戻ってみることには価値があるでしょう。

「精神の」というストレイチーの言葉はフロイトの「*seelisch*」、すなわち「魂の」という意味の語にあてられた訳語ですが、ストレイチーの翻訳をベッテルハイムが非難するのも当然だと私は思います。「精神の」という言葉からは何か情緒性を欠いたものが連想され、「魂の」という言葉にはまったく合いません。フロイトの用語法は、欲動の代理物とはファンタジーや感情状態であろうという私の主張に力を与えてくれます。身体器官内における身体的刺激が感情状態、ファンタジーあるいは観念に、何らかの手段で翻訳されているのです。

ここでわれわれはもちろん、心身問題の概念的に非常に難解な領域に分け入っています。この問題には哲学者たちが何世紀にもわたって取り組んできました。フロイトが奉じた理論は心身並行論と呼ばれてきましたが、これは体内で起こる身体的出来事には、常に心の中で起こる心的出来事が並行しているとする見方でした。これら二つの構成要素は別個のものでありながら互いに並行して存在し、そして一方における活動には常に他方が並行しています。しかしフロイトにとっては身体的活動が優先していました。ものごとの始まりはそこからというわけです。

のちに彼が自我の理論を発展させたとき、この審級がどこに位置づけられるのか明確に定式化したことは一度もなかったと思いますが、彼はどうもそれを体の表面に位置づけていたように思われます——つまり、一つの総体としての生体と、外的世界および内的世界とが互いに接する場にです。それは両者からもたらされる刺激の受容体であり、それらを何らかのまとまりある総体となるよう組織するオルガナイザーとなるのでした。もちろんあらゆる

心身理論にはそれに特有の問題があります。フロイトの見解から生じると思われるそういう諸問題を、最後のところで批判的に検討したいと思います。

すでにお話ししたように、フロイトは欲動の源を身体的過程にあるとしています。そして欲動の目的は満足です。フロイトは、幸福の達成が人間の追求する目的であると考えていました。欲動は対象を通じて自らの目的を遂げます。つまり対象なくしては目的を満足させることはできません。生体は、不快な感情状態に関係するある緊張状態にあります。対象が生体と接触して欲動を満足させると緊張の減少がもたらされますが、これは快に関連しています。空腹もそのような状態であり、食べることを通じてそれを満足させることは快いことです。

初めフロイトはこの点についてかなり教条主義的でしたが、のちにはこのホメオスタシス理論あるいは恒常性理論（この用語はフェヒナーのもの）もしくは涅槃原則（この用語はバーバラ・ロー[Low, B.]のもの）は、オーガズムに先立つ性的活動のように、快が緊張の増加と関連している場合に説明がつかないと言っています。緊張の増加にはスリルが関係しており、それには明らかに快の成分が含まれています。

まとめましょう。あらゆる欲動には、何らかの身体的刺激の中にある源と、緊張の減少と関連する欲動の満足であり主観的には快として経験される目的と、そしてそれを通じて目的が遂げられるところの対象とがあるわけです。

フロイトによる欲動の定義については概略をお話ししたので、次はまず彼の初期の理論、それから後期の理論を見てゆきたいと思います。初期の著作でフロイトは、刺激あるいは衝動と欲動とを区別しています。[35, p.168] この文脈での刺激とはある一つの行動を生じさせる単発の衝撃ですが、一方欲動はパターン化された活動を恒常的に生じさせる源泉です。（この区別は*Trieb*を「衝動」(トリープ)(インパルス)と訳さないもっともな理由に思われます。ベッテルハイムならわれわれに決してそういう訳をしないよう望んだでしょう。）フロイトは、系統発生の途上で外的刺激が生体に欲動を発展させるよう要請したか、あるいはむしろ欲動をもつもののほうが生存に適していたのだと信じていました。欲動を通じて生体は、なかば生得的で変わることのない意図性を賦与されました。つまりある特定の内的生態環境や外的生態環境が与えられると、欲動はある程度の予測可能性をもって作動するのです。

私は最近、生涯を通じて常に根底に存在した欲動に触れることを求めていた患者を診ました。彼は職業生活においてはきわめて申し分なく機能していましたが、私生活では深刻な危機に瀕していました。私が彼に会いはじめたときには差し迫った危機は過ぎていましたが、それでも彼は分析に来ることを望みました。けれどもしばらくのあいだ彼はセッションを終えるたびに落ち込みを感じ、仕事にしっかり集中したいという自分の望みが分析によって妨げられていることに気づいたのでした。そうして、分析にやって来る理由がまったく見いだせない一時期がやって来ました。そのせいで職業人としての機能が妨げられ落ち込むのですから、まったく利点が見いだせなかったのです。それでも彼はやって来ました。時が経つにつれ、彼の愛する能力が深刻な障害をこうむっていることが分かってきました。一組の人間が機能することを可能にし、ともにいて実り豊かであることを可能にする欲動が、暴君的な内的対象によって妨げられていたのです。それでもなお彼を分析家のもとへ通わせつづけたのは、性愛的な欲動でした。この点はフロイトの後期の理論を見ていくとより明確になるかもしれません。

　初期の理論においてフロイトは、諸々の欲動の性質の違いについてはどんなものについても明言していません。すべての欲動は質的に似通っておりその差は興奮量の違いによると彼は信じていました。したがって見かけ上の質的違いは、身体的源における興奮量の違いに帰すことが可能でした。しかしながらそこには実際ある種の矛盾があるように思われます。というのも、彼はそうしておいて欲動の源に区別をもうけ、そこには質的な区別があると主張しているからです。[41, p.123] 後期の理論で、死の本能とエロス（次の講義で取り上げます）について彼は、量的な違い以外に何か差異をもたらす要素があるはずだと述べていますが、しかしそれが何であるかは謎であると述べるにとどまっています。

　つまりフロイトは二つの主要な欲動に根本的に区別をもうけていました。自我欲動あるいは自己保存欲動と、性欲動です。これら二つの欲動の要求間には利害の対立、恒常的な衝突状態があり、これは特に強迫神経症とヒステリーにおいてはっきりと現れています。彼はその葛藤が次の二つの主張のあいだに演じ出されていると見ていました。１．個人こそが第一のものであり、性愛はその欲求の一つである。２．生殖の過程こそが一次的であり、個人は

そのつかのまの添え物にすぎない。

　フロイトの図式の中に他の欲動はないのでしょうか？　あるのですがそれらは常にこの二つに対して副次的であり、彼はそれらを部分欲動と呼んでいます。したがって彼はパーソナリティ内部の欲動の状況を、二つの主要な欲動群のあいだに生ずる一つの葛藤とみるのです。それらは優位をめぐって戦いを続けており、その他の欲動はすべて副次的なものです。さてこの二つの欲動群について考えるにあたって、これをライフサイクルの文脈で考察すると役に立ちます。フロイトは初期の理論ではこうした文脈からの考察は行っていないようですが。

　若い頃の苦闘と自立においては、個人こそが第一のものであり性欲動はその欲求の一つであるようです。性はしばしば思春期の若者や青年にはこのようにとらえられています。それはその個人自身の欲求、すなわち彼や彼女の野心に従属するものです。理想的には中年期の危機のどこかで転機が訪れ、生殖の過程こそが一次的となり、フロイトの表現によれば個人はそのつかのまの添え物となります。個人は次の世代に自らを合わせてゆきます。こういうことはおそらく女性のほうにより早く、自分の子を出産するときに生じるでしょう。だとするとこのことから、男性は全力を挙げてそれを（つまりセックスを）手に入れようとするが、一方女性は情緒的な結びつきや赤ん坊により関心を向けるという、われわれの社会でしばしば繰り返されてきた考えに説明がつくかもしれません。

　主要な部分欲動には、サディズム／マゾヒズム、窃視症／露出症、愛／憎しみ、そして憎しみの自我欲動への関連があります。サディズムは他人に対する暴力あるいは力の行使のうちに存在し、苦痛を与えることの快感がそれ自体のうちに含まれています。フロイトはその目的や進化上の意義については一切説明していません。ただ独断的に自分の症例を提示しているだけです。彼の初期の理論ではサディズムが一次的なものであり、マゾヒズムはその欲動が逆転して生じるとされています。（実際あらゆる欲動が逆転可能です。）マゾヒズムでは対象が逆転されており、主体である人自身が対象となってしまい外的な人物が拷問する役をさせられます。当の人物は拷問してくる外的な人物と同一化することを通じて、やはりサディスティックな快感を得ています。したがってマゾヒズムは、初期の理論によれば特定の対象に向けられ

たサディズムなのです。

　ですからこの段階ではフロイトは、マゾヒズムが一次的なものではないとかなり確信しています。（次回の講義で分かりますが、彼はこのことについて見方を変えました。）対象に対する憐れみはサディズムに対する反動形成ですが、ここでの反動形成は主体が一次的な欲動を意識的に経験しないでおくための反対物への逆転です。言い換えれば、憐れみはサディズムを覆い隠すものなのです。私自身の経験からも、誰かに対して憐れみを示す人はどんな人でも実際にサディスティックなふるまいをしています、とはいえそれは意識されていないのですが。憐れみは事態を正当なものとします。つまり事態は変えることができず打つ手なしであると言っているわけですから、最終判決を含んでいます。憐れみを向けられている人に進歩の望みはありえません。というのも憐れみには、その人の成長の可能性を阻もうとする残酷な欲望が含まれているからです。グレアム・グリーンは小説『恐怖省』で、主人公にこう言わせています。

　　……どこを見まわしても、混み合った法廷全体にひどい憐れみの情が現れているのが見てとれた。裁判官は顔を伏せていたが、エバーシャープの万年筆を落ち着きなくいじっているその年老いた指からは憐れみを読みとることができた。彼はみんなに警告してやりたかった——俺を憐れむな。憐れみは残酷だ。憐れみは破壊する。憐れみがうろつきまわるときには、愛も安全ではない。[57,p.233*2]

憐れみはその犠牲になる人にとって死刑宣告であるに違いありません。

　しかし、フロイトはサディズムが一次的なものであると言ったにもかかわらず矛盾に陥っています。彼が言うには、彼がナルシシズムと呼ぶところの自体愛的満足の原初的段階があり、これは受け身的な事態と結びついています。サディズムはナルシシズムの状態をはなれて外的対象を見いだしそれに結びついたときに起きますが、マゾヒズムはナルシシズムの状態がいまだ最高の支配力をふるっているときに起きます。これはマゾヒズムを二次的なものとした彼の初期の発言[35,41]と明らかに矛盾しています。フロイトは同じ発達図式を、彼の部分欲動の別の一組にもあてはめています。窃視症と露出症です。

当初彼は、窃視症は見ることの快感で、性器を見ることの快感から始まりそれが全体対象を見ることの快感へと発展すると論じていました。そしてこれが逆転すると、自分自身あるいは自分自身の部分が見られることになります。後になって彼は、この一組の欲動は、自己愛的段階では自分自身に対して生じそれが積極的な窃視症に発展し、そうして露出症はその人が自己愛的段階に固着したままであるときに生じるのだと言っています。フロイトは二組の欲動、つまりサディスティック／マゾヒスティックな欲動、窃視症／露出症的な欲動は両方とも、通常実に互いに呼応しつつ同時に存在しているものだと主張しています。(後期の理論でこの両者は幼児的依存の段階と同時に存在することが明らかになりました。)

また愛についてはフロイトは、これをリビドーの部分欲動であると考えるのには気が進まないと率直に認めています。彼はかわりにそれを総体的な性的潮流の表れと見たがっており、これは一つの基本的信念と呼んでもよいものが、まだ生理学的な基盤をもっていた彼のモデルに合わなかった一例であるように思えます。というのもフロイトは愛を精神の健康を保障する最高のものと明確に信じ、自己愛についての論文でそう述べているからです[38, p.85]。それは人間が力を尽くして追い求める目標であり非常な重要性をもっていましたが、かなり制約のある彼のモデルには合いませんでした。とはいえそれは性欲動やフロイトの信念、すなわち愛という言葉で呼べるのは性欲動や特定の対象に強い結びつきをもつ現象だけだという信念に、明らかに関連をもっています。

愛することの反対は憎むこと、愛されること、それに無関心であることです。後者二つの状態は、発達の自己愛的段階に基盤をもっています。憎しみは、愛する対象が不快の源となったときに——たとえば主体が愛する対象に拒絶されたり見捨てられたりすると生じます。しかし憎しみは自己保存の欲動とも強い関連をもち(一方愛はそうではありません)、発達の自己愛的段階と深く関係しています。愛においては自我は飛躍し、そのことによって自分の生存を大部分他人の保護下にゆだねます。しかし自己愛的段階では、自我はそんな考えをまったく退けます。したがって自己愛的状態では性欲動は自己保存欲動に対して従属的で、それに支配されていることが分かります。これとは対照的に愛の状態では、自我欲動が性欲動に従属的となります。

さて、これがフロイトの初期の理論です。攻撃性、あるいは破壊的欲動それ自体についての言及がなかったことにお気づきでしょう。しかしながら第一次世界大戦後、フロイトは自らの理論全体を練り直し、攻撃性にはずっと大きい位置付けが与えられました。しかしこのテーマは次回の講義にもち越さねばなりません。

訳注
1　ハーバート・スペンサー（Herbert Spencer）：(1820-1903) 英国の哲学者。進化の法則を社会発展に対してあてはめたとされる（社会進化論）。
2　以下に邦訳あり。
「恐怖省」『グレアム・グリーン全集第9巻』野崎孝訳、早川書房、1980

12
フロイトの本能論　その2

1920年にフロイトは『快感原則の彼岸』を書きましたが、その中で自らの欲動理論を根本から定式化し直しました。前の理論からこの最終的な理論への移行をフロイトに促したのは何であったかを、まず最初に考えてみたいと思います。前回の講義の最後にお話ししたように、フロイトはそれまで人間に備わっている攻撃性と破壊性の位置付けをひどく過小評価していました。しかし1930年『文化への不満』を書くときまでに、この問題を憂慮してその考察に心を注ぎ、また宗教がいかに人間という種のもつ破壊性に対処しようと努めてきたかにも目を向けていました。個々の生体がいかにして過剰な破壊性に対処するかに、特に関心を寄せていました。いまやそれを、外的脅威に対抗して用いられるものとして見るようになったのでした。

しかし、こうした変化はフロイトの中にどうして起こってきたのでしょうか？　この問いへの答えの本当のところは分かりませんが、彼の自己分析が進展したことによるのではないでしょうか。彼の自己分析は、いくつかの外的な出来事によって、人間の現実のそれまで無視されてきた側面を考慮に入れるよう迫られていたと推測できます。第一次世界大戦の事実がしばしば引き合いに出されてきました。しかし、今世紀と前世紀の著しい科学的進歩に伴い粗野で野蛮な衝動を扱う能力が発達してきているとフロイトが信じていたことも、ほとんど疑う余地がないと思います。彼の論文『戦争の幻滅』（*The Disillusionment of War*）からいくつかのくだりを引用しますが、これは戦争勃発の

およそ６カ月後に執筆されたものです。

　われわれには、未開の人びとや文明化された人びとのあいだでの戦争が、そして肌の色によって区分された人種間の戦争が——その文明がほとんど進歩していないかすでに失われてしまったようなヨーロッパの国家に対する戦争、およびその国家間ですら起こっている戦争が——、当面のあいだ人類を支配するだろうことを知る覚悟ができています。けれどもわれわれは他の希望ももっています。人類の支配権を手に入れた白人、すなわち全世界の利益を自らの関心事としていることで知られ、自然を制御する技術の進歩ばかりでなくその文明の芸術的および科学的水準をもつくりだした創造的な力を備えた白人による、世界を統治する巨大な国家連合をわれわれは期待していました——こうした人びとが、不和や利害の対立を収束させるもう一つの手段を首尾よく発見することに期待していました……この共通の文明を享受するという喜びは、次のような警告の声に時折かき乱されてきました。古くからの伝統の違いが戦争を避け難くするのであり、それはこのような共同体のメンバー間ですらそうなのだと主張する警告の声にです。われわれはそれを信じようとしませんでした。しかし、もしこんな戦争が起こるとしても、そんなものがどうやって思い描けたでしょう？　われわれはそういう戦争を、ギリシャのアンフィクチオン同盟会議が同盟に参加するいかなる都市も破壊されることはなく、そのオリーブ園が荒らされることも、その水の供給が途絶えることもないであろうと宣言した時代以降、人の礼節が進歩してきたことを実証する機会だと見ていました。われわれはそれを、騎士道にかなった戦いであり、一方の優位を戦いで確立するという目的に限定されており、またその決着に何ら資することのないような深刻な被害はできる限り避け、負傷して退却を余儀なくされた者、および彼らの回復に一身を捧げる医師や看護師には戦闘を完全に免除することを認めるような、そんな戦いであるかのように思い描いていました。そこには当然、市民のうち非戦闘員に属する人びとに対する最大限の配慮があるはずでした——戦争という仕事にまったく携わっていない女性に対する配慮、および成人した暁にはお互いの友人となり助け合わねばならない

子どもたちに対する配慮がです。それにまた、平時の共同文明を具体的にかたちにしてきたあらゆる国際的な事業や機関は存続してゆくはずでした。[42, pp.276, 278]

また、彼の論文『無常ということ』[*3]ではこう述べています。

一年後戦争が勃発して、この世から美しいものたちを奪い去ってしまった。戦争の通過にみまわれた田園地帯の美や芸術作品が破壊されたばかりではない。戦争はまた、われわれの文明が達成した所産に対するわれわれの誇り、哲学者や芸術家に対するわれわれの賞賛、国家や人種間の違いを超えて最終的に勝利する希望をも打ち砕いてしまった。戦争はわれわれの科学がもつ崇高な普遍性をけがし、われわれの本能をまったくあらわに露呈させ、最も高潔な人物たちにより何百年にもわたりたゆみなく施されてきた教育によってこれまで制御されてきたはずだったわれわれの内にある邪悪な精神を解き放ってしまった。[43, p.307]

これらの引用から、フロイトがこのときまで幻想に支配されていたことは明らかだと思います。しかしその幻想とは何だったのかと問われれば、その答えは当初思われていたほど簡単ではありません。彼は、人間がまったく攻撃性や破壊的可能性をもたないと考えていたわけではありません。歴史を通して存在してきた野蛮性を彼が承知していたことは明らかです。また同時に、それはより原始的な人種にはいまだ存在するがヨーロッパの文明化された人種には存在しないと考えていたことも明らかです。『戦争の幻滅』でのもう二度と野蛮な戦争は起こらないだろうという彼の予想は、技術の進歩ばかりでなく文明の芸術的および科学的水準に基づいていました。高度な状態にある文明が、後進的な文化にまだ見られるより下等で野蛮な欲動から人間を救うと信じたのが、ほかならぬフロイトであったとは腑に落ちぬ感じがします。では、どこに幻想があったのでしょう？　この問いに答えるためには、ちょっとした推論の旅に出かける必要があります。この旅は推論ですが、同時に社会的なものごとに対して、そして特に革新的な希望に対してわれわれが取る態度としては非常に大切なものだと私は思います。

キリスト教とユダヤ教、イスラム教そして仏教は皆、一つの共通した思想を分かち合っています。人間は救済が必要な状態で存在している、救われる必要があるという思想です。人間は現在ある状況から救われねばならないという含意は明らかです。さらに含意されていると私が思うのは、現在のおのれの社会的および個人的現実について考えるのは耐え難いということに、人間はうすうす気づいているということです。これを言い表す適切な言葉を見つけるのは難しいのですが、しかしこのように言うことができるかもしれません。人間は、何かがひどく間違っている、自分の置かれた状況がまさにその核心において何か耐え難い性質をもっている、自分が今あるような状態に人間が置かれつづけるはずはない、ものごとは進歩するに違いない、とにかく自分が置かれている状況をありのまま受け入れることなど絶対にできないと感じているのです。きっと何かしらの神さまが、オリュンポス山からかシナイ山からかあるいは蓮からか現れて、人間をその苦境から救い出してくださるに違いないというわけです。さて、こういう神話を皆さんがどう思われるか私には分かりません。あるいは何らかの救済者がいるに違いないなどと、信じておられるかもしれません。ここからは私の考えを皆さんと共有しておかないと話が進まないのですが、私はこれは幻想だと思っているのです。
　ここではっきりさせておきたいのは、人間は幻想なしに生きてゆけると私が考えているわけではないこと、そして幻想は有用な目的に大変貢献しているということ、しかし、にもかかわらず「救済」願望は、それをもし本当に信じているとしたら幻想であるということです。フロイトはこんな幻想をもっていたのでしょう。つまり、20世紀のヨーロッパ人は「文明の科学的および芸術的水準」を通して野蛮な状態から救われたと信じていたのです。フロイトの思想の背後に何があったのか、ここで追究することが役に立つとは思えません。しかし、ヨーロッパ文明が享受してきたこの何ものかが、一部の人類を「救った」ことは明らかです……「野蛮性」から救ったと言っていいでしょう。(私が「野蛮性」という言葉で表していることについて、詭弁を弄することはやめましょう。戦争の恐るべき野蛮性についてはわれわれ皆が承知していることと思います。)この幻想を打ち砕いたのは、第一次世界大戦で起こった出来事でした。
　この点から、フロイトが最初の欲動理論を捨てた二つ目の理由へと導かれ

ます。最も日常的なことに関わっているときですら、集中するために通常人は外界、内界および記憶からもたらされる大部分の刺激を遮断しています。この遮蔽物をフロイトは「刺激障壁」と呼びましたが、これが幻想と大変深く関係しているのです。もしも刺激障壁が突然破壊されると——その人格が非常に大きな衝撃を与えられると——あるいは幻想が突然打ち砕かれると、その人格は起こったことを克服しようとして「犯行現場に戻る」手段に訴えるのです。ここで重要なのは「突然」という副詞です。つまり、何らかの不幸な出来事を通じて生体に衝撃が加えられると、その人はそれを何度も何度もさかのぼって、起こった出来事を違ったものにしようとするのです。

　私は最近まで、14歳の孫娘を学校から帰宅途中の自動車事故で亡くしたある女性の隣に住んでいました。その女性には私も好感をもっていて通りや彼女のアパートで時々お目にかかったものですが、どんな長さの会話であっても常にこの孫娘のことが何かしら語られ、いつでも次のような類の発言が聞かれることに私は気づきました。「私たちのこのアパートを見たときには、すぐさま私たちにうってつけだと思いました。けれどもジェイニーが死んでからは、もしも別の家を買っていたらあんなことにはならなかったのではと何度も考えるんです」「それにたぶんもしメアリーがジェイニーを全寮制の学校にやっていたら、あんな事故は決して起こらなかったでしょうに」。

　戦争中前線にいた人びとが、自分の経験したぞっとするような出来事をどんなことであれ繰り返し夢に見ることにフロイトは気づきました。ドストエフスキーの『白痴』に登場するムイシュキン公爵は、フランスへの訪問中にギロチンにかけられた男性を見たことを語り、こう付け加えています。「あれを目にしてからもう１カ月になるのに、まだそれが目の前で起こっているかのように見える。もう６回も夢に見た」。第一次世界大戦はフロイトにとってまさにこのような衝撃だったのであり、欲動理論を定式化し直したのは恐ろしい出来事を克服しようとする彼の努力だったと考えられるのではないでしょうか。私にとってはこれが反復強迫という概念の重要性を真に理解しうる唯一の道です。

　私はこれをフロイトによる理論修正の第二の理由だと申しましたが、このことは、ヨーロッパの国家間で起こった衝撃的な出来事を克服しようとして自らが行ったことに対するフロイト自身の気づきとして見たときにのみ理解

可能であると思います。カール・アブラハム（Abraham, K.）とシャーンドル・フェレンツィがドイツ側の軍医として活動する一方で、アーネスト・ジョーンズがいまや「敵」方の一人となってしまったときには、彼の苦悩もおそらく一段と募ったことでしょう。実際にフロイトはいく通かの手紙の中の一通で、アブラハムにこの事実から自分が受けた衝撃を伝えています。

　理論が修正された第三の理由は、フロイトが「陰性治療反応」を臨床上経験したことです。分析家と患者が出会い、真の共有された理解が生じたと思われるとき、そうしてともに分析的試みに携わる二人のあいだで何かが結び固められたとき、その次のセッションで患者が分析家と分析の両方に対して激しく抵抗する反応を示すことがよく起こります。思い浮かぶ例はたくさんあります。希望のもてる理解が生じそしてその数年で初めてかすかな希望の光が兆しだしたセッションの中で、最も激しく最も悲劇的な反応が生じました。私はその次のセッションで何かがうまくいかなかったと伝えることができましたが、そのあとその女性患者は自殺しました。

　もう一つ例を挙げましょう。ある男性はよいセッションをもて、私はそこで難しい問題に決然と取り組んで彼はたいそう安心して出ていきました。次のセッションに私は喜びや安堵を期待してもよさそうなものでしたが、違いました。つまり患者は完全に激怒していて、私をまったくの役立たずで何の役にも立たなかった等々と言ったのです。さてここで興味深い点は、前のセッションまでは彼は正しかったでしょうが、その木曜日にはそうではなかったことです。なぜなら水曜日の私は絶対に役に立っており能力を発揮していたからです。もう一人の患者は、明らかに役立つ相互理解を得られた非常に有益なセッションをもつと、次のセッションでよくこんなふうに口火を切ったものでした。「前のセッションであなたは、私がボーイフレンドへの性的な怒りを克服したようだと言ったわね。でも週末には私、彼に向かって写真を投げつけたのよ」。彼女が「あなたは……言った」と言ったとき、私は怒りでいっぱいになるのを感じ、「私はそんなこと絶対に言っていないぞ」とつぶやくのでした。意図されていたのは血みどろの言い争いを起こして前のセッションをぶち壊しにすることなのでした。

　こうしたタイプの最も極端な例は、次のような患者です。新しい気づきが生じそれが強固になったセッションのあと、入室してきてこう言うのです。

「去年の夏季学期の終わりのセッションで、私がもっと回数を増やしてほしいと言ったのに真面目に考えてはくれませんでしたね」。彼女は私の重大な過失をとうとうと並べ立て、言いつのりました。彼女の言うことの中身が間違っていたとは思いません。問題はタイミングでした。

　もちろん、分析が急速によい方向へ向かっているときに無駄にした時間や失敗がことさらに強く感じられるというのは実際よくあることです。しかし私が申し上げた事例にはそれ以上のものが上乗せされています。つまり、その分析を混乱させようという企てがあるのです。最初に挙げた事例のように、それが成功してしまうこともあります。フロイトはこういった事例に衝撃を受け、パーソナリティの中には非常に強い何らかの反生命的な力、すなわち分析家と患者の生産的な出会い——言い換えればエロスの出会い——を破壊する目的をもった何ものかが備わっているに違いないという結論に至ったのです。

　さて、フロイトの再定式化をご説明してゆくことにしましょう。新たな一組の欲動は、死の欲動とエロスとなりました。フロイトが死の欲動をどのように理解していたのか説明したいと思います。すなわちそれは、すべての生体は無生物的状態へと向かうというものです。この考えは、欲動の目的はより以前の事態を保存することだとするフロイトの見解にも合致します。この惑星上のあらゆる生命は無生物の自然から起こったのであり、死の欲動の目的はこうした以前の事態を再び確立することです。けれども逆説的なのは、自己保存欲動が死の欲動の一要素であることです。死の欲動は、それ自体が内在している解体の過程に従って、生体に死をもたらすことを欲しています。ここでフロイトがこれをどう説明しているか聞いてみましょう。なお、ストレイチー訳からの引用ですので「本能」という言葉を使っています。

> 結局、生体の発達に痕跡を残しているのは、われわれの住むこの地球の歴史と、地球と太陽との関係の歴史であるはずだ。生体の生き方にこのようにして加えられた変更は、保存されてゆく有機的本能に受け入れられ、さらなる反復に備えて蓄えられる。したがってこのような本能は、あたかも変化と進歩に向かう力であるかのようなまぎらわしい外観を呈しがちだ。けれども実際には、今も昔も変わらぬ道筋を通って太古から

の目的にたどり着こうとしているだけなのである。そればかりか、あらゆる生物がそれに向けて苦闘しているこの最終目的を特定することもできる。もしも生命の目指している目的がかつて獲得されたことのないものごとの状態であったとしたら、それは本能の保存的性質に矛盾することになる。反対に、命あるものが過去のあるとき出立してきた出発点も、また進化に導かれて回り道をたどりつつ何とか帰り着こうと苦闘している目的地も、ものごとの古い状態であり最初の状態であるに違いない。生き物はどれも内的な理由で死ぬ――再び無生物となる――ことを例外を知らぬ真実として受け入れるなら、このように言わざるをえないだろう。すなわち「あらゆる生命の目標は死である」、そして振り返ってみれば「生き物以前に無生物は存在していた」のだと。[47, p.38 *4]

では自己保存欲動はどうなるのでしょう？ フロイトは次のようにまとめています。

あらゆる生き物に備わる自己保存本能を想定することは、本能生活が全体として死をもたらすことに奉仕するという考えにひどく矛盾する。このような観点から見ると、自己保存あるいは自己主張の本能、そして支配の本能の理論的重要性は著しく減少してしまう。それらは部分本能であるが、それはその生体が死への道をたどることを確実にする働きと、生体自身に内在している経過以外での無機的存在へと還る経過を極力避ける働きとをもっている。もはやわれわれは、あらゆる障害を前にしても自分自身の存在を維持しようとする生体の不可解な決意（どんな文脈にあてはめることも困難である）について考慮する必要はない。われわれの前に残されているのは、生体が自分流のやり方で死ぬことだけを望むという事実である。かくしてこれら生命の守護者もまた、もとは死の家来であった。したがって、命ある生物は自分の生命の目標をさっさと――一種の短絡によって――遂げる助けになるだろう出来事（具体的には飢え等）に対して最も精力的に抗うという、逆説的な状況が生じる。しかしながらこのようなふるまいはまさに、知的な努力とは対照的な、純粋に本能的なものの特徴である。[47, p.39 *4]

かなり詳しく引用しましたが、これはフロイトによる死の欲動の定式化がメラニー・クラインのものとはまったく異なっているからです。クラインはフロイトが『快感原則の彼岸』で行ったような欲動理論の練り直しをしませんでした。彼女はフロイトの初期の欲動理論を受け入れましたが、そこに彼女や彼女の支持者たちが死の欲動と呼んだ破壊的欲動を加えたのです。ですからそれは、存在を脅かす外部からの攻撃に抗して逆説的に生体を存続させるフロイトの死の欲動と同じではありません。これまで見てきたように、フロイトにとって死の欲動の目的とは、生体が自ら内在している解体の過程に従って無生物的存在に還ってゆけるように、その生体を存続させることです。フロイトの死の欲動には外的な危険を避けるための攻撃的要素があるけれども、その目的は生体を無機的状態に戻すことです。「塵に過ぎぬ汝は塵に還る」*5というわけです。このように死の欲動は、個体自身の存在を超えて生命を維持しようとするどんな欲動とも対立するので、もう一つの重要な欲動と葛藤することになります。それがエロスです。

　エロスは、受精が起こり新しい生命が続いていくように男性と女性を性交で結びつけることを通じて、無限に生命を維持しようとします。フロイトは、エロスを通じてある結合、すなわち新たな存在を導きだすある種の結合体が生じると信じていました。タルコット・パーソンズ*6は、フロイトの思想におけるこの結合させる物質——つまりエロス——が、接合効果をもつ価値システムを通じて個人が有機的全体へと統合された有機的単位としての社会というデュルケーム*7の概念と類似していることを指摘しました。89, pp.18-19 会社なり機関——たとえばタビストックのような——なりで働く人びとが何らかのかたちで集団同一性をもつのは、エロスを通じてのことなのでしょう。そしてこの同一性が成員個人の生命を超えて生きつづけるのです。

　死の欲動——フロイトの支持者はしばしばタナトスとも呼びます——とエロスは互いに戦っています。では、死の欲動が内に向けられて個人が攻撃の対象となるようなことはどのようにして起こるのでしょうか？　自殺のような極端な場合には、死の欲動の目的は達成されていないのでしょうか？　フロイトの説明はこうです。エロス的な欲動は他者に対して向けられますが、しかしこの欲動がその個人自身の主体をリビドーの対象とすることもありま

フロイトの発見

す。こういった状況をわれわれは自己愛と呼んでいます。フロイトによれば、これがその構成要素としての死の欲動、すなわち外的な略奪者を攻撃する目的をもつ死の欲動の側面を引き込む効果をもち、それを主体自身の自我に向かわせるのです。こういう帰結は私にはあまりぴんときませんが、手短にもう少し続けましょう。

　ここで少しフロイト理論への個人的批判に移りたいと思いますが、それには主に三点あります。まず、人間には道徳観念が備わっている証拠があると私は思うのですが、フロイトはそんな概念を認めていません。しかしながらフロイト以後の数多くの分析家たちは、人間が派生的でなく一次的な道徳観念をもつことを信じていました。たとえばビオンやウィニコットははっきりそう主張していますし、メラニー・クライン、フェアバーン、バリントなども言外にほのめかしていると私は思います。たとえばウィニコットのすばらしい論文『設定状況における幼児の観察』[107]*8は、生来の道徳観念があることを示す説得力ある証拠を提示しています。この論文は7カ月から13カ月の年齢における道徳観念の存在を数多くの事例で実証しているように思われ、同時にそれは親からの禁止を内在化したためではなさそうです。幸福を達成することが人間の人生の目標であるというフロイトの見解では、団体全体の価値や倫理的理想により動機づけられるような人たちをうまく位置付けることができないと私は思います。

　自己愛と攻撃する超自我の結びつきについての私の説明は、たとえばこうです。他人への配慮を要求するような道徳観念が存在し、自己愛によって他人が跡形もなく消し去られるようなことがあると、超自我が個人を激しく攻撃するのです。もしそれが内に向けられた死の欲動だとすると、なぜ自己愛がそれを生じさせるのでしょうか？　他人への配慮を命じるような道徳観念があり、深い水準でそれが軽視されるようなことがあると死の欲動が主体に向けられる、と考えるしかないように思います。フロイトはこの点を落としており、それが彼の理論的な仕事にもまた臨床的理解にも好ましくない欠陥を残していると思います。つまり、過酷な超自我をもつ患者を治療する際には、その人が他人の感情を損なっていると推定しておくほうが安全なのです。

　次に、私には心身並行論が人間存在に対する満足な哲学的説明だとは思えません。人間は単一の存在であって、お互いに並行関係にある身体と精神か

ら構成されているのではないと思います。フロイトの見解は、欲動は身体的源をもつというものでした——それは身体の中の源であり、そのうえで精神がそれに対応しているのです。欲動は、精神の中では観念や代理物——表象(フォアシュテルング)——を通して知られます。他方で私はアリストテレス-アクィナス-フッサール-ハイデガー的伝統の概念的枠組みを引き継いでもいます。*9 つまり、ここでフロイトが行っているような類の区分を行うことはおそらく不可能だろうし、このことは欲動理論の領域で特に印象的なことだと考えています。

　最後に三つ目ですが、私は死の欲動とエロスとが同じような現象的存在であるとは思いません。したがってそれらをともに欲動（であれ本能であれその他であれ）の範疇に分類することは不可能です。死の欲動はフロイトの定義——ものごとの古い状態に戻ること——によれば純粋に本能的なものですが、エロスがこの定義にあてはまるとは思えません。エロスは確かに本能よりももっと一次的な何かに結びついています。その何かとは、命そのものに違いありません。命がその最も深い本質においてどこに向かっているのか、われわれは知りません。フロイトが死の欲動を語るとき言っているのは、制限や限定要因のことです。しかしエロスはもう一つまったく別の範疇に入るものです。両者を理論的に同じ項目のもとに位置付けても、混乱を招くだけだと私は思います。

　　訳注
　　1　以下に邦訳あり。
　　　「文化への不満」『フロイト著作集第3巻　文化・芸術論』浜川祥枝訳、人文書院、pp.431-496、1969
　　2　アンフィクチオン同盟：古代ギリシャで神殿保護のために結んだ近隣都市国家の同盟。
　　3　以下に邦訳あり。
　　　「無常ということ」『フロイト著作集第3巻　文化・芸術論』高橋義孝訳、人文書院、pp.314-317、1969
　　4　以下に邦訳あり。
　　　「快感原則の彼岸」『フロイト著作集第6巻　自我論・不安本能論』小此木啓吾訳、人文書院、pp.150-194、1970
　　5　「塵に過ぎぬ汝は塵に還る」：聖書からの引用。
　　6　タルコット・パーソンズ（Talcott Parsons）：（1902-79）アメリカの社会学者。
　　7　エミール・デュルケーム（Émile Durkheim）：（1858-1917）フランスの社会学者。
　　8　以下に邦訳あり。

「設定状況における幼児の観察」『小児医学から児童分析へ　ウィニコット臨床論文集1』北山修監訳、岩崎学術出版社、1989
9　トマス・アクィナス（Thomas Aquinas）：（1225?-1274）。中世イタリアのスコラ哲学者でローマカトリック教会の神学者。

13
局所論的モデル

フロイトの発見

　フロイト派理論に最も特有な特徴は、それが無意識と意識とを根本的に区別するところです。第6講で私は、ライプニッツが無意識の存在を仮定した最初の科学的思想家であったと申しました。ライプニッツからフロイトに至る150年以上のあいだに無意識の存在を仮定した思想家はたくさんいましたが、最も大きな影響を与えた思想家の一人がJ.F.ヘルバルト[*1]でした。彼は、意識的なセルフ・イメージに合わないような観念は無意識にとどまることを強いられると教えました。ですからフロイトは無意識を発見したわけではありませんが、彼がその領域を指し示しそれを科学的に調査した初めての人だったのです。

　フロイトは論文『無意識について[40]』の中で、理論的な根拠からその存在を推定しています。われわれには意識的に始めたのではない活動が生じますが、この活動はちょうど別の人による行動のように「別の何か」から来るものです。このような行動には源があるはずだと推測されるとフロイトは述べています。つまりわれわれがまったく自己認識をもっていない領域があるというのです。強調しておかねばなりませんが、この領域を意識していないというと不正確で、われわれはそれを意識しているがそれについての自己意識をもっていないのです。

　初回面接で私に、恋愛関係に入るとすぐにボーイフレンドを攻撃しだしつらくあたってしまうと語った患者が思い出されます。その結果、彼女の結ぶ

関係はことごとく破綻してしまうのでした。さて、こう語ったとき彼女はこの活動をはっきりと意識していましたが、しかし推測するに、それは彼女自身も統制することのできない彼女のどこかの部分から生じていて、彼女はそれに自己意識をもっていないらしい口ぶりでした。またここから統制する能力は自己意識と密接に結びついていることも示唆されますが、これは第3講の『意味の科学としての精神分析』ですでにお話ししたこととも関係している点です。つまり分析家に課せられた仕事の一つは、患者の投影に耐えることにより患者の内的な自己統制を増大し、ひいては意識をも増大させることであるという点です。意識する能力は自己の情緒的な強さに並行しています。

　どんな瞬間にも私の意識は非常に狭い領域に、つまり真夜中小さな一点に当てられたサーチライトの光線のような特定の焦点に限定されています。その瞬間には残りすべての精神の内容は無意識です。けれども思い起こすことができる領域も広く存在します——つまりサーチライトがそこに光を投げかけようとすればそれも可能です。フロイトは精神のこの部分を前意識と名付けましたが、これは意識の性質とされているものと同様の性質をもっています。それが無意識なのは単に、注意によって一点に注がれたわれわれのエネルギーがすべて吸収されてしまい、そのせいで残りの精神的領域が視界に入らなくなるからにすぎません。フロイトは次に、この領域と抑圧の力によって無意識なままになっている領域とを区別しようとしました。われわれが臨床的に無意識と呼んでいるのはこの後者の領域ですが、これをある程度理解するためには抑圧について少し見ておく必要があります。

　フロイトは初期の著作で「検閲官」について語りましたが、彼はこれをほとんど一つの人格として、無意識と意識という二つの領域のあいだに立っているもののようにイメージしていました。人格と申しましたが、しかしこれは自我に基礎をもつものではなかったという点で機械論的な概念でした（フロイトは自我を1923年になるまで定式化していません）。しかし1915年までには、彼は抑圧のより詳細な概念を明らかにしそれが生じる過程を解明しはじめていました。言葉からもたらされるイメージのせいでわれわれは、何かを無意識のなかへと押さえ込む力を、スポンジを水面下に突っ込む手のようなものに思い描きがちです。しかしフロイトは抑圧をこんなふうに思い描いてはいませんでした。

34, p.505

何かが意識されているためには、一定の量のエネルギーが与えられていなくてはなりません。抑圧はエネルギーのこの不可欠の部分が撤収されることによって起こります。その撤収されたエネルギーは今度は、その考えやあるいはその代理物を無意識にとどめておくために使われるのですが、実際フロイトの初期の定式化（たとえば40, pp.180-185）では、無意識を作り出すのは抑圧作用の側の活動によるとされています。言い換えれば、無意識に含まれる内容はすべて意識から撤収された要素なのです。

　のちにフロイトは、無意識が、過去に生じた個人的な出来事では決してなく、したがって前述のような方法での抑圧を受けていない要素の貯蔵庫でもあることを認めています。ここで彼は、いくぶん不承不承ながら、個人的無意識以外に受け継がれる集合的無意識というものもあると信じていたユングに、自分が負っていることを認めています。この問題についてはユングを検討する際にさらに詳しく見てゆくことになりますが、当座は局所論的モデルがこれまで説明してきた三つの用語、すなわち意識、前意識、無意識から組み立てられていることだけ記憶にとどめておきましょう。

　フロイトが構造論的モデル——次の講義で話します——を定式化したとき、彼は抑圧という活動を自我に帰しました。しかしながら彼の抑圧理論がもつ難題は、一つには、無意識内にある観念の性質と意識におけるその存在形式との違いにあります。ですから、ここでフロイトが記述した無意識の性質についてもう少し考えてみる必要があります。おそらくその最も重要な特徴は、無意識の観念がそれに付随する「言語的な表象」をもたないことでしょう。われわれは通常言葉を理解しますが、一方無意識には言語がありません。これが、夢が分かりやすい文法にかなった文によってそのメッセージを伝達しない理由の一つです。無意識は、絵を描くことしか伝達手段がない耳と口の不自由な人のようなものだと考えなければなりません。耳と口の不自由な人がそうであるように、無意識は絵およびそこで選択される象徴的表現の使用にきわめて巧みです。この興味深い世界がもつあらゆる特徴は、言葉を通じて意味を賦与されない限り無意識のままであり、言葉を通じて意味を賦与されるその瞬間に意識化されるのです。私は絵を描く患者を診ていたことがありますが、彼女は自分の見捨てられ感や孤独感を、無意識的な水準で自分自身に向けて概念化していました。こうした感覚は彼女の絵から明らかでした

が、意識の上での生活では、彼女は社会的な活動を忙しくこなし、多くの人から好かれていました。にもかかわらず彼女はこうした情緒性を言葉にできなかったのでした。彼女の言葉は彼女の情緒生活とのつながりを欠いたままであり、彼女の社交的なあり方と切り離されたままでした。（幸福というものはある程度、無意識の世界が意識的な生活へと浸み出し、また私的な空間から境を越えて他者へ到達しようと浸み出した結果生ずるもののようです。）

　この患者の情緒生活にかつて言葉が触れたことがないままだった理由は、子どもの頃彼女が話題にされることはあっても話しかけてはもらえなかったためでした。たとえば「ジェラルディーンはフランス語を勉強したがっている」「ジェラルディーンは朝食にミルクをほしがらない」「ジェラルディーンは大きくなったら美容師になりたがっている」といった具合にです。この少女は大家族の出身で、周囲は彼女をああだこうだと決めてかかるところがあったのでした。彼女は自分自身の私的な情緒生活をその集団に乗っ取られはしないか、人格をもつものとしての自分が跡形なく消えてしまわないか心配になりました。同時に彼女は、こうした危険な言葉に対してひどく敵対的になりました。そういう言葉はいつも自分の情緒生活から大変かけ離れていたからです。結果的に彼女は、言葉を自分の気持ちや感情を伝える手段として用いることができなくなってしまいました。

　自分の無意識的生活の願望と意識とに深刻な乖離があると、人は間違いなく大変つらい思いをします。こうなると、人格の表面あるいは対象部分がすぐそばの環境にいるいやな人物と同一化することによって、意識的な自己の表象のほとんどが形成されます。ここでもし分析家が患者の自己の隠れた表現されていない部分に接触すると、意識を形成している同一化した人物像が、隠されていた自己の誕生に対して激怒します。したがって意識を形成する同一化というものは、話された言葉の音イメージの周辺で起こるように思われます。そうして前述の乖離が最も明白に見られる患者は、その結果として分析家のコミュニケーションの調子や作法に対して極度に敏感であるようです。万一分析家がその過去のいやな人物と同じような仕方で話すようなことでもあれば、そこには怒りの爆発か、沈黙の引きこもりか、最悪の場合には絶望ゆえに陥った服従状態があるのです。

　また無意識というものは空間と関連をもたず、把握がかなり難しい概念で

局所論的モデル

す。無意識は情緒の源泉です。たとえば転移というものについてわれわれがもつ考え方の一つに、これを普通の日常活動時より無意識の表現がはるかに促進されている状況として説明する仕方があります。その結果その人は、情緒的な内的世界に従って行動するのです。その分析家がフィンチリー・ロード100番地に住むスミス医師であるという事実は忘れ去られ、ティンブクトゥに住む母親であるかのように感じられるのです。スミス医師からのある種のコミュニケーションは、母親に対する感受性を帯びた情緒的世界で「受信」されます。「いいや、これが母親だなんてことはありえない、だって彼女はティンブクトゥに住んでいるが、ここはフィンチリー・ロード100番地なんだから」というようなメッセージを無意識は受けつけません。無意識にはこの種の推論をなすことは不可能だからです。それは静的な視覚イメージで満たされています。

　私は以前に、呆けて私立のナーシング・ホームに住んでいたあるお年寄りの男性を訪問していたことがあります。いくつかの円いコーヒーテーブルのまわりにそれぞれ座り心地のよい椅子を配してある居間でわれわれは会いました。しばらく座っていると白い上着を着た男性看護師が入ってきて、コーヒーか何かお持ちしましょうかと尋ねました。彼が行ってしまうとその呆けた男性はこう言いました。「船室に上がって葉巻を取ってきます」。そのとき私はこの男性がしばしば客船を利用していたことに気づいたのでした。見回してみて気づいたのですが、周囲はちょうど汽船のラウンジそっくりです——それに看護師がやって来て「コーヒーか何かお持ちしましょうか？」だなんて、いまだかつて誰が耳にしたでしょう！　外洋に浮かぶ汽船の上にいるのとどうやって区別できたでしょう？　さて実際には、私は数分前に車を運転して訪れ、駐車してから歩いて建物の中に入り、廊下を通ってその居間へと入ってきました。ですから私の意識はかなり努力して、自分とこの老人がクィーン・メリー号の船上ラウンジで一杯やっているという相当楽しいファンタジーを抑えねばなりませんでした。なぜなら無意識はイメージとそれが象徴する情緒的世界に向けられており、それらは地理的な空間には位置付けられないためです。こういう観念は把握しづらいでしょうが、しかしその把握が進めばそれだけ患者からのコミュニケーションの意味をうまく「感じ取る」ことができるようになります。

無意識はまた、時間的に位置付けることもできません。それは現在にのみ、あるいはより正確には時間の外に存在します。スミス医師の例に戻りましょう。患者の母親は数年前に亡くなっているのに無意識がスミス医師を母親として受け取ることはありえます。その呆けたお年寄りの男性が汽船に乗っていたのは何年も前です。こうした記憶イメージは蓄えられ、われわれの経験をいま・ここで概念化します。あることを急に「思い出す」のは、そのときその記憶が一連の出来事の布置を象徴しているためなのです。

　クリスマス休暇前の最後のセッションで、私のある患者は彼女の抱える性的な問題について語りました。彼女の説明によると、彼女はひどく堅苦しい良心をもっているために、男性と寝るにはあらかじめ酔っぱらっておくしか方法がないのでした。彼女は私と何であれ性的なことを話そうとするとそれまでいつもひどく気おくれして話せずにいたことは明らかであり、この方面のことはいつもぎこちなく避けられていました。このことを指摘すると彼女は今日は違う感じがすると言いました。そこで私は、「奇妙に思われるかもしれないが、あなたは私たちが恋人同士であるような感覚をおもちで、私に対する不貞であるかのように感じられるために他の男性との情事にはまったく触れずにおられたのではないかと思うのですが」と伝えました。

　何かその種のことはありそうに思われると患者は同意しました。しかし続けて、自分は父から初めて解放された気がすると言いました。すなわち彼女は私の言ったことを修正、もしくは拡大していました。つまりわれわれは恋人同士であったけれども、それは近親姦的なものであったことがそこで語られたわけです。私が父親で彼女はその娘であり、われわれは近親姦的なとらわれに身を置いていました。私の経験した感じでは、患者はそのセッションでずっと自由になったようでした。私は彼女が以前より親しみある自発的な態度になったと感じ、彼女と一緒にいることを何か重荷であるというよりむしろ楽しみに感じました。

　休暇のあと戻ってきた彼女は引きこもっており、私を不信のこもった目で見ました。私は、彼女が裏切られたと感じているのではないかと思いました。あなたは私に対してひどく違う感じを抱いて、ひどく違ったふるまいをしていますねと私は言いました。つまり、休暇前にはよいセッションがもてたが、思うにあなたはその後私が急に背を向けてあなたを放り出してしまった

ように感じたのではないでしょうか、と。すると彼女はこう言いました。そう言われて急に思い出したのですが、何年か昔のクリスマス前自分が海外にいた頃、パーティーに行ってそれからボーイフレンドと寝たことがありました。次の日から彼はイギリスに帰ってしまったのですが、3週間後彼が戻ってきたとき私は彼に口をきこうとしませんでした、と。

　この話から、彼女がどんなふうに私を過去からの人物として経験しているかお分かりでしょう——初めは父親として、次にはボーイフレンドとして経験していたわけです。過去の記憶の布置が現在の一連のきっかけによって呼び覚まされますが、この一連のきっかけが帯びている情緒的色合いには過去を現在として経験させるに十分なほど似通ったところがあります。過去が現在に混じり込んでいるのです。呼び覚まされた無意識の中の情緒は、すでにお話ししたとおり現在にはそぐわないものです。分析家は転移の今の現実を解釈すべきかそれとも患者の過去を解釈すべきかという議論を、臨床的討議ではよく耳にします。思うにこうした議論は、そもそも無意識の中の情緒がどのように現在にそぐわないものとなるかということが十分把握されていないからこそ起こるのです。先ほどお話しした臨床例がこの点の説明になると思います。

　われわれのもつ外的世界の認知は意識の中で具象化され、無意識はこうした外的世界からは除かれているとフロイトは言います。しかしながら彼はこの考えに矛盾する発言を二つしています。

> 誰も皆自分自身の無意識の中に、他の人たちの無意識が発する言葉を解釈することのできる道具をもっていると、そう主張するに十分な理由が私にはあります。[37, p.320 *4]

> 一人の人間の無意識が意識を介することなくもう一人の人間の無意識に作用を及ぼしうるというのは、大変注目すべきことである。このことはより詳細な検討に値し、特にその際、前意識の活動が除外しうるかどうかは問題である。しかし、実際のところどうかと言うならば、その事実に議論の余地はない。[40, p.194 *5]

フロイトの発見

ある意味ではこの二つの発言で何もかもひっくり返ってしまいます。というのもこれらの文で強調されている点が、フロイトの局所論の残りの部分では否定されているように思われるからです。けれどもフロイトはこの二つの文章、特に後者の文章で、その現象を確信をもって主張しています。彼の見方に従うとすれば、人と人とのあいだには両者が無意識なまま成立するコミュニケーションがありえるということになります。実はこうしたことは分析の中で明らかに実際あることで、無意識のコミュニケーションが初回面接で生じ、1回目のセッション、2回目のセッションともち越され、初めの5週間、それから初めの5カ月間と続いていくこともあります。しかしそれは5年目になってやっと分析家により意識化されます——初めからそこにあったにもかかわらずです。

　かなり独特な説明法であったかもしれませんが、ここまで局所論について説明を試みてきました。しかし、心の内のある領域については推論によってしか語られていないことに気づかれるでしょう。そのある領域とは、意識です。これに関してはフロイトも同様の扱いをしていたことに注目しておかねばなりません。つまり彼は意識についてほとんど一言も直接には語っていないのです。この複雑な問題について私は個人的な見解をいくつか述べるにとどめようと思いますが、それはきっと今後皆さんにとって示唆となるでしょう。まず、実験心理学から例をひきたいと思います。ギャラップ（Gallup, G. G.）[55]は4頭の野生のチンパンジーと何頭かのサルに麻酔をかけ、彼らが眠っているあいだにその顔にアルコール溶性塗料で真っ赤な斑点を描いておきました。そうしておいてその2群に鏡を見せたのです。類人猿[*6]は自分の顔、特に赤い斑点を触りました。サルは鏡に顔を向けたものの、どんなに鏡を見せてもその中に見えるのが自分自身の顔だということに気づく役には立ちませんでした。類人猿はある程度の自己意識をもつ一方、サルはもたないというのがギャラップの結論ですが、意識の基礎が何らかの前言語的能力にあることを示すためここで引用しました。

　二つ目ですが、どうも意識には程度があるように思われます。場所や時に対する子どもの認知は、言語の習得とともに成長してゆきます。したがって異なった領域の意識や、異なった達成度の意識というものがありえます。三つ目に、自己意識というものは他者との接触を通じて生じますが、親密にな

ること（intimacy）は自己意識の拡大に向けての挑戦です。分析では二つの要素の成長は緊密に関連しあいながら進みますが、このことと関連して、自己愛は低程度の意識と相関をもつという観察もあります。患者の無意識の中に他者が存在することは発達しつつある意識の証（あかし）であることを皆さんにお伝えして、結びとしたいと思います。

訳注
1 ジョン・フリードリッヒ・ヘルバルト（John Friedrich Herbart）：(1776-1841)ドイツの哲学者・教育学者。
2 フィンチリー・ロード：フィンチリーはロンドン北部の住宅区域。
3 ティンブクトゥ（Timbuktu）：アフリカのマリ中部の町であるが、「遠く離れた場所」という意味の用法もあり。
4 以下に邦訳あり。
「強迫神経症の素因」『改訂版フロイド選集第10巻　不安の問題』加藤正明訳、日本教文社、1974
5 以下に邦訳あり。
「無意識について」『フロイト著作集第6巻　自我論・不安本能論』井村恒郎訳、人文書院、pp.87-113、1970
6 類人猿：つまりチンパンジーのこと。

14
構造論的モデル

　私が自我、超自我およびイドについて話しはじめると、即座にそれについてはすでに承知しているという反応に迎えられます。精神に関するあのモデルについては誰でも知っていますが、しかしそれは精神分析におけるあらゆる理論構成のうちで最も複雑なものなのです。これについてはさまざまな見解がありますから、この講義では複雑な問題の表面の上澄みだけをすくうことになるでしょう。というのも、精神の構造論的モデルとわれわれが呼んでいるものは『自我とエス』[49]で正式に定義づけられたものの、フロイトは彼の精神分析的思考において非常に早くから自我という概念を導入しており、それは彼が精神－性的欲動という発想を概念化するより前にさかのぼるのです。

　フロイトの最初の定式化は、自我を放出の制御と関連づけるもので、1895年の『草稿』[*1]に登場しました。ここでは、行為は究極的には内的および外的に発生した緊張により蓄積された圧力の放出の表れであるとされています。放出は生体に備わった心的構造の一次的な機能であり、快感を緊張の減少とするフロイトによる概念化と欲動（あるいは本能）理論の概念化の両方にとって、この概念がいかに中心的なものであるかはすでに見てきました。生体内ではさまざまな永続的構造的配置や審級が、この放出の最も効果的になされる手段を見つけるために発達しますが、自我はこうした二次的な機能の一つです。神経経路を通じた放出においては、自我はその中に変動的要素から区別しうる永続的要素が見いだせるような非透過性ニューロン群からくる備

給（蓄積された情緒エネルギー）の総量と定義されます。自我は放出を制御する永続的な審級として進化してきました。

あらゆる思考機能は、究極的にはこの二次的機能の道具です。自我は次のように考えられていました。

> ……効果的な放出という二次的機能をはたすための主要な構造的手段であり、エネルギー的緊張の要求と緊張減少に適した環境条件とに同時に応じることが可能なものであり、放出の運動性の手段を監視することが可能なものであり（なぜなら効果的な放出は活動を通じて初めて達成されるからである）、そして現実の提供つまり「現実検討」を保証する知覚的－認知的作用をもって完全なものとなる。77,p.124

したがって自我は環境を知覚する役割、エネルギー的緊張の放出を制御する役割、内的なものを外的なものと照合する役割をもっていました。しかしながらフロイトと物理主義的伝統についての講義で私は、この段階でフロイトが念頭に置いていたようなかたちでの自我の現実検討機能といったものに含意されているようなホメオスタティックなモデルは、利用せずにおくほうがいいだろうと申しました。もしホメオスタティックなモデルをモチベーショナルなモデルに置き換えると、周囲の対象が満足を与えかつその人の発達を促進するものとなるかどうか検討し見きわめる役割をもつものとして、自我を見ることができます。

次にわれわれは二編の中間的な論文を検討しておかねばなりませんが、それはいずれもフロイトの自我についての思考を拡張した論文で、具体的には『悲哀とメランコリー』と『集団心理学と自我の分析』です。『悲哀とメランコリー』は1915年に書かれましたが2年後になってやっと出版されました。フロイトは悲哀で見られる感情状態とメランコリーの際に直面する感情状態との比較から始めます。悲哀の状態では人は外界への関心を失い、新たな愛情関係を築くことに興味を抱かず、失われた愛の対象に関係する活動に背を向けてしまいます。メランコリーでも同様にひどい落胆、外界への関心の喪失、愛する能力の喪失それにあらゆる活動の制止がみられます。このくらいこの二つの感情状態は似ているのですが、しかし一つ重要な違いがあります。メ

ランコリーには、正常の悲哀には存在しない（病的な悲哀にはたいていあるのですが）、自尊心の低下がみられるのです。フロイトはこれを、核心をつく言葉でこう述べています。「悲哀においては、貧しく空虚になってしまうのは世界であるが、メランコリーでは自我そのものである[45, p.246]*2」。

　フロイトは、メランコリーの患者の自分をおとしめる自己批判的な発言は、その心理状態の正確な描写であるとも言っています。それは仮に誰か他の人に向けられたものと見なすと初めて意味をなします。それは恋人に捨てられた人に典型的な非難であり、愛の対象に見捨てられた人の悲痛な叫びです。そこでは愛の対象が非難され、中傷されているのです。さてフロイトの論文では、以前にこれに類する何らかのことがらが生じただろうことや、その人が幼児の頃一次的な愛の対象から見捨てられることになった何らかの出来事、あるいは一連の出来事に固着しているであろうことも、明言されてはいないものの推測されています（一次的な愛の対象に関する私の発言を可能にした概念化は、フロイト以降になされた——メラニー・クライン、ドナルド・ウィニコット、そしてマイケル・バリントといった人びとによってなされたことを申し添えておかねばなりません）。失われた対象は自我の一部に影を落とすのだとフロイトは言ったのです。自我は二つの部分に分裂します。一つは失われた対象と同一化し、もう一つは非難者となるのです。

　フロイトは臨床現象学とも符合する説明を行っていますが、なぜまさにこのようなことが起こるのかについては言っていません。しかしながら彼はさらに、決定的かつ近年の精神分析的研究の関心の的ともなっている点を指摘しています。愛の対象に向けられた初めの愛は非常に強靭なものではありえず、さほど大した衝撃に耐えることはできなかったということです。言い換えると、愛の対象に向けられた愛着は自己愛的なものであったということです——そうして自己愛型対象選択は、精神の健康にとって安全な基盤ではないのです[38]。しかしなぜ愛着が自己愛的であったかということは、今もなお非常に重大な問題です。

　フロイトはさらに次の点も指摘しています。それは、自我による愛の対象への最早期の愛着は同一化によるものだという点です。この考えを彼は『集団心理学と自我の分析[48]』の中で発展させていますが、今度はそこで彼が自我について言っているあることに注目していただきたいと思います。それは、

同一化においては自我は対象となり、これはしばしば敵対的な色彩を帯びるということです。自我のかたちはその子どもの幼い頃のモデルにならってつくり上げられますが、精神分析家は患者との関係を通してこれを経験することができるのです。

どういうことか、一つ例を挙げてみましょう。ある患者は、夫から脅かされているとしきりに訴えていました。この患者が初めて私に会いに来たとき話したのは、前の治療者が父親に対する彼女の性愛的な感情を解釈しつづけていたこと、そしてこの解釈がいかに役に立たないものだったかということでした。そして私にそんな解釈はしないようにときわめて明確に言ったのです。ずいぶん長いあいだ私はその意見に従っていましたが、彼女の言ったあることがらから、父親に対する彼女の性愛的な感情を解釈する必要があることが明白になりました。私は解釈しました。すると彼女は激怒して、私のことを教科書から借りてきたようなことを言う典型的な精神分析家だと言いました。けれども私は教科書が正しいこともあると言って一歩も譲りませんでした。彼女はあらゆる手を尽くして発言を撤回させようとしましたが、私はいつまでも屈しませんでした。

彼女が私を脅かそうとしはじめたことに、いまや疑いの余地はありませんでした。彼女の自我はほかにどのようにも形容できたかもしれませんが、とにかく脅かす自我だったのです。数セッションを経たのち、どうやら私には意見を変えるつもりがないらしいという心理的認識が兆しはじめ、彼女はあきらめました。そのすぐ後のセッションで彼女は、前の晩に夫が息子の学校の校長宛に、息子が通常の年齢より早くフランス語の授業を受けられる許可を求める手紙を書くよう彼女を説き伏せようとした、と語りました。患者は言いました、「不思議でした、だって初めて夫に立ち向かい、どんなに説得されてもいやだと言って一歩も譲らなかったんですから」。彼女の自我に変化が生じたこと、そしてそんな行動は彼女にとって初めてのことだと彼女も認識していることが、私にははっきりと分かりました。さて正確には何が起こったのか、精神分析的用語で理解を試みてみましょう。

変化は二つの要素が結びついて起こりました。すなわち転移と、彼女が分析家の中に見いだした対象の性質とです。転移を通じて分析家は内的対象となり、彼女はそれを情緒的な予断に従って必死で変化させようと試みまし

た。しばらくこれを試みたのち彼女の自我はあきらめ、その対象をありのままに受け入れました。つまり、脅かしに屈しない（専門用語で言えば、マゾヒスティックでない）対象として受け入れたのです。人格の対象部分は何らかの手段で内的にこの対象と同一化し、その対象は自我に新たな活力を「そそぎ込む」のです。いうなれば新しい同一化が起こって、自我機能の領域に変化が生じたわけです。けれどもこのような結晶化の瞬間に到達するまでには、通常長い期間の精神分析が必要です。

　ですから、自我の性質は同一化の過程から生じ、主体がリビドー的に愛着している対象の性質に左右されることは明らかです。言い換えれば、健康な自我は成熟したよく応答する対象群との同一化の結果生まれ、損なわれた自我はその幼児を何らかの残酷な仕方で見捨てた対象との同一化の結果生まれます。しかしこうした観察は情緒の健康や不健康について何がしかの情報を与えてはくれるものの、フロイトが『自我とエス』の中で構想を抱きはじめた自我の機能ということについては何も教えてくれませんから、今度はそのことに話を進めなくてはなりません。

　宇宙空間に漂っている、現実からまったく切り離された人間というものが仮にいたとすると、（フロイトの概念化に従えば）そこには自我は存在しないでしょう。自我というものは、いうなれば周囲の現実によって形作られます。生体と現実との境界線上にある、生体のその部分が自我なのです。それはちょうど外界から感覚を受け取っている、生体の皮膚のようなものです。またそれは生体の投影された表面、心的な皮膚でもあります。自我は外界からの刺激だけでなく内界からのそれも処理します。外や内からの刺激を記録し一つの型にまとめるレーダーのスクリーンのようなものであり、それが心的現実なのです。

　けれども自我はそれ自身エネルギーをもってはいません。エネルギーの貯蔵庫はイドです。イドはダス・エス (Das Es)（ゲオルク・グロデック [Groddeck, G.] から借用した用語）をラテン語化し翻訳した専門用語ですが、これを正確に訳すと「ザ・イット」（The It : それ）となります。それという言葉でグロデックが意味していたもののニュアンスを味わうためには、彼の創意あふれる多数の著作のうちの何冊かを読んでみる必要がありますが、ここではそれという言葉で彼が意味していたことについてある程度の理解を与えてくれ

構造論的モデル　14

る一節を引用しましょう。

> 個々の人間のそれが始まるのは——というのもわれわれにはどこかに始まりがあるはずだからだが——受精のときである。そこには個々の人間の形成およびそれ以降の発達を支配している、あらゆる力が含まれている。この存在についての最も注目すべき事実は、脳なくして生命の最も難解な機能を十分にはたしている事実であり、そればかりか実に脳およびそれに伴う思考力やのちには意識の力、そして自我そのものも、それによってつくり出されたという事実である。それは人間の最も深遠な摂理であり力である。それは人間にまつわるあらゆることがら、人間を通じて生ずるあらゆることがら、人間の中で生ずるあらゆることがらを成し遂げる。すなわちそれは人間の存在をつかさどり、人間に備わるあらゆる器官や機能を与え、母体から日の光のもとへと生まれ出てくる手助けをし、人間が行っているように見えるあらゆることを行う。絶対に誤ることのない目的に常に従って、それは発話を、呼吸を、睡眠を、労働と喜びと休息と愛と悲しみとを、常に正しい判断と意図をもってつくり出し、いつも完全な成功をおさめ、そうして最終的には、寿命をまっとうしたときその人間を殺すのである。[59, p.40]

なぜフロイトがこの発想に惹かれたのか、おそらく皆さんにはお分かりになると思います。つまりそれは人間存在の活動を、それによってわれわれが生かされているところの非個人的な欲動に基礎をもつものとしたのです。フロイトによれば、人間は欲動に支配された生物学的な生体に根ざしたものです。これはわれわれが皆生まれながらに与えられている基本的前提です。徐々に分化が生じ、イドから自我が分離してきます。イドは快感原則に支配され、自我は現実原則に支配されています——その機能は生体を現実と調和させることです。

さて、フロイトによる超自我の説明へと話題を移したいと思います。『悲哀とメランコリー』は、自我が分裂し、一方が他方に対して互いに対立しあう様子を記述しています。そして論文『ナルシシズム入門』においては、自我の自己愛的な愛情の対象である自我理想について説明しています。フロイ

トはその自我の分裂排除された部分のことを『自我とエス』の中で初めて超自我と呼んで言及しています。それは精神に備わっている道徳に関する審級であり、自我理想と密接な関係をもっていますが同じではありません。自我理想はそれを目指して奮闘すべき理想を自我の前に提示しますが、超自我は自我がふるまうべきように行為しなかった際に、それを咎めるのです。こういった意味で超自我は良心と似ています。

　超自我はどのように生じてくるのでしょうか？　フロイトは少年におけるその過程を説明していますが、それをエディプス・コンプレックスの結果と見ています。はじめ少年は母親にリビドー的に愛着し、父親に肯定的に同一化しています。けれども父親をライバル視するようになると、その同一化は敵対的な色彩をおびはじめます。したがって超自我は同一化の凝結物ですが、近親姦的な欲望に対する禁止でもあります。それはエディプス危機の動乱ののち人格内に確立されますが、フロイトはこれをおおよそ人生の３年目もしくは４年目に位置づけました。

　『文化への不満』の中でフロイトは、すでに『自我とエス』において輪郭を描いた考えをさらに発展させています――超自我、もしくはその一部は無意識でありうるという着想です。人は意識された罪悪感を感じず、そのかわり批判に対してひどく敏感になることがあります。批判はすでに迫害的である内的人物像を攻撃するので、耐えられないのです。ですから同様に他人をいつも責めてばかりいる人は、自分の内的な迫害的な感覚を外に向かって投影しているのです。自分の身にしじゅう災いを呼び寄せているような人についても同様です。分析状況ではこの現象は、いわゆる陰性治療反応として現れます。こうした例ではどの場合にも、本人は罪悪感を感じていることを意識していません。実際まったく潔白に感じています。けれども無意識の中には迫害的な超自我があるのです。

　さてここで私が提示したい疑問はこうです。超自我が自我をそんなにも容赦なく攻撃する理由は何なのでしょうか？　自我はまったく潔白なのでしょうか？　私はこれを大切な問いであると思っています。というのも患者にあなたは良い人間であってそんなふうに思う必要はないのだと保証しても超自我は修正されないからです。治療者はよく患者に対して「おそらくあなたは母親／夫／私を傷つけてしまったとお感じなのですね」と言いますが、この

構造論的モデル　14

発言には、患者は母親や夫や治療者を傷つけたりはしていないと治療者は思っているという含みがあります。

　私の経験では、過酷な超自我は内的な自己愛と密接な関わりをもっています。つまり、内面では患者にとって他者は存在しないのです。私が思い浮かべることのできる最も過酷な超自我をもっていた患者たちは、外面的には周囲の人たちに対する気配りや関心に満ちていましたが、しかし分析が進むにつれ、内面的には彼らにとって、人びとは情緒的には個々人として存在していないことが明らかになったのでした。個々人としての人びとは完全に消し去られていたのです。これがために超自我はその人をそんなにも過酷に非難しているのです。

　この理解には重要な臨床的意味があると私は思います。過酷な超自我をもつ患者といると、分析家は同じような仕方、つまり患者を個人として扱わないような仕方で反応したくなる非常に強い誘惑を感じる可能性があるということです。そうなると二人の人間がお互いに交流しあっている状況ではなくて、これは私のある友人による表現ですが、ボール紙でできた人間が二人いるかのような状況が起こってきます。そのような患者に対して荒々しい超自我を実演してしまうことに、臨床家は大変用心していなければならないと私は言いたいのです。

　『文化への不満』を書くようになる以前から、フロイトは超自我の破壊的な有害性をすでに認識しており、それを人格における死の欲動の座と見ていました。あとで見てゆきますがメラニー・クラインとウィニコットは、ともに超自我を3、4歳よりもずっと前に形成されると考えていました。ウィニコットはそれに関して7カ月からであるという対照群のある実験的根拠をもっていましたし、メラニー・クラインはそれをごく早期に発達するものと見ていたのです。クラインはまた、エディプス・コンプレックスはフロイトが推量したよりもずっと早く姿を現すと信じ、超自我の厳しさは部分的には発達の妄想−分裂期（パラノイド　スキゾイド）と彼女が呼んだものを起源とする敵意に満ちた投影によるものだとも信じていました。こうした用語はのちほど定義しますが、しかし当面は、これが対象の抹消についてすでに私がお話ししたことと関係したものだとだけ申しておきましょう。

　フロイトは構造論的モデルの見取り図を、内的過程へのおおまかな手引き

として描いて見せました。彼は、それがあらゆる事実に正確にあてはまるわけではないと十分認識していました。そこで、『精神分析入門（続）』から次の一節を引用してこの講義を終えたいと思います。

> 変化に富んだ地形——丘陵地帯、平地、連なる湖——をもつ、さまざまな住民が住まう土地を想像してみましょう。そこにはドイツ人、マジャール人それにスロバキア人が住み、それぞれ違う活動をしています。さてそこには、ドイツ人は牛を飼い丘陵地帯に住み、マジャール人は穀物とブドウを作って平地に住み、そうしてスロバキア人は魚を捕らえ葦を編み湖のほとりに住むといった具合の区分があるかもしれません。仮に区分がこんなにすっきり明瞭にゆくなら、ウッドロウ・ウィルソン*3は大喜びでしょう。地理の授業にも好都合かもしれません。けれどもたぶんあなたがこの地域を旅してみると、こんなに整然とはゆかずもっと雑然としているのに気づくことでしょう。ドイツ人、マジャール人そしてスロバキア人はあらゆるところにちらばって住んでおり、丘陵地帯には農地もあり牛は平地でも飼育されているといった具合です。予想どおりのことももちろんある程度はあるでしょう、というのも山で魚は捕れず水中でブドウを作ることはできませんから。実際、その地域の光景はおおよそあなたが思い描いてきたとおりかもしれませんが、しかし細部のずれには目をつぶらねばならないでしょう。54, pp.72-73 *4

ここでフロイトその人を離れ、彼に続いた初期の人びとのうちのいく人かを見てゆきましょう。

訳注
1　1895年の『草稿』：『科学的心理学草稿』のことであろう。
2　以下に邦訳あり。
　「悲哀とメランコリー」『フロイト著作集第6巻　自我論・不安本能論』井村恒郎訳、人文書院、pp.137-149、1970
3　ウッドロウ・ウィルソン（Woodrow Wilson）：アメリカ合衆国第28代大統領。在職1913-21年。
4　以下に邦訳あり。
　「第31講　心的人格の解明」『フロイト著作集第1巻　精神分析入門』正・続、懸田克躬・高橋義孝訳、人文書院、pp.433-452、1971

フロイトの同時代人たち

15
カール・アブラハムと性格形成

フロイトの同時代人たち

　カール・アブラハムはフロイトの最も忠実な弟子の一人でしたが、奇妙なことにフロイトは彼に対してむしろ批判的でした。彼はアブラハムの「明確さ、まじめさ、それに説得力」を賞賛しましたが、フェレンツィのようなひらめきを欠いていると嘆き、「勢い」がないとこぼしました。フロイトは、精神分析の中心的な教義にことごとく反して極端な反逆へ向かう者を好みませんでしたが、消極的な従属もまた好みませんでした。アブラハムはフロイト理論をよりどころとし、それに部分的に修正を加えましたが、師に対して忠実でありつづけました。

　彼は1877年ドイツのブレーメンに生まれましたから、ユングの2歳下、フロイトの21歳下ということになります。彼はユダヤの由緒ある家柄の出身で、ベルリンで医学を学びました。広い教養を備えた人で、母国語のほかに英語、スペイン語それにイタリア語を流暢に話し、フランス語、オランダ語、そしてデンマーク語を駆使できました。まだ同時通訳の時代ではなかった1920年にハーグで開かれた精神分析学会では、完璧なラテン語で演説を行い、同僚たちを驚かせました。彼はギリシャ語にも精通しており、最後に病に伏したときにはギリシャ語の戯曲を原語で読み楽しんでいました。

　アブラハムは1901年に医師の資格を取ってから、4年間内科医としてベルリン近郊のダールドルフにある国立病院で働きました。その後の3年間はチューリヒのブルクヘルツリ精神病院で過ごしましたが、同時期そこにはユン

グもいました。ユングとは対立することになり、どうやら常に不信を抱いていたようです。その対立は、表向きは統合失調症の病因論をめぐるものでしたが、私はどうしてもそれを人格同士の衝突ではなかったかと考えたくなってしまいます。アブラハムは現代の言葉で言うと「折り目正しい」男でしたが、一方ユングは情緒面でより興奮しやすいほうでした。たとえば最近、ユングが彼の患者の一人であったザビーナ・シュピールライン（Spielrein, S.）ともっていたらしい情事について扱った本が出ていますが[*1]、これはアブラハムがブルクヘルツリにいた頃に起こったことかもしれません。彼らの専門家としての見解や性格学的な態度があまり違わなかったとは考えにくいのです。フロイトとアブラハムの往復書簡から、アブラハムがユングに気をつけるようフロイトに警告していたこと、そうしてその時点ではユングは大丈夫だとアブラハムに保証しようとしていたのはフロイトであったことも、われわれには分かっています。

　アブラハムはチューリヒからベルリンに戻り、そこで精神分析家として開業しました。ハンス・ザックス（Sachs, H.）やフランツ・アレキサンダー（Alexander, F.）、そしてシャンドア・ラド（Rado, S.）も加わりましたが、アブラハムは分析によって彼らを育てはじめました。その他の人物たちも彼に分析を受けにやって来ましたが、最も有名なのはアリックス・ストレイチー[*2]、エドワード（Glover, E.）とジェームズ・グローバー（Glover, J.）、ヘレーネ・ドイチュ（Deutsch, H.）、テオドール・ライク（Reik, T.）、カレン・ホーナイ（Horney, K.）、エルンスト・ジンメル（Simmel, E.）、それにメラニー・クラインです。ライクとザックスは彼のひどい堅物ぶりを嫌って、彼の「整然とした、順序だった外科手術のような無意識へのアプローチ」について不満を述べました。彼は短い病をわずらったあと、1925年のクリスマスの日にわずか48歳でこの世を去りました。彼の死は同僚から大変悼まれ、フロイトは精神分析運動から偉大な光が失われたと述べました。

　カール・アブラハムは広範なテーマについて書いていますが、性格形成についての複数の論文で最も知られています。そのなかで最も有名かつ包括的なものは、1924年に書かれた「心的障害の精神分析に基づくリビドー発達史試論[*3]」ですが、この中で彼は、最早期の幼児期にみられる最初の口唇期から、性器性愛の確立に伴う最終的な成熟まで、個人のリビドー発達をたどってい

ます。アブラハムは実際、症状から性格へと関心を移した初めての精神分析家でした。もっともこのテーマについての決定的著作は、1933年に書かれたヴィルヘルム・ライヒ（Reich, W.）の『性格分析』[94*]になるのですが。

　精神分析の初期の頃には、分析家は症状に焦点を当て、患者に自由に連想するよう促していました。患者はうまく自由連想できなくても、あきらめずに続けるよう励まされるだけでした。連想することに対する患者の抵抗自体が分析を要すること、なぜならそれは分析家が人格の構造に備わった何らかの障害物にぶちあたっていることを意味するからですが、このことに気づいたのはライヒでした。分析家が患者に尋ねていることが、深層のコミュニケーション様式に反しているのです。けれどもこうした未熟なコミュニケーション様式の色いが、その個人が最早期の対象ともった身体的関係に由来することに気づいたのはアブラハムでした。こうした身体的段階の一つへの固着が、社会的環境に対する将来の情緒的反応をつくり出すとしたのです。

　アブラハムの考えでは成熟とは、性器性愛的関係を結ぶ能力を伴った、恒常的な愛の対象との情緒的関係です。この状態が達成されると人は社会的環境と親しく調和して生きてゆくわけですが、これは社会と個人の関係の見方としてはフロイトのものとは異なっています。フロイトは、個人と社会のあいだには根深い対立状態があると考えていました。彼は「自然状態にある」人間についてホッブズ流の見解をもっていました。つまり、もしも文明の圧力が取り払われたらあらゆる人間の欲望と残虐性は野放しになると考えていたのです。アブラハムの見解は違いました。彼の見解は、未熟な人間の場合にはそうかもしれないが、しかし心理的成熟に達した個人の場合は違うというものでした。成熟した人間においては、文明の要請と人間の個人的欲求とが互いにかみ合い、ともに恒常的なパターンを形成するのです。

　したがって分析的試みが目指すのは、完全な成熟に向けて個人を援助することです。分析を受けに来る人たちがそのようにしてやって来た理由とは、彼らの人生におけるいくつかの重要な領域において、彼らが成人として適切に生きていなかったからなのです。彼らは、アブラハムの「リビドーの発達」で同定された次のような六つのステージのうちの一つで行き詰まったままなのです。

1．前期口唇期―自体愛、前アンビバレンス

2．後期口唇期—自己愛、口唇サディズム
3．前期肛門-サディズム期—体内化を伴う部分愛
4．後期肛門-サディズム期—部分愛
5．前期性器期—性器を除外した対象愛
6．後期性器期—対象愛

　フロイトは、彼が「肛門期」と呼んだ発達段階について述べこれを名付けましたが、アブラハムはこれをあまりにもおおざっぱな用語だと考え、メランコリーと強迫神経症の病因論から肛門期を二つに分けることが必要だと考えました。つまり前期と後期です。それから性器期と口唇期の両方を同じように二つに分けました。彼は口唇期を歯の発生の前後に分けましたが、ここで彼はある種の神経的現象はこの地点への退行によるものであり、さらにサディズムの出現はそれと同時に起こると信じたファン・オップハイゼン（Van Ophuijsen, J. H. W.）[105]にならっています。しかし、アブラハムによる肛門期の区分が特定の臨床的状況を説明する目的をもっていた一方で、発達の口唇期に区分をもうけることにはそれほどの価値を見いだしにくいのです。けれども彼が全体として口唇期に関連する多くのものの観察を行ったことは確かですので、これをまず取り上げましょう。

　メランコリーでは母親の乳房を切望する状態への退行がみられるが、乳房に対する関係は常にアンビバレントなものである、と彼は言いました。表面上は乳房はいつも理想化されていますが、表面下ではおとしめられているのです。アブラハムは路上で真珠貝のボタンを探しつづけていたある患者の例を挙げていますが、この患者の連想から彼は、表はすべて輝いているが裏は汚い真珠貝に思い至りました。拒まれていながらも欲されている対象は、食糞症つまり大便を食べたい欲望のなかに象徴化されています。大便は、子どもが母親に向ける拒絶と母親による子どもの拒否の両方を表す、拒まれた対象なのです。

　アブラハムは、子どもの母親に対する早期の関係の重要性、とりわけ母親の乳房の重要性を本当の意味で発信した初めての分析家でした——フロイトはむしろ父親のほうにずっと関心を寄せていました——そして彼は結びつけられるべき二つのことを強調しています。第一には、メランコリーはその子

どもがこうむった何らかのひどい失望から生ずること、特に自分は母親のお気に入りだと感じていた第一子がもう一人のきょうだいがやってきたとき打ちひしがれた気持ちになる場合に生ずるということです。その喪失は取り返しがつかないもので、愛を父親に向けようとする努力もどうかして失敗してしまいます。第二は、口唇期への退行は子どもが吸うことの快感にふけりすぎるかもしくはそれを剥奪されるときに起こるというアブラハムの見解です。こういうとき子どもは、その段階から身動きできなくなってしまうのです。

　けれどもアブラハムは、この二つを結びつけるはずの肝心な点をこれ以上述べていません。それはつまり、母親が子どもから剥奪したり子どもを甘やかしたりしてしまうのは、彼女自身が自分の幼児に愛をもって自分自身を与えることができないと感じているときだということです。彼はこうした結びつけを行ってはいませんが、しかしそれでも彼の理解が対象関係論的な性質をもつことは明白と思われます。自責でいっぱいのメランコリー患者について、アブラハムはフロイトにならい、その非難がましい声は自我と同一化した失われた対象に向けられていると考えました。失われた対象と同一化しているのは子どもの部分ですが、アブラハムはその過程をフロイトが行ったよりも太古的な水準に帰しました。というのも彼は母親の乳房が引き揚げられることを始源的去勢と見なしていたからです。ここで去勢という言葉でもって語られていることには、最も根本的なところで自我が略奪されることという意味合いがあります。

　こうしたあらゆる点から、アブラハムがメラニー・クラインにどれほど大きな影響を与えたか難なく理解できます。彼は部分対象を、言葉を尽くしてはっきりと定式化しているとは言えませんが、のちにメラニー・クラインが詳細に論じたことの中身には到達しています。というのもこの始源的去勢の状態において、子どもは全体としての母親でなく一部分に注意を向けていると彼は言うのです。その幼児は部分愛をもちますが、これを彼はフェティッシュとして説明します。母親の一部分が心的にすべての重要性を担い、そのため母親の残りの部分は抹消されているのです。クラインはアブラハムに分析を受けた人ですが、母親の乳房に対するこのフェティッシュ的な関係を詳細にわたって追究し、とりわけ乳房のなかに投影される攻撃性にさらに注目した研究を行いました。

さて、前期口唇期の特徴に移りたいと思いますが、アブラハムによるとその最も重要な点は、子どもは自分自身と外界の対象を区別することができないという点です。

「自我」と「対象」とは、発達のその水準では共存できない概念である。吸っている子どもと授乳している乳房とのあいだに、まだ区別は存在しない。そればかりか、その子どもは憎しみの感情も愛の感情もまだもってはいない。[2, p.450 *3]

しかし残念なことに、彼はこのことについての思索をこれ以上続けていません。ウィニコットもまた、子どもはこの早期の段階では自分自身と母親を区別できないと信じていました。つまり二人はともに一個の塊を形成しているのです。一方でメラニー・クラインはこの点について異なった考えをもっていました。彼女は自我は最初から存在してそのはじまりから対象関係的だと考えていました。彼女ははじめから敵意が存在すると述べている点で、アブラハムとも異なりました。アブラハムの考えでは、歯の発生以前である吸啜段階は前アンビバレンスの状態だからです。実は私はアブラハムが錯乱状態をこの発達段階への退行と関連づけているのではないかと思っていたのですが、彼はそうはしていません。また私は、この問題に関してどういう立場をとるかは、臨床的に重要だと思っています。メラニー・クラインの見方とウィニコットの見方からは、技法上重要な違いが生じてきます。（人生の始まりにおける未分化な状態という考えは、ハインツ・ハルトマンや彼の後継者たちである「自我心理学者たち」の見方でもありました。）

アブラハムは続けて、吸うことの快感は肛門括約筋と尿道括約筋に移し換えられると述べていますが、その動きは唇をモデルとしています。もしもこの段階で快感にふけりすぎるかもしくはそれをあまりにも剥奪されていると、次の段階から快感が得られる可能性にひどくしがみついてしまいます。ですから大便を垂れ流したり溜めておいたりすることの快感は、口唇期に快感にふけりすぎたかあるいは剥奪されていたことへの反応である可能性があります。すなわち肛門期的な特徴は、発達に失敗した口唇エロチシズムの残骸から発達してくるのです。

肛門期というものは、より早期の乳を吸っていた頃のもっと激しい感情を覆い隠すスクリーンのようなものと見ることができます。たとえばフェアバーンを見てみますと、彼は対象関係的でないという理由で肛門期をまったく否定していることが分かります。しかしながら、対象関係性は口唇期からくるが肛門期から特有の色合いを受け取ると言ったほうがより正確かもしれません。

　アブラハムにとって、神経症性の吝嗇は対象への渇望の制止からくるものでした。所有にがっちりしがみつくことが好まれ、得ることの快感は抑圧されているのです。したがって吝嗇は対象に背を向けることですが、肛門期は十分にそれを説明することはできず、したがって最初の口唇期にその起源を求めることが必要なのです。吸うことからあまりにも多くの快感を得てきた人は、すべてうまくいくという信念と結びついた受動性の状態へと沈み込んでゆくと彼は言います。

　人生を前にしての楽天性や自信はこの段階から生じてくる性質ですが、それらが内的な受動性に奉仕すべく招集されるときには病的なものになります。私は以前、すべてうまくいくと信じていた患者を診ていたことがありますが、彼には希望する目標に役立つかもしれない活動を決意する気配はまったくありませんでした。彼はまったく受動的で、救済者が天上から身をかがめて、自分の私的生活も公的生活も確実に崩壊しつづけている、そんな悪夢のような世界から救ってくれることを、心の底から期待していました。アブラハムはこのような人びとを評して「彼らは母親の乳が自分たちのために永久にあふれ出てくれるものと期待している」と言っています。

　彼はまた確実な安定した収入を得るためにあらゆる理想を捨て、人生の唯一の目的を生計をたてる手段をもつことにおいているかのような人びとを例に挙げています。常に要求ばかりしている人びとも吸啜段階への固着をもっています。彼らは懇願し、どうしてもと言って聞かず、厳しい事実や筋の通った議論にもくじかれず、蛭のようにしつこく他人にしがみついて離れません。また口頭でのコミュニケーションを延々と続けたい欲求をもち、他人からの注目を要求する人たちもいます。サマセット・モームはこんな人をある短編の中で描写しています。「ハリントン氏はお喋りだった。あたかもそれが息をしたり食べ物を消化したりするのと同じ人間の自然な性質であるかの

ように、自動的に喋った。何か言うことがあるから喋るというよりも、自分でも喋らないではいられずに、甲高い鼻声で、抑揚なく、活気のない一定の調子で喋るのだった」[85, p.182 *4]。モームがこのような依存的なお喋りのもつ口唇期的特徴を取り上げているのに注意してください。こうした人びとにみられることの一つに、逃げ出すのが困難だということがあるのに気づかれるでしょう。セッションが終わる数分前になるとちょうどこんな具合にとめどなく喋りはじめる患者を、私も何度か診た経験があります。あるときには、とめどなく話題から話題へとひっきりなしに喋りつづける患者を診たこともありました。自由連想しないといって彼を責めることなど間違いなく不可能だったでしょう。

　さて、後期口唇期に移りたいと思います。この段階からは他人のものをむやみに欲しがる衝動が生じますが、その理由はそれがよい乳房をライバルであるきょうだいからもぎ取りたいという欲望に起源をもつためです。したがって他人のものをむやみに欲しがる性質は対象関係的です（一方強欲さは対象の抹消にその起源が見いだされるので、前期肛門期に属します）。特に羨望は、自分のきょうだいが乳を吸っているのを赤ん坊が目にしたときに起こってきます。ここでぜひ聖アウグスティヌスの『告白』からの一節を引用させてください。

> 私自身、赤ん坊のなかに嫉妬を見いだしたことがあり、その意味を知っている。彼はまだものを言うこともできないのに、自分の乳兄弟が乳房にとりついているのを見ると、いつでも羨望で血の気がひいていたものだった。これを知らない者があろうか。母や乳母たちは、そんなものは何かしらの手段でどうにかできると言うが、しかし乳の泉が豊かに満ちあふれているのに、それをどうしても必要とし唯一の糧として命をつないでいるライバルをこばむことは、無邪気と言えぬのではないだろうか？　こうしたあやまちは小さなことでも些細なことでもないが、しかしわれわれがそれを優しく許容するのは、子どもが成長するとこうしたことはなくなるのを知っているからである。これが些細な過失などではないのは明らかだ、なぜなら成人の場合には同じあやまちは許されないからである。[4 *5]

聖アウグスティヌスは紀元397年にこれを書きましたから、乳房への羨望はずっと古くから知られているわけです。アブラハムは、乳を吸っているライバルを見ることにより羨望が強まると考えていました。つまりここには非常に原始的な力が働いているという考え方があります。今後メラニー・クラインのところで見てゆきますが、彼女はこの羨望を非常に早期段階からみられる破壊的なものであり、創造性や良いものの源である良い乳房を破壊すると考えました。

　アブラハムはさらに、口唇サディズム期に固着した人たちは敵対的で悪意に満ちており、同時に病的なほど激しく食べ物を求める食欲と口唇的な倒錯をもつ傾向にあると述べました。口唇サディズム的な傾向は、抑うつ的な患者に見いだされる精神的苦しみのもとだったのです。傷つけるような残酷な言葉で攻撃するのが口唇サディズム的な人です。この発達段階では対象の体内化がみられますが同時にその破壊も起こり、その破壊は憎しみ、憤怒あるいは辛辣さのかたちで現れます。

　私が診ていたある男性患者は母親を嫌悪していましたが、特に母親が母親自身のことで頭がいっぱいで患者の関心事に背を向けてしまうやり方が大嫌いでした。実際には彼は母親を体内化していました、というのも彼自身も自分のことで頭がいっぱいだったのです。それに気づいてもこの患者は抑うつ的にはなりませんでした、なぜならその頃までに自分のことで頭をいっぱいにする程度はずっとましになっていたからです。けれども私に思い浮かぶもう一人の患者で、自分自身が他人に残酷な弾圧を加えていたことを一瞬にして洞察した人は、数週間にわたって抑うつ的になりました。というのも、アンビバレンスのはじまりがみられるのは後期口唇期であるともアブラハムは述べているからです。つまりもしこの段階でひどい失望があれば、母親に対する敵意は大変強まり、ついにはメランコリーが生じます。

　さて、肛門愛に移ります。アブラハムはわれわれに、大便を排出したりこらえたりすることには快感が伴うことを思い起こさせます。初めて大便が出ておむつの中で赤ん坊のおしりにあたっているときにはあたたかくて気持ちよいものです。大便をこらえることからもまた性愛的な快感が与えられます。（成人ではその快感は抑圧されており、精神分析的な検討を加えたときにのみ明らかにされます。）大便で汚れることにもまたかなりの快感があります。

けれどもこれは通常母親からひどい叱責にあい反動形成が起こるために、清潔好きによって置き換えられます。

こういうことが起こっているとき外的には服従がありますが、分析を行うとその下に激しい憤怒があることがいつも明らかにされます。重症の強迫神経症は長期間にわたる断固とした分析によってのみ軽減することはよくご存じでしょう。断固としたと申し上げたのは、こうした患者たちを前にして途方に暮れてあきらめてしまう臨床家をあまりにしばしば目にしてきたからです。

清潔好きとともに小心さ、秩序正しさ、吝嗇、金をめぐる欲深さがみられます。（強迫的な患者の治療費を値上げすることは、ほかのどの患者に対する値上げよりも、いつでもずっと骨の折れる仕事です。）母親が片づけようとしている大便をなすりつける子どもの場合、こうしてなすりつけることは、自分をコントロールしていると感じられる母親に対して敵対的な攻撃を向けていることはまったく明らかです。けれどもそれは強迫的な母親に対する反応として特に生じるのであり、アブラハムはこういう強迫的な類の母親の例を挙げています。

> ある母親は、娘の1日を分刻みで取り決めたスケジュール表を作成した。早朝の予定はこんな具合に設定されていた。1．起床。2．おまるで用を足す。3．洗う、等々である。彼女は朝になると娘の部屋のドアを時折ノックして、「どこまですんだの？」と尋ねる。すると娘は状況に応じて「9」、とか「15」、とか答えるのである。こんなふうにしてその母親は、彼女の計画が実行されているか監視しつづけるのであった。2, pp.376-377 *3

もちろん赤ん坊はこのような母親のもつ情緒的態度を生まれてからずっと感じ取っているのであり、これまでの私の経験によると子どもの強迫神経症的な攻撃はこの手の暴君的なコントロールへの攻撃です。また清潔、秩序正しさ、欲深さが周囲の人たちへの無意識的攻撃であることは、われわれ皆が周知のことであると思います。誰かの家を訪問してしばらく座ったあと席を立つと、女主人にすかさずクッションを直したり叩いたりされたという経験があなた方にもおありかもしれません。自分は汚くて臭い生き物だと感じさ

せられます。その攻撃は微妙であるものの強力で、それを私の知る限り最もうまく描写しているのは、またもやあのサマセット・モームの短編『ハリントン氏の洗濯物』からのくだりです。

　ハリントン氏は退屈な人間だった。彼はアシェンデンをいらだたせ、激怒させた。神経にさわり、逆上させるのだった。けれどもアシェンデンは彼を嫌ってはいなかった。彼の自己満足は大変なものだったが、あまりに無邪気だったので腹を立てることもできなかったし、彼のうぬぼれはあまりにも子どもじみていたから、苦笑するしかなかった。彼はあまりにも悪気がなく、あまりにも思いやり深く、あまりにもうやうやしく、あまりにも礼儀正しかったので、アシェンデンは彼を喜んで殺してしまっていてもおかしくなかったのだが、その短い期間にハリントン氏に対して愛情に大変近いものを感じるようになっていたことを認めざるをえなかった。彼の作法は完璧で、フォーマルで、またちょっと仰々しかったかもしれない……しかし、彼の育ちの良さからいえば当然のことではあるが、そこには彼の親切さからくる感じのよさが備わっていた。彼は誰にでも喜んで親切にし、そして仲間に恩恵をほどこせるのならどんなことでもたいして厭わない様子だった。

　ハリントン氏が静かになるのは、彼が着替えているときだけだった。というのもそういうおりには、彼の乙女のような心が、アシェンデンの前で不作法にならないようにどう着替えるかという問題でいっぱいになってしまうからだった。彼はひどく慎み深かった。彼は毎日下着を取り替えたが、その際も自分のスーツケースから下着をきちんと取り出し、汚れた物はきちんとしまう。しかし着替えの際に素肌を少しでもさらすことがないように、奇跡のような器用さをみせるのだった。１日か２日もするとアシェンデンは、車両に一つしか洗面所がないその汚い列車の中で、さっぱりときれいな状態を保とうとする努力を放棄してしまい、じきにほかの乗客皆と同じように薄汚くなっていった。けれどもハリントン氏は困難に屈することを拒んだ。彼はドアの取っ手をガタガタいわせる気短な人たちにもめげずゆっくりと身じまいをし、毎朝きれいでぴか

ぴかになり石鹸のにおいを漂わせて洗面所から戻ってくるのだった。ひとたび黒いコート、縞のズボン、磨き上げられた靴を身にまとうと、彼はあたかもフィラデルフィアにたつ赤レンガの小さくて小ぎれいな自宅からちょうど歩み出てきて、これから路面電車に乗りこみ中心街にある自分のオフィスに向かうところだとでもいうようにおしゃれに見えた……

　ハリントン氏は馬鹿げていたが、愛すべき人物だった。誰であれ彼に対して無礼を働くなどということは考えられないことだったし、そんなことが仮にあったとしても子どもを打つのと同じくらいおぞましいことに思えただろう。こうしてアシェンデンは、内心いらいらしながらも表向き愛想よく、屈従的に真のクリスチャン精神でもって、穏やかで無慈悲な生き物と行動をともにする苦痛に耐えていた。当時ウラジオストクからペトログラードまで11日間かかったのだが、アシェンデンはあと１日でもよけいに我慢することはできまいと思った。仮に12日かかりでもしたら、彼はハリントン氏を殺していただろう。[85, pp.187-189] ＊４

　ハリントン氏がアシェンデンに加えた攻撃の性質がもつ雰囲気をつかんでいただけたことと思います。アシェンデンは外面的には愛想よくしていながら内心いらいらしていましたが、これはハリントン氏の無意識的心理状態をありのままに映し出しています。アシェンデンはそれを投影同一化を通して感じていると言えるでしょうし、メラニー・クラインの仕事を考慮するとこのことはいっそう明らかになります。ハリントン氏は赤ん坊の頃無理にトイレット・トレーニングを課せられ、外面的には服従していたが内心激しい憤怒をいだいていたと想像できるかもしれません。
　成熟した性器愛に到達した人は、他の人に和することができます。強迫的な人には和するということがなく、それよりもむしろ他者をコントロールし自分の行動様式に服従させようとする強い欲望をもちます。強迫的な人は間違いなく最も過酷な超自我をもっており、そうして転移の中では分析家のことを、礼儀正しい外見の奥で患者を支配する暴君的な人物と経験し、嫌悪しているでしょう。

この種の患者のもう一つ別の性質には、人の手によって作られた変えることのできる約束事が常に法律であるかのように経験されるということがあります。これは、内面の暴力的感情が周囲の環境にいる権威的人物に投影されるためです。銀行の支配人、警察官、校長あるいは憲兵といった人物たちの言葉は絶対的なものとして刻みつけられます。誰であれこうした人物と合意を形成するために話し合えるかもしれぬなどと思い浮かべることはまったくないのです。実際、長い分析の中でたえず近づきにくい人物として扱われると非常にうんざりします。こうした患者たちには、中心にあるはずの自発的な生命の源というものがまったくない感じをいつも受けます。

　この種の患者について最後にもう一つ述べさせてください。強迫的な人は分析家自身が感じていることを、何とかしていくらかでも知りたいと思っています。彼が知りたいのは「分析家は私と一緒にいたいと本当に思っているだろうか？　私にいくらかでも自然な好意を寄せてくれているだろうか？」ということです。こうしたことを知りたがる気持ちは、あらゆる堅苦しいふるまいの裏で赤ん坊が、母親が自分のことをどう思っているのか知りたいと切望していることからきているのだと私は思います。患者が分析家の感じていることを知ったときにのみ、彼は鎖から解き放たれるのです。このことを納得されるならご理解いただけると思いますが、こうなると分析家は自らが崇拝する技法をも建設的に読み返さざるをえなくなります——すなわち、こうした患者に対しては折にふれ、分析家が自分の感じていることを伝えるのが適切かもしれません。

　アブラハムは、前期肛門期と後期肛門期のあいだには重要な境界線があると信じていました。前期肛門期の快感は大便の排出にありますが、個々の事例ではこれは対象の喪失に対する幼児の反応です。喪失は、情緒的に経験されるというよりも直接身体的な仕方で反応されます。大便は、喪失という外傷を克服する手段として幼児が能動的に排出する象徴的な対象となります。後期肛門期では人は自らの対象を保持しますが、アンビバレントな態度でもってそれを行います。いまや彼は対象関係的です。もしも患者が後期肛門期に退行すると彼は神経症の側にいることになりますが、しかし前期肛門期への退行は精神病状態を意味し、そうしてもしその重要な境界線を越えて退行してしまったとしたら、その人は間違いなく口唇期にさかのぼってゆくでし

ょう。メランコリーの源は精神病的な境界線を越えた退行にありますが、一方強迫神経症はその境界線の神経症側にとどまっています。しかしながらアブラハムは、人は必ずしも境界線のどちらかに固定されている必要はなく、しばしばそのあいだを行きつ戻りつしているものだと述べています。うつ病に常に強迫神経症の要素がみられ、その逆もしかりであるのはこうした理由によるのです。

　これまでの諸段階が目標としていたのは、性器性交の能力と組み合わさった対象愛です。この後期性器期が最終段階です。しかしながらアブラハムは肛門期の諸段階と後期性器期とのあいだに、男根期もしくは前期性器期を置きました。この段階では他者への対象愛に性器は含まれません。言い換えれば性器は自己愛により備給されています。すなわち性交への欲望はあるけれども、ペアの性器が結合されるのは自己愛的快感を満たすためなのです。自己愛は最後のリビドー的段階に至ってやっと最終的に断念されます。このようにして発達はずっと歩みを進めてくるのです。後期口唇期に始まる自己愛から、後期性器期でやっと最終的に統合される本物のあるいは真の愛に至るまでです。自我にとって愛することが可能になるのは、自我が自分を力強く感じるときであり、最終段階でのことです。これは、自己愛はいつもその人自身の創造的能力を覆い隠すという私の経験とも合致します。

　もっとも成熟した人にすら、前の段階の名残、ひいては自己愛の名残があることはおそらく申し上げておかねばならないと思います。危機にみまわれるとわれわれは皆、より原始的な様式の機能に退行します。またこれも特筆すべきことですが、対象愛はより早期の段階にも存在します。強迫的な人のようにあまりにも整然とものごとを切り分けたがるのは避けねばなりません。

訳注
1　DIARIO DI UNA SEGRETA SIMMETRIA : Sabina Spielrein tra Jung e Freud, Astrolabio, Roma, 1980. <Carotenuto, Aldo>
　　以下に邦訳あり。
　　『秘密のシンメトリー――ユング／シュピールライン／フロイト』アルド・カロテヌート著、入江良平・村本詔司・小川捷之共訳、みすず書房、1991
2　アリックス・ストレイチー（Alix Strachey）：ジェームズ・ストレイチー（James Strachey）の妻で分析家。

3 以下に邦訳あり。
 「心的障害の精神分析に基づくリビドー発達史試論」『アーブラハム論文集　抑うつ・強迫・去勢の精神分析』現代精神分析双書第2期第18巻、下坂幸三・前野光弘・大野美都子訳、pp.19-97、岩崎学術出版社、1993
4 以下に邦訳あり。
 『サマセット・モーム全集第17巻　ハリントン氏の洗濯物』北川悌二訳、北星堂書店、1995
5 以下に邦訳あり。
 『告白』上・中・下、聖アウグスティヌス著、服部英次郎訳、岩波文庫、1951

16
アーネスト・ジョーンズの象徴理論

　精神分析的な象徴理論は、従来アーネスト・ジョーンズの名と関連づけられています。今回の講義ではこの分野におけるジョーンズの業績についてもっぱらお話しし、次回で私の臨床経験からとった象徴性の実例へと移ることにしましょう。この主題について書かれた1916年の古典的論文で、ジョーンズは象徴の解釈は精神分析の作業全般を通じて最も大きな抵抗を引き起こすと述べていますが、私は疑いなくこの主張が事実として正しいと思います。その理由は分かりませんが、いくつか推測を述べることはできます。もし愛の対象がその人自身の自己の一部をさす記号であることを示されたら非常につらいでしょうから、患者はこの種の転移解釈をしばしば嫌います。自分が自己中心的な自己愛の傾向を示していることに気づかされるからです。これに関連しているのは、自尊心というものが愛する能力と直接関連づけられているという事実です。もし愛する能力が幻想にすぎないことが暴露されれば、それは手痛い打撃となるのです。同様にして、もし憎んでいる対象が自己の一部あるいは自己の身近な環境をさす記号であることを示されたら、愛他的に装っているうわべは剝ぎ取られてしまうでしょう。しかしながら、象徴的なものにまったく実体がないわけではありません。まったく実体がないという含みが解釈にあると、患者は正当な根拠でもってそれを退けます。

　「象徴性」という言葉は、標章、魔よけ、しるしの品 (tokens)、バッジ、旗それにトロフィーといったさまざまな事象と関連して用いられます。この

言葉はまた直喩、隠喩あるいはアレゴリー、寓話（寓意的な物語）、換喩（属性あるいは部分が、意味されるものごとと置きかえられる——たとえば王を表す王冠）、提喩（全体が部分と等しいものとされる——小男がペニスと等しいものとされる）などの比喩的表現や思考様式をさしても用いられます。一般的な意味では、「象徴」はしばしば「記号」（sign）と同義に用いられます。儀式や礼拝式でもまた用いられます。たとえばベニスの儀式では、首長 ドージェ*1 はベニス海軍の軍事力を象徴する指輪をたずさえてアドリア海と結婚することになっていました。フランク族の法律では、一区画の土地を売る者は買い手にその地所にあった石を一つ、取引の象徴として手渡すことになっていました。古代バイエルンの法律では、一つの森林の売却を象徴するために一本の小枝が用いられていました。カトリック教会における灰の水曜日*2の儀式では、司祭が集まった人びとの一人ひとりに灰を塗り、彼らが塵から生まれそして死後は塵へ帰ることを思い起こさせます。（ここにみられる象徴的表現にはフロイトは間違いなく喜んだでしょう！）私が禁煙に踏みきったとき、葉巻を折りまげて屑籠に投げ捨てたことを覚えています。それは決意が現実的なものであることを象徴していたのです。

　こうしたことは、象徴性という言葉が用いられるときの一般的な意味です。けれどもアーネスト・ジョーンズはその言葉により特殊な意味を与え、それを区別する要素を六つ挙げました。

1. 最も重要な現象が、より本質的でない観念によって表される。
2. 象徴は、最重要の要素と共通した何らかの知覚的要素を有することを通して、それを表している。この知覚的要素は姿を隠してしまっており意識的に理解されることはないが、しかし、しばしば［いつも？］無意識的に認識される。
3. 象徴は知覚的かつ具象的なものだが、比較的抽象的な観念を表すことがある。それはものごとが具象的に表されていた子ども時代に起源をもっている。
4. 象徴は原始的な思考様式であり、精神発達のより早期段階への逆戻りを表す。
5. 通常象徴は、隠された観念の顕在的表現である。

6．象徴は自然発生的に作られ、無意識の産物である。

　アーネスト・ジョーンズはこれらすべてについて詳しく述べているわけではありませんが、少し詳しく見ていきたいと思います。
　最も重要な現象が、より本質的でない観念によって表される。実際に象徴はきわめてくだらない物である場合があります。たとえば旗は、特定の色柄をプリントした一切れの布にすぎません。しかしながら、総督公邸の外でユニオン・ジャックが降ろされ、そこにタンザニアの旗が掲げられた日であるタンザニアの独立記念日は、英国人にとってもタンザニアの人びとにとっても情緒的に重要な瞬間でした。象徴は肯定的であれ否定的であれいつもかなりの情動の受け皿となっていますから、情緒的に最も重要な現象が情緒的重要性のより低い現象によって表されると言ったほうが正確なように思います。象徴（記号や標章でない真の象徴）は、いつでも情動の受け手となっているのです。
　象徴は、最重要の要素と共通した何らかの知覚的要素を有することを通して、それを表している。この知覚的要素は姿を隠してしまっており意識的に理解されることはないが、しかししばしば無意識的に認識される。知覚的関連は、象徴のある部分が象徴されるもののある部分と同一であるか、あるいはほとんど同一であることによっています。子どもは大人が知覚的関連を見いださないもののあいだにも知覚的関連を見いだしますが、これは大人が自分の原始的な視覚像を認知的枠組みによって修正してしまっているためです。
　この例を二つ紹介しようと思いますが、どちらの例もうちの上の息子が3歳だった頃にポルトガルで過ごした休暇の際のものです。宿泊地の近くで、ある農夫が捕らえたイノシシを檻に入れていました。これを聞いてわれわれは幼い息子といっしょにそれを見に行きました。当然それからというもの、われわれは毎日そこに通わなくてはならなくなりました。あるときそこを訪れてから、われわれは森の周囲を散歩していました。息子が突然乾燥したシダの葉を指差して言いました、「見て、あれ、あのイノシシみたいだね」。
　はじめ私は息子が妙なことを言うと思いましたが、すぐにそのシダがまさにあのイノシシの背に生えている毛の色をしていることや、同じようなまばらな形態であることに気づきました。私はこの知覚的関連にきわめて盲目で

した、というのも知的な（リンネ式のと言ってもよいでしょう）教育を受けている私は、イノシシと干上がったシダ以上にかけ離れたものはまずないであろうという考えをもっていたのです。子ども（あるいは画家）が知識に曇らされていない目で直接見ることができるものを、私が見られるようになるまでには、認識的に何の役にも立たないこのがらくたを自分の精神装置からすっかり取り去ってしまわねばなりませんでした。

かつてシダがイノシシを象徴したことがあるのかどうか知りませんが、もしそうだとしたらその理由はお分かりになるでしょう。象徴と象徴されるものとのあいだにはいつも知覚的関連があるのです。もう一つはこんな例です。ある日われわれは海岸にいましたが、うちの息子が黒いふちどりのある灰色がかった二枚貝の貝殻をひろいあげてこう言いました、「見て、これレコードみたい」。嬉しいことに、これはあのイノシシの一件に引きつづいて起こったことだったので、私は息子が変とは考えず、彼が類似性を指摘するやいなやそれを「見てとった」のです。どちらも黒い色で細かい溝が入っていたのでした。

象徴は知覚的かつ具象的なものだが、比較的抽象的な観念を表すことがある。それはものごとが具象的に表されていた子ども時代に起源をもっている。この見解は、象徴のもつ前述の性質と密接に関係しています。情緒の担い手として、象徴は具象的で独自的である必要があります。十字架は唯一かつ独自的なものですが、しかしそれは人間の苦しみや、人間に対する神の愛や、悪とぶつかり合う人間の善性や、地球上における人間の歴史の頂点や、2,000年にわたるキリスト教的伝統の多様性等々を表しています。情緒は具象的で独自的なものに向かうときにのみ、十分に感じ取ることができるのです。したがって象徴はその目的の一環として、個人をより狭い関心事から集団にとってのより広い価値へといざなわなければなりません。

象徴は原始的な思考様式であり、精神発達のより早期段階への逆戻りを表す。さらに、その逆戻りは子どもの段階の精神生活へと、つまり概念化が生じる以前へと向かうものです。思考は知覚的なものに根ざしています。たとえば視覚は、受動的行為であると同時に能動的行為でもあり、そこには思考が関わっています。われわれが視野を把握するためには、莫大な量の知的活動が投入されています。そこに備わる恒常性――大きさ、形、それに色――

は、この知的活動の産物なのです。対象の明るさや暗さというものは、比較から生じてくるものです——絶対的なものではありません。象徴はこの段階の思考から生じてきます。この段階は、このように知覚的なものに結びついているとともに、情緒を担ってもいます。ですから知覚的関連は思考にあふれているのです。このように象徴形成は、最も早期の形式による思考の表れなのです。

　通常象徴は、隠された観念の顕在的表現である。ここでアーネスト・ジョーンズは特に精神分析の実践のなかで臨床的に出会う類の観念、しばしば夢の中に見られるもののことを言っています。私は以前ペニスに激しい憎しみを抱いている女性患者を診ていたことがあります。彼女が語ったことには、あるとき彼女はモン・サン・ミッシェル*3に行きましたが、そのとき周囲は暗く残虐な雰囲気に覆われはじめました。モン・サン・ミッシェルが彼女のひどく嫌悪していたペニスの象徴だったことは明らかでした。

　象徴は自然発生的に作られ、無意識の産物である。意識的につくり出された標章は象徴ではありません。象徴化は自然発生的にかつ無意識に起こります。しかしこの過程は障害されることがあり、このことには次の講義で少し注目してみる予定です。

　アーネスト・ジョーンズは、「真の象徴」の特徴とは、それが解釈されたときに驚きと反発を引き起こす点にあると言っています。彼は男根の象徴と解釈されるパンチネッロ*4（パンチとジュディー*5のパンチ）の例を挙げています。さらに彼は、ペニスを「小男」とする着想は非常に広くみられるとも言っています。それは、神話学者には「解体」（decomposition）として知られている過程を通じて擬人化されます。つまりそれはちょうどペニスが「小男」になる場合のように、分離され独立した存在を与えられます。ペニスの解体は、民間伝承の小びと、地の精ノーム、悪鬼ゴブリンにつながります。こうした小男たちは変形され、人間が醜く戯画化され、いたずらなばかりか悪意すらもっている傾向にありますが、しかしそれでも特定の状況下ではすすんで親切にふるまい役立つことをしてくれることもあります。ジョーンズはモーリス・サンド（Sand, M.）を次のように引用しています。

彼の心は彼の杖と同じくらい乾いており、彼はどこから見てもエゴイストだった。うわべは上機嫌に見えるが、残忍な人間だった。単に楽しみのためだけに悪事を働いたのである。彼は人間というものをシラミほどにも気にかけてはいなかった……神も悪魔も恐れず、多くの社会や宗教が彼のかさぶただらけのかぎ鼻の鼻先を通り過ぎていくのを見てきた彼は……外見上の欠点や体格の小ささから誘惑に向いているとはとても言えなかったが、しかし辛辣で、説得力があり、積極的で横柄であり、非常な成功をおさめた。[64, pp.93-94]

続いてジョーンズは、パンチネッロが母権的な象徴表現の一つであることを明らかにしてゆきます。つまりこの革命的な息子には母親との結びつきがあり、かれは成り上がり者であり宮廷付きの道化師でありかつ父権の批判者でもあるのです。父権は鷲や雄牛によって象徴されます。

そのうえでジョーンズは、ランク（Rank, O.）とザックスが「精神分析の精神科学にとっての重要性」Die Bedeutung der Psychoanalyse für die Geisteswissenschaften[93]と題する論文で提唱した、真の象徴性がもつ六つの属性について詳しく述べています。

1. 無意識の素材の表現。象徴されている概念がその個人に分からないというわけではなく、むしろそれに付随する情動が抑圧されます。象徴化の過程は無意識に進みます。これは何を意味しているのでしょうか？ それは象徴的関連が感知されていないということです。『罪と罰』から例を挙げたいと思います。ラスコーリニコフは金貸しの老婆を暴力的に殺害しますが、これはドストエフスキーの自身の母親に対する殺人的な攻撃を象徴しているかもしれません。本の終わりで、ソーニャの愛と献身を通じて、ラスコーリニコフは女性に対する自分の冷酷さを悔やみはじめ、情緒的な愛を伴う生活を始めます。愛情深さが冷酷さに取って代わりますが、私はこれはドストエフスキー自身の変化を象徴したものだと思います。さて、彼はおそらく激情の強烈さというものを承知しておりラスコーリニコフの中に自分を見いだすこともできていたと思われますが、しかし意識的に自分の母親に対する憎しみを認識してそれを表現するためにこの事件を選んだのでしょうか？ とてもそうとは思えません。意識的な意図を伝えるために物語が用いられるとその結

果貧相な文学ができあがります。ゆえに……

2．一定の意味。所与の象徴は限定された意味をもつものであり、このことは文化を超えてあてはまります。ですから部屋は女性、あるいは子宮、あるいは身体の一部を象徴し、家は身体を象徴する、等々となります。意味の変動には限りがあり、それは認知的－知覚的過程を通じて恒常性が生じるその仕方について私が先ほどお話ししたことと一致しています。この傾向――意味の限定への傾向――は、人間が自分をとりまく世界を構築する認知的－知覚的手法に組み込まれています。実際のところこれが、元型的な象徴は受け継がれるとするユングの信念に異を唱えるアーネスト・ジョーンズの論点なのです。私はジョーンズの基本的立場に賛同しますが、しかし彼にはこうしたごく早期の精神的および認知的過程についての心理学的理解は欠けていました。

3．個人的な条件要因からの独立。個人は定まった象徴に、他の皆が賦与したのと違う意味を賦与することはできません。ジョーンズは、象徴のもつ普遍性は人間の基本的永続的な関心事が同一であることに起因し、それが象徴性の源となっていると言います。すでに申し上げたように象徴のもつ普遍性は、象徴性の基礎をなすところの世界の認知的－知覚的構築に含まれる心理学的過程に起因しており、また象徴化は無意識的に発達の早期段階で生じるためどのような個体化の要因にも影響されないという事実にも起因しています。

4．進化上の基礎。ジョーンズは、これについてはその論文の中であとで論じるつもりだと言っていますが、そうはしていません。動物にも象徴が把握できることをわれわれは知っています。たとえばパブロフの犬はこの証左です。刺激－反応理論では象徴は無条件刺激とは対照的なものとしての条件刺激とされます。肉のある光景は無条件刺激ですし、肉が出てくることを知らせるベルは条件刺激あるいは象徴です。そこに知覚的関連があるかどうかという問題はわれわれの論点からあまりに外れてしまうかもしれません。また残念ながら私は、象徴の発生とその働きを支配している進化的要素について何か役に立つことをお話しできるほどには、この分野の動物研究に精通していません。

5．言語的つながり。象徴では、象徴と指し示されるもののあいだにいつ

もつながりが存在し、このつながりはわれわれの世間的常識を身につけた精神には必ずしも即座に意識されないような知覚的なつながりです。類似性を指し示す知覚的手がかりは、すでに申し上げたように対象の一部分にしか関係しないものである場合もあります。私が先に挙げた二つの例は視覚的手がかりに関係するものでしたが、聴覚的なものである場合もあります。ポルトガルでの同じ休暇の際、ある日坂道を上りながら息子が私に「あれは何？」と言ったのを思い出します。「石(ストーン)だよ」と私が言うと、息子はこう答えました。「電話(フォーン)みたいだねえ、パパ？」ここでの類似性は聴覚領域のもので、このときも彼の言うことは正しかったのでした。

　私との面接がさらに２年間続く予定であったある患者は、私に２頭の熊が出てくる夢を語りました。それがどんな意味をもつと思うか彼女に尋ねたところ、彼女はこう言いました。「そうですね、熊(ベアーズ) は 年(イヤーズ) みたいに聞こえます、そうじゃありません？」言語的つながりは擬音と視覚的つながりの両方を利用しており、また語源学の研究によると、象徴を指し示している言葉が象徴されている考えに何のつながりももたないようでも、その歴史をみればいつもそこにつながりがあることが明らかになるのです。ここではアーネスト・ジョーンズから例を引くのが一番でしょう。

　　パンチネッロという名称はナポリ語のポルチェネッラ（*pol[l]ecenella*）（現代イタリア語でプルチネッラ［*Pulcinella*］)、つまりポルチェーナ（*pollecena*）の縮小辞語で、若い雄の七面鳥（現代イタリア語ではプルチーノ［*pulcino*］は雄鶏を意味し、プルチネッロ［*pulcinello*］がその縮小辞語）を意味する言葉から派生した英語の混成語である。この若い雄の七面鳥自体、雄鶏が実際に観念的にも言語的にもそうであるように、よく知られた男根の象徴である。ラテン語の語源はプルス（*pullus*）で、これはいろいろな動物の子どもを意味する。男根はしばしば、明白な理由により、男児、少年あるいは小男の観念と同一視される。この名称がこうしたつながりで用いられるようになった理由は、俳優の鼻とその鳥の鈎状のくちばしが類似しているためだと考えられるが、さらに鼻とくちばしはともによく知られた男根の象徴であることが指摘できる。

ポルチェネッラという名称、あるいは英語の異形である「ポリシネロ」('polichinello')（フランス語のポリシネル [*polichinelle*] から派生）が英語の「パンチ」('punch')、つまり図案の刻印などに使われたりする押し抜き道具——たとえば金属に穴を開けたり金型を押したりするためのもの——を意味する語と混成したのである。またそれは短剣を意味するのにも用いられる（もう一つ別のよく知られた象徴）。その言葉は千枚通しや短剣を意味していた言葉「パンチョン」('puncheon') の短縮形であるが、現在では大工仕事で「１本あるいはそれ以上の本数の長い木材を強化するため、あるいは重みを支えるために、垂直に配置された短い一片の木材」を指すのに用いられている。これはラテン語で刺すとか穴を開けるという意味のプンクチアーレ (*punctiare*) からきている。ピープス (Pepys, S.)[*6] は彼の『日記』1669年4月30日の中で、パンチを「太く短いものすべてをさして一般に用いられる言葉」と称しており、また銃（ついでながら、これもまたもう一つ別の男根の象徴である）について「その短さと大きさから、彼らが実にパンチネッロと呼ぶもの」と述べている。サフォーク・パンチは非常にがっしりした脚の短い使役用馬である。

　まとめると、「パンチネッロ」という名称と関連して何度も繰り返し現れる四つの観念とは、一つ、男性の子孫をかわいがって呼ぶ「小っちゃな男の子」に相当する名、二つ、体の突出した一部分、三つ、穴を開けたり貫いたりする動き、四つ、短くがっしりと太いもの——すなわち、ほかでもない男性の性器を描写するのにもってこいの四観念なのである。実際、がっしりと太いことと刺すこととという奇妙な組み合わせがあてはまる物はほかにない。最後に、先ほどの解釈に照らすと、よく知られた二つの表現の意味がより明瞭になることが付け加えられよう。「パンチのように誇って（あるいは喜んで）」(To be as proud [or pleased] as Punch)、過大な自尊心は無意識の中で自己顕示的な自己崇拝と密接に関係している。「彼は十分なパンチをもっている」(He has plenty of punch in him)、この現代アメリカ語法では「パンチ」という言葉は口語の「気骨」(backbone)、「勇気」(spunk)、「元気」(sand) など——すなわち、男性の性器とその産物の象徴——の同義語として用いられている。[64, pp.99-100]

6．系統発生学的類似。ジョーンズは、同じ象徴が文化を超えまた何百年何千年という時を超えて驚くべき普遍性をもつことを述べています。たとえば歯は、現代の夢の中でも古代の文学や神話の中でも出産を表します。旧約聖書の「雅歌(がか)」にこうあります。「あなたの歯は洗い場からのぼってきた羊の群れのよう、皆双子を産んだものばかり、子を産まぬものは一匹もない」[*7]。男根を象徴する蛇の観念はよく知られています。王と王妃が父親と母親を象徴することもまたよく知られています。王妃の夢を見た患者たちを私はたくさん見てきました（最も強硬な反君主主義者の患者たちですらこんな夢を見たのでした、彼らは大いに恥じましたが！）。ジョーンズは続けて、象徴は何千と存在するが象徴されている観念の数は少ないと述べています。彼の言によると最終的には、

> すべての象徴は、自己および近しい血縁者という観念、あるいは誕生、愛そして死という現象を表す。
>
> 自己＝全身、あるいはどこであれその一つひとつの部分、精神ではない。
>
> 親族＝父親、母親、兄弟姉妹および子ども、それに彼らの身体のいろいろな部分が象徴されうる。
>
> 誕生＝子を産む、子をもうける、あるいは自分自身が生まれるという観念。
>
> 死＝永久に続く不在。常に他人について言及している。自分自身の死は考えられないことである。
>
> 愛＝性交、排出する行為およびフロイトの性愛理論に関連するあらゆる概念。

[64, pp.102-103]

ジョーンズは続いて象徴の発生について論じます。彼はペルティエ(Pelletier, J.)、ユングおよびジルベラー(Silberer, H.)らの見解、すなわち幼児や原始的な

精神には認知的未熟さがみられるという見解について軽く触れています。ジョーンズはこれを象徴の発生の理由として退けてはいませんが、しかし重要な要素ではないと考えています。彼によると第二の理由は、新しい経験が自らを表現する際、精神は類似点を利用するというものです。そしてこれは明らかに正しいと思われます。精神はすでに親しく知っているものの仲立ちなしに、新しい何かに移ってゆくことはできないのです。新しい何ものかを把握しようとするとき、われわれは初め何らかの既知の経験を通じてそれを把握しようと試みます。

だとすると、われわれがどのようにして新しいものに移っていくのか、非常に不思議です。アーネスト・ジョーンズはこの現象を快感原則と、あるいはそれに付随する側面で「精神的慣性の法則」あるいは「最小努力の法則」として知られているものと関連づけます。この過程は幼児の精神においてより活発であると推測されます。（本当でしょうか？）

彼が挙げる第三の理由は、上記の発想を発展させたもので、人間の原初的な関心は性的なことがらにあり、強制されて初めてそこから引き離され仕事へ向かうというものです。ですから仕事には性的な象徴が賦与されています——地面を鋤でたがやすこと、用具、畑、等々。つまり無意識的には人間は、いまだ象徴的活動の下に横たわる性的活動に没頭しているのです。言い換えれば、性的活動は昇華されるのです。この文脈でジョーンズはスウェーデンの言語学者スペルベルを引用していますが、この人はあらゆる言語が配偶者を呼ぶ言語音から起こったとかなり力説していた人のようです。

しかし矛盾したことにジョーンズは、幼児のあるいは原始的な精神が識別を行わないと考えるのは正しくないだろうとも述べています。実際は識別しているのだけれども、そのカテゴリーが大人のものとは異なっているのです。原始的な精神は関心に基づいて識別していると彼は言います。アラブ人はライオンのさまざまな特徴を指すのに500語の言葉をもつと考えられていますが、しかしライオン自体を指す言葉はもちません。彼らはまたラクダを表現する5,744語もの言葉をもつと考えられていますが、ラクダ自体を指す言葉はもたないのです。われわれのほとんどは背に人を乗せるおなじみの四つ足の動物なら何でも「馬」と呼びます。しかし馬を扱う商人にとっては、「馬」という言葉は多種多様な言葉——雌馬、種馬、雌ロバ、ラバ、去勢馬、ロバ、

小馬、雌の子馬、等々——のうちの一つでしかありません。

　下の息子が白いパトカーで遊びたいと言うが見あたらず、私が白のシトロエンで遊んだらどうだいと言うとき、この二つの車の違いに私が頓着していないことを彼が快く思っていないことは知っています。このことと関連するのは、子どもが名付けるものは大人のカテゴリーと同じ形式のものとして扱えないという事実です。幼い子どもはサーペンタイン池*8に舞い降りたアヒルを見て「ガーガー」と叫びますが、彼にとってそれが指すものはその翼の形と水しぶきなのであり、そのため次にどこかで泡立つ水面を目にしたら「ガーガー」と叫ぶのです。またもや原始的なカテゴリーは異なるという結論になりそうです——それは知覚的領域にはるかに密接に結びついているのです。

　一方で大人による形態の分類分けは、知覚的手がかりからより遠いものです。大人によるカテゴリーの定義づけにはいつも例外という概念が含まれることもまた興味深い点です。ですからたとえば、蝶と蛾の違いは蝶の触角の先端が球状になっているのに対して蛾の触角は違うという事実にあるといわれますが、ベニモンマダラガとして知られている蛾はこの例外です。同様に、蛾は一般に夜飛び蝶は昼間飛びますが、いく種類かの蛾は昼間飛ぶ等々、例外が存在するのです。科学者は明らかにこのより抽象的な分類分けに価値を見いだしています。この大人の分類分けは、精神の奥深くに刻まれています。こうした分類を振り払い自分の目の前にある色や形を見ることが、画家の仕事の一つです——それはすなわち、子どもの視点をもう一度取り戻すことです。（私はこれが精神分析家の仕事でもあると信じています。）

　したがって象徴形成は、同一視と識別がまさに同時に進行する活動なのです。もしもどちらかの過程が欠ければ、その過程が全体として崩壊してしまいます。次回の講義では、同一視の欠如を通じて生じた過程の崩壊がどんな影響をもたらすのか検討する予定です。反対のことは起こりうるのでしょうか？　ええ、自己が分類されえない場合に——すなわち自己が混ざり合って識別されえないときに——、自己との関係において起こりうるのです（役割を受け入れられない万能の自己という概念）。

　無意識的に関連のある二つの観念のうち、一方が他方を象徴するが逆のことは決してないのはなぜでしょうか？　教会の尖塔は男根を象徴しうるが逆は決してなく、目はペニスを象徴するが逆は決してないのは？　アーネス

ト・ジョーンズは、精神の抑圧された部分では心的な関心は身体的自己、家族関係、誕生、愛そして死にとどまっていると述べ、またエネルギーは外へ向かい、中心に向かうことは決してないとも述べています。心的エネルギーはすべて中心から生じてくるのです。

　アーネスト・ジョーンズの理論に対する二つの主要な批判にだけ触れて終わりとしたいと思います。一つは、あまりにも「唯心論的」あるいは認知的に思われる点です。ジョーンズは象徴がもっている情緒をおびる性質を十分重視していません。彼が象徴されているものに対して「観念」という言葉を頻回に用いる点に、彼の認知の偏りが示されています。私の二つ目の批判もそれに関連したものですが、象徴されているものごとは——たとえばペニスのような——具象的な実体ではなく、ペニスの情緒的な重要性およびそれに対する自己の関係であるという点です。次の講義では、私の批判が何に依拠したものであるかを臨床活動からお示ししたいと思います。

訳注
1　首長（ドージェ）：7世紀から18世紀までの、ベネツィア・ジェノバ両共和国の首長。
2　カトリック教会における灰の水曜日：キリスト教の教会暦で、四旬節（復活祭前の、主日をのぞく40日間の斎戒期）に入る最初の日。この日には回心を現す旧約以来のしるしとして灰を頭にいただいたので、「灰の水曜日」と呼ばれるようになった。
3　モン・サン・ミッシェル：フランス北西部、St.Malo湾の入り江にある小島。有名な修道院と要塞がある。
4　パンチネッロ：イタリア起源の人形芝居の不格好な（馬鹿げた）主人公。パンチの原型。
5　パンチとジュディー：せむしでかぎ鼻の道化者パンチとその妻ジュディーとの悲喜劇的な事件を扱った操り人形劇。
6　サミュエル・ピープス（Samuel Pepys）：(1633-1703)　英国の海軍大臣。1630年から69年のあいだにつづった日記は当時の社会や海軍を知る貴重な資料。
7　以下に邦訳あり。
　　『旧約聖書』口語訳、日本聖書教会
8　サーペンタイン池：ロンドンのハイド・パークにある池。

17
象徴に関するその他の思想

フロイトの同時代人たち

　何年か前、私は知的障害をもつ男性の治療に取り組んでいました。他の多くの知的障害をもつ人びと同様、彼は冗談を理解できず、言われたことを文字どおりに受け取ってしまうのでした。たとえば彼が友人らと立っているときにパトカーがやって来て、友人の一人が彼に「ハリー、お前を捕まえにきたぜ」と言ったとすると、彼はどっと汗をかいてしまうのでした。からかっているだけだということが分からないのです。もちろんこの種の冗談の大半には著しくはないにせよしばしば攻撃性やサディズムの要素が含まれているので、誰かが何かを冗談めかして言ったけれども、やや感情的意味合いが強すぎて面白いとは経験されないという現象は誰もが知るところだと思います。
　ハリーの抱えていた問題は、どんな小さなものであれ、攻撃性やサディズムのほのめかしに対してはひどく敏感なことでした。そのほのめかしがそれをとりまく文脈から抜き出されて極端に迫害的なものとして経験されたのです。ハリーと私にはこのことがやっとはっきり理解できるようになりました。つまり、彼は父親に向けた激しい怒りのために罰されていたのですが、しかし究極的にはより大きい無意識的怒りを母親に向けていたのです。復讐心に燃えた人物がどこかで彼を破壊し抹殺しようとしているために、彼は独立した活動のほんのわずかな徴候すら示すことができなかったのです。
　私にはこのことがよく分かっていたのですが、何か他の要素が欠けていることにも漠然と気づいていました。ハリーもそのことに気づいており、そう

してある日セッションにやって来ると私に何か紙を持っているかと尋ねました。きめの粗い紙が一山机の上に積んであったので、私はそれを指差しました。彼はその紙を一束取り、小さなコーヒーテーブルの上に1枚置いて「これがシャルロット」と言いました。机の本の上にもう1枚を置き「これがジョージ」、もう1枚を椅子の上に置いて「これがメアリー」と言い、灰皿の上にもう1枚置いて「これがピーター」と言いました。さらに5枚ほどの紙で印をつけてゆき、その都度誰かの名をその人の洗礼名で呼んでゆきました。彼がそうしているあいだ、私には何が起こっているのかあまりよく分かりませんでしたが、それらの名前が彼の通うデイ・センターの職員の名であることは分かりました。やり終えると彼は言いました。

「さて、これで白衣を着ている人は全部です」
続けて彼は言いました。
「彼らが白衣を着ていると、僕は自分がセンターにいるのかフリエルン・バーネットにいるのか分からなくなるんです」
(彼はその10年前に発症してロンドン北部のフリエルン・バーネット精神病院に入院し治療を受けていたことがあったのです。)私が戸惑いながら分かったという意味であえぐような声を出したところ、彼は私の真正面にまっすぐ顔を上げて言いました。
「分かってもらえましたか？」
そこには私がまぬけで、いや実のところ知的に障害を負っていて、こんな明白な事実も理解できないほど鈍感であるという含みがあると結論せざるをえませんでした。そこで、理解を明確にするためにこう尋ねました。
「とすると、もしある日あなたがここに来て、私が白衣を着ていたとしたら、あなたは自分がフリエルン・バーネットにいるように思うのですか？」
「そうですね、たぶんかなり心配になるでしょうね」

そして彼はつづけて、以前私が死んだふりをしたとき私が本当に死んでしまったと一瞬本気で思った、と言いました。
センターの職員が白衣を着ているとすぐ自分がフリエルン・バーネットにいるかのように思うハリーの妄想をどう理解したらよいでしょうか？　まず

重要な心理学的事実は、フリエルン・バーネットで過ごした時間は彼にとってなまなましい悪夢でありつづけていたということでした。次には、彼の母親もそこに同時期に入院していたということでした。もし非常にひどい経験をしたことがあると、そのことを思い起こさせる記号に囲まれたとき震えがくることは、われわれ皆が承知しています。たとえば、私は第二次世界大戦中に捕虜であった男性を知っています。彼がいた捕虜収容キャンプの廊下は長く、腰のあたりから下が茶色に、またそこから上が天井までクリーム色に塗られていました。後年どこかの施設でよく似た内装の廊下にでくわすと、彼はいつでも体中を戦慄が走りぬけるのを感じたのでした。

　ハリーが白衣を着た職員を見て身震いしたのもよく分かります。フリエルンとセンターの職員が着ていた白衣との背後に意味の同一性があったこともまたほぼ確実です。医師が白衣を着るようになったいわれは知りませんが、しかしハリーにとって白衣は重要な意味をもっていました。すなわち、白衣を着た誰かには彼を閉じ込める力があり、白衣は権威であり、白衣は知的であり、白衣は清純であり、白衣は彼より格段上位にあったのでした。おそらくここでの重要な結合要素は白衣が象徴する力でしょう。（白衣は主に職員を患者と区別するために着用されていると私は思います。したがってそこには「私はあなたとは違います」という何らかのメッセージがあるのですが、タビストック・クリニックの前所長であったロバート・ゴスリング（Gosling, R.）があるとき見学者から、患者と職員をどうやって見分けるのですかと尋ねられたときのことをお話しせずにはいられません。彼は電光のような素早さでこう答えました。「患者は良くなります」。）

　その二つの場所における白衣は同一の情緒的コミュニケーションを含んでいました。ハリーは、われわれのような世慣れた人間ならかえって理解しづらいような、白衣のもつ情緒的意味に対して、子どものように敏感になっていました。ゲオルク・グロデックは『病いの意味』でこう言っています。「大人は象徴の意味を容易には理解できず、いくつかの人間の行為が無意識とのあいだにもつ象徴的つながりを把握するのにごくたまに成功するだけである。子どもはこうした理解を直観的にもっているが、このことは子どもの理論的および臨床的研究において覚えておかねばならない事実である」[58, p.163]。視覚的象徴には話し言葉以上の量の情緒性が備わっているのです。ハリーにとって白

衣は情緒的叫びでした。

　これはいくぶん馬鹿げている、なぜなら白衣は職員が着用する衣類にすぎないのだから、とも言えるかもしれません。その人そのものではなく１枚の服にしかすぎない、したがって人間にとってきわめて外面的なものだと。しかしながら、あまりにも平然とこうした発言を是認する前に立ち止まってみる必要があると私は思います。結局のところわれわれは、実に服を通して自らを表現しているのであり、ここで精神病の患者を治療していた際に私に起こった出来事についてお話ししたいと思います。

　彼女はセッションの中であたたかく協力的なこともあれば、怒りでいっぱいのこともありました。何がこうした変化の引き金となっているのか私は長いあいだ見破れずにいましたが、ついに気づいたことには、彼女は私が茶色のスーツに茶色のネクタイをしているときには肯定的で、灰色のスーツと青い縞模様のシャツに青いネクタイをしているときには激怒するのでした。こんなふうにふるまうなんて彼女は馬鹿げている、と皆さんはおっしゃるかもしれません。しかし私は馬鹿げているとは思いません。なぜなら私が着る服は私を表現し、また私のある側面を強調するものだからです。異なった服は異なる同一化を表現し、そしてこれらは現実のものです。その患者は月曜日には茶色のスーツを着、火曜日には灰色のを着る私というものを保持しておくことができませんでした。彼女は、私の一部分に触発された彼女の一部分に圧倒されていたのです。

　ハリーの場合には、職員全員が白衣を着ていた点も重要です。したがってセンターと病院は制服のある会員制組織なわけです。つまり個人が集団に吸収されるのです。この吸収こそが、それほどまでの恐怖を引き起こすのです。というのもハリー自身の個性それ自体が彼の一次的な愛の対象に、あるいはもっと簡潔に言うならば彼の母親に吸収されているのです。たとえば治療開始時、彼はソーシャルワーカーに、のちには母親に連れて来られるのが常でした。彼が自分で来られると思うようになったのはあとになってからのことです。ある日私がなぜ付き添いが要ると思ったのか尋ねましたら、彼は襲われるのが怖いからだと言いました。私は確かにそれは危険だと同意しつつも、あなたはそれを普通以上に恐れているようだがと言いました。もし僕が殺されたら同時に母も殺されることになるでしょうと彼は答えたのですが、そ

の言い方からは彼が比喩的に言っているのではないことがはっきりと分かりました。彼の愛の対象は、彼の中のあまりにも深い場所に位置しているため、彼を殺すことは実際に彼女を殺すことになるのでした。彼は、個人が立ち現れる以前の情緒の段階に圧倒されているのです。

　この情緒の段階は母親と子どもの両者によって共有されています。通常、離乳－悲哀の過程を通じて、各人の表面で個人が成長を始めるような発達が起こります。情緒的なものは、そこから個人的なものという植物が育ってくる土壌のようなものです。情緒は本質的に、集団になぞらえることのできる現象です。情緒は部分的人格によってかき立てられます。それは部分対象が出会う世界です。自我が情緒の泥沼から分化しはじめたときに、初めて象徴が起こってきます。それは二つのシステム、つまり個人の思考と情緒の集合体とを橋渡ししています。それはこれら二つのシステム間を結びつけるものであり、この結びつきの中に意味が立ち現れるのです。これをもう少し詳しく見てゆきたいと思います。

　意味は、個人的かつ情緒的なものです。「あぁ、あなたのおっしゃることはよく分かります」という叫びは、単なる知的理解の活動ではありません。それは確かに私の「主語としての私（'I'）」が深く関与している現象です。しかしそれは同時に情緒的でもあり、実際私は情緒の存在するしるしである興奮を感じ取ることができます。（ヒエロン王の王冠が純金でできているのか合金でできているのかを知る方法にアルキメデスが気づいたとき、風呂を飛び出しシラクサの通りを駆けぬけて「ユリイカ、ユリイカ」と叫んだことは覚えていらっしゃるでしょう。）情緒的なものと個人的なものの結びつきは象徴によっています。もし情緒の混沌とした泥沼の中にいまだ沈んでいる人がいたとすると、そこにみられるものは象徴ではありません。もしも私が自分の一次的な愛の対象に吸収されているとしたら、私は象徴と象徴される対象とを識別することができないでしょう。ハンナ・シーガルはこう述べています。「自我と対象の分化の障害は、象徴と象徴される対象の分化の障害につながる」[98, p.52 *1]。ハリーがフリエルンに入院していたとき母親もそこに入院していたことは、私には意味深いことに思われます。

　女性が胎児を自分の子宮の中に宿しているときには、胎児は彼女の一部です。というのも胎児は彼女を通じて食べ、飲みそして呼吸しているからです。

誕生のときにも幼児はまだ心的には彼女自身であるままです。つまりその統一体に属する二つの部分には、共生的な相互依存があるのです。産後抑うつは、一時的な愛の対象としての胎児を喪失したことにまつわる絶望的な悲嘆であることがしばしばです。こういう事態には情緒はありますが、主体も対象もありはしません。そしてハリーの中には、この状態がまだある程度保持されているのです。彼は母親からも、知覚野に存在する対象からも分化していませんでした。したがって二つの白衣は同じ情緒の領域を指していたのです。さて、もし私が白衣を着ていたとしたらあなたは自分がフリエルン・バーネットにいるように思うのですか、と私が尋ねたとき、彼はたぶんかなり心配になるでしょうねと答えたのですが、私はこれがかすかな変化を表していたと思います。つまり何らかの個人的な対象が、もやの中にぼんやり姿を現していたのです。この吸収されたような事態が乗り越えられない限り、象徴が形をなすことはありません。その泥沼から「主語としての私」が分離しはじめると同時に象徴が形をなすのです。象徴は情緒と個人的なものの両方を含んだ結びつきでありつづけます。

　前回の講義で私は、紋章の盾形のような、意識的につくり出された標章は象徴ではないと申しました。これは、それが情緒的なものに直接接近しないためです。しかし私が「直接」という表現を使ったのは、表面下ではいつも象徴的なものの存在があるからです。ユニオン・ジャック*2はなぜ現在のような形なのかという質問に対して、それは17世紀の初めスコットランドのジェームズ6世がイングランドのジェームズ1世になったことに由来するスコットランドとイングランドの旗の合体だ、というような説明をしたとするとまだ標章の範囲です。もしも詮索好きの子どもが、聖ジョージの旗はなぜ白地に赤十字なのと尋ねはじめたとすると、そこでわれわれは情動を引きつける象徴に至るのですが、しかしそれは知覚的内容を伴っていないわけではありません。それは内部に無意識的な情緒の流れを引き起こします。けれどもそれは象徴が意味をもたらすことを私が意識的に理解した瞬間においてのことです。したがって象徴は知的および情緒的理解を結びつけるのです。

　人は象徴なしで生きられるのでしょうか？　ハリーの例に戻りましょう。彼は見守られなくても生きてゆけたでしょうか？　私はそうは思いません。とにかく私が彼に出会ったときには違いました。自律的な生活を送るため

には人間には象徴が必要ですが、これは象徴が個人をその人の非常に近しい関係や一次的な対象を超えたところに導き、より広い世界との接触を可能にするからです。この能力がないと、あるいは少なくとも多少はないと、大人の世界の動乱の最中で生活してゆくのは不可能です。常に変化しつづける世界と接触をとるためには、人は常に情緒生活の貯水池から汲み上げていなくてはなりませんが、この接触は象徴の形成によってなされます。象徴を通して人間は想像力豊かに超越的なものへ向かって進むのです。この能力がないとわれわれは行き詰まったまま、いかだにすがりつく生存者のように手近なものにしがみついていることになるでしょう。したがって基盤が築かれ象徴が育ってくる幼い月齢の時期は、その後の生涯にわたる人間の発達にとって決定的なものです。個人的な意味の生活はその時期にかかっているのです。

訳注
1 以下に邦訳あり。
 『クライン派の臨床　ハンナ・スィーガル論文集』現代精神分析双書第2期第15巻、松木邦裕訳、岩崎学術出版社、1988
2 ユニオン・ジャック：イギリス国旗。歴史的にイングランド、スコットランド、およびアイルランドの守護聖人の旗が組み合わされてできたもの。イングランドで用いられていたのが白地に赤十字の聖ジョージ十字旗である。
3 聖ジョージ：3〜4世紀頃の伝説的聖人。王女を救うために竜を倒したという伝説があり（キリスト教徒にとって竜は異教を、王女はキリスト教会を意味する）、イギリスでは13世紀に国の守護聖人とされた。美術作品では一般に、折れた槍・抜いた剣・十字の文様のついた楯・白地に赤十字の旗などとともに表現される。

18

フェレンツィ──忘れられた革新者

　シャーンドル・フェレンツィは今日ほとんど忘れ去られていますが、しかし彼はおそらくフロイトの弟子の中で随一とはいかぬまでも、最も偉大な人物の一人でしょう。彼がほとんど忘れ去られているのは、学派を設立しなかったからです。私が思うにその理由は、彼が個人の自由というものを深く信じておりかつ私生活においてきわめて自己愛を免れていたように思われる点です。フェレンツィが無視されるもう一つの理由は、アーネスト・ジョーンズが自著であるフロイトの伝記の中で彼を中傷したからかもしれませんが、証拠から示唆されるところによると、これは正当化できない名誉毀損でした。フェレンツィはまた、精神分析を希薄化する誘惑に負けた人物という汚名を着せられてもきました。

　しかしながらフェレンツィにも信奉者がいました。なかでも最も有名なのが彼の被分析者であったマイケル・バリントですが、この人物については第28講でお話しいたします。バリントは特に、精神分析における退行の治療的価値に関するフェレンツィの思想および実践に徹底的に従いました。この講義では折にふれて『分析的出会いの難しさ』という書籍から引用することになりますが、この著者ジョン・クラウバーもまた、フェレンツィの技法のいくつかや患者についての考え方に従いました。

　シャーンドル・フェレンツィは、ブダペストからそう遠くないミシュコルツという街で1873年に生まれました。父は若い頃ポーランドのクラコフから

ハンガリーに移住してきており、母もまたポーランド出身でした。父は書店と貸本屋を営んでおり、芸術家の事務所も設立していました。ユダヤ人の大家族で12人の子どもがありましたが、その七男五女のうちでシャーンドルは五番目の息子でした。子どもたちは皆書店と密接なつながりをもって成長しましたが、生涯を通じてフェレンツィが最も喜びとしたのは読書であり、散文も詩も読みましたが特に好んだのは後者でした。

　学校教育を終えると彼は医学を学ぶためにウィーンに行きました。そして1894年に医師の資格を取り、それから軍医としての職務を果たし、そののち神経学および精神医学に転じブダペストで開業しました。精神分析に関心をもつようになった1907年までに、彼はすでにハンガリーとドイツの医学雑誌におよそ30本の論文を載せていました。実際彼は常に多作な書き手でした。1908年に彼は初めてフロイトに会ったのでしたが、フロイトはフェレンツィを大変気に入ってあらゆる弟子たちの中で最も想像力豊かであると考えました。あるとき、アブラハムのことをある友人に話した折にフロイトは、ため息をついて「ああ、彼にフェレンツィの才能がありさえしたら」と言ったのでした。アブラハムについての講義で申し上げたように、フロイトは自分にあまりにも頼り切っている弟子を好みませんでした。独立心と自分自身の判断力をもつ者のほうを好んだのです。

　たとえば1923年、フェレンツィはオットー・ランクと共同で『精神分析の発展』を出版しました。その中で彼らは、患者と分析者のあいだで継続するコミュニケーションを強調し、分析が単なる知的な再構成ではなく情緒的な追体験となる必要を力説しました。フロイトはこの本が自分の考え方にぴったり合っているとは思いませんでしたが、しかしフェレンツィに次のように書き送っています。

> あなたが私のもとにとどまろうとされる努力を、私は友情の印として大切に思っています。しかしながら、こうした目標は不要でありかつ容易に達成できるものでもありません。私は進んで他人の思想を受け入れるほうではないし、自分の進む道にないような異質の思想を吸収することができないことは承知しています。そうした思想について判断を下すには非常に長い時間がかかるため、その間私は判断を保留せねばなりませ

ん。もしもあなたがその都度長く待たねばならないとしたら、あなたの生産性も終わってしまうでしょう。ですからこういったことはまったく益にはならないのです。あなたやランクが独自に飛行して精神分析の大地から離れたとしても、それは私には問題ではないように思われます。それゆえ、あなたは正当な権利として、私が考えていたのとは別の仕方でものごとが機能するかどうか、試してみてもいいのではないでしょうか。そうすることによって道を誤るようなことでもあれば、あなた自身いずれ気づかれるでしょうし、私もそのことを確信すればすぐに指摘させていただくつもりです。 95, p.365に引用あり ＊1

フロイトがその生涯のあいだに2,500通もの書簡をフェレンツィに書き送っていること、これは誰に宛てたものよりも多いことは申し上げておく価値があるでしょう。フェレンツィは非常に寛容な知性と心情をもった人で、フェレンツィが「リラクセーション」技法を開発しはじめた際に二人が深刻な緊張関係に陥ったときでも、決してフロイトと仲違いしませんでした。1933年に62歳でフェレンツィが亡くなった際、フロイトは死亡記事の中で彼のことを、自分の最大の弟子でありその著作はあらゆる分析家を彼の教え子にした、と言ったのでした。

これほど創造的で多作な書き手ですから、彼が相当深く扱っていた多くのテーマのおおよその見当をお伝えすることすら不可能です。ですから私は彼が最晩年の10年間で開発した技法についてお話しし、特に次の論文を取り上げることにしました。「分析の終結の問題」[24]「精神分析技法の柔軟性」[25]「リラクセーションとネオカタルシスの原理」[26]「成人の分析における児童分析」[27]および「大人と子どもの間での言葉の混乱」[28]です。

私がここに焦点を当てることを選んだのは、次の二つの理由によります。まず、フロイトとマイケル・バリントの両者が、病人を癒すことがフェレンツィの天職であったと言ったからです。つまりそれは彼の生涯の情熱であり、彼がその他に行ったあらゆることにひな形を与えかつ意味を与えたのでした。次に、最晩年の10年間彼の関心をとらえていた技法の問題は、われわれが特別注目するに値すると思うからであり、そのわけはこれから説明を試みることになるでしょう。フェレンツィは、われわれの技法のどこか疎遠で時に厳

しい側面が、その患者にとっては初めの外傷を再演することになってしまい、したがって癒しをもたらさないのだと考えました。講義が進むにつれてこの短い言明の意味は明らかになるでしょう。

　フェレンツィは最も難しい患者たちを引き受けました。他の分析家たちがある患者に望みを失うと、彼らは最後の手段としてその患者をフェレンツィに紹介してきました。彼はあきらめることを拒否し、「その患者の抵抗は乗り越えることが不可能であった」とか「その患者の自己愛がそれ以上の洞察を妨げた」というような審判を受け入れようとはしませんでした。彼は「成人の分析における児童分析」の中で、「患者が来つづける以上は、最後の一筋の希望はまだ断ち切られていない」と自分に言い聞かせたと言っています[27, p.128]。また同じ論文で彼はこう問うています。「失敗の原因はいつも患者の抵抗のせいなのだろうか？　むしろ、個々人の特質に自らを適合させることを技法においてさえ潔しとしない、われわれ自身の便宜のためではなかろうか？」[27, p.128]

　したがって彼が信じていたのは、今日なら精神病的あるいはボーダーラインと診断されるような特定の患者に対しては、分析が手詰まりとなってしまわぬように古典的な技法の要素をいくらか修正することが必要だということでした。このことはジョン・クラウバーが『分析的出会いの難しさ』の中で主張しており、少し長くなりますがそこから引用したいと思います。

　　最初から深刻な抑うつが臨床像を占めている患者では、退行はより進行する傾向にあり、要求は自我が実現するにはあまりに原始的となることがある。Ｌは、死んでしまった彼女の恋人のことでひどい悲嘆に暮れ、そのあと仕事がうまくいかなくなった上級クラスの経営幹部であった。当初彼女は私の面接室から立ち去ることができないという症状を呈し、しばらくするとただ少しの共感が欲しいだけなのに私が彼女の助けになりそうなことを何も言えないといって、私に罵詈雑言を浴びせるようになった。分析家の現実の状況に対するこのような否認は、それだけで精神病を強く示唆するものだった。それから、彼女がためらいがちにではあるが典型的な被害妄想を口にする時期がかなり続いた。ある程度は分析家の性質を現実的に認知できていることを示すいくつかの徴候の一つは、次のような事実に現れていた。つまり彼女は、私から奪った余

分な時間に対する支払いの一部として、私に小切手を渡すと何度も言い張ったのである。この段階では分析的な取り組みは不可能なことが判明した。彼女の行動はある程度、現実的不安に対する反応であった。われわれは合意のうえで昼食どきに分析時間を設定したが、そのせいで彼女の仕事のために使える貴重な時間は切りつめられることになった。結局は、彼女の自我が彼女の要求を実現することは不可能であることを認識せざるをえなかった——そして分析家はふさわしくない取り決めを結ぶことがありうると認識せざるをえなかった——そこで私は彼女に時間を与え、(彼女がいつもしていたように)遅く来ることも、終わりに余分の時間をもつこともできるようにした。するとＬの態度は変わりはじめた。庭で見かけた鳥たちに共感をよせるようになり、さらにはこれを媒介として、見捨てられていた父親に対して共感をよせるようになったのであるが、この父親は自殺を企て精神病院で死んだ人で、彼女を含めた家族全員からさげすまれていた人であったのだった。それからほどなくして彼女は彼のために共感して泣くことができるようになった……。

抑うつ的な患者の依存性に誘惑されることの危険が前もって強調されているのに、標準的な技法の修正が提唱されねばならないというのは矛盾しているように思われるかもしれない。しかし、分析のこの段階でこのようにして彼女の欲求を受け入れたことにより、かねてから動員されていた罪悪感と攻撃性が、投影されるかわりに認識されうるようになった。つまり、それは第一に彼女の現実的不安の重荷からくる崩壊を減じ、第二に、私が自分を絶対に正しいと思っているわけではなく、彼女の罵詈雑言にもかかわらず彼女の話にいつでも耳を傾ける用意があるということを示した。これらすべてのおかげで、父親の欲求に気づけなかったばかりに父親を殺してしまったという彼女のファンタジーを解釈する道が開けたのである。[72, pp.104-105]

私が精神病の患者に合わせて古典的技法を修正した、数年前の二つの小さな実例をお話ししましょう。あるセッションの終わりに、その患者は立ち去ることを拒みました。はじめ私はそのことで非常に腹を立てましたが、結局

その部屋をそのままにしておくことを承諾しました。そのときから私は、セッションが終わったあと彼女が私の部屋にとどまることを許すようになりました。よくよく考えてみると、毎週4回彼女に会ったあとすぐに自分の部屋が必要になることはないと気づいたので、私はその取り決めをそのまま有効の扱いとしておきました。約6カ月後、あいにく火曜日に彼女をセッションのあと部屋に居残らせていると不都合なことができてしまいました。その直後にセミナーがあったのです。そこで彼女に、よければ火曜日には帰ってもらえるかと頼んだところ、彼女は一言の不満もなしにそうすると承諾したのです。彼女が抗議していたのは、私の強迫的な自己愛以外に何の理由もなく、ステレオタイプ的な慣例に合わせるよう強いられることに対してだったのでした。

　治療のまた別の段階では、彼女はセッションで自分から話しはじめることを断固として拒否しました。同じように、しばらく考えたのちに私は、患者から話を始める必要があるという絶対的理由などないことに気づきましたので、たいてい私から話を始めるようになりました。この後者の点では患者が私を不必要な厳格さから自由にしてくれたわけで、そのことには今でも彼女に感謝しています。私が厳格さを緩めると、彼女自身の強力な固定観念を分析することが可能になりましたが、そうした固定観念はセッションの中できわめて明瞭に浮かび上がりました。以前には彼女は、クラウバーが述べているような仕方で、それを私の中にそっくり投影することができていたのです。

　フェレンツィは分析家が自らの自己愛を捨て去る必要性を繰り返し強調していますが、特に分析家の役割およびそれに付随する規則や手順に自己愛がしみついているときのその必要性を強調しています。対象関係性は適応を要求します。われわれは皆、愛の関係では絶え間ない適応の過程がなくてはならないことを知っています、なぜならそれなくしてはそこには利己心か自己愛しかありえないからです。自己愛が優勢なときは、対象を従わせコントロールしようとしがちですが、対象愛においてはそこに適応があります。フェレンツィは、古典的技法をこの対象関係性の要求の下位に置きました。私がお話ししてきたような類の事例、つまりクラウバーや私のような事例では、分析家は解釈だけでは十分でないと感じていたのでした。

　フロイトは、神経症は父親またはその他の近しい男性親族が患者を誘惑し

たことにより引き起こされるという自説を放棄したときに、幻想された願望が精神障害の源であるという真実にたどりつきました。子どもへの誘惑は現実に存在したという考え方はしばらくのあいだ放棄されていましたが、フェレンツィはこの考えをよみがえらせたのです。彼は、ヒステリー者の警戒および強迫神経症者の回避は彼らの幻想生活から説明できはするけれども、発達上異常な方向へと向かわせる最初の起動力はどんな場合でも現実の心的外傷と環境との葛藤から生じてきたものだと言いました。私自身、患者が母親あるいは父親を、とりわけ母親を支えなくてはならないと相応の理由があって感じている事例に、頻繁に遭遇してきました。

　フェレンツィはこの考え方を明確に述べてはいませんが、実際にわれわれは前性器期に現実的な外傷をこうむった多くの患者に出会います。フェレンツィはよそよそしく隔てのある態度の親から無意識的に与えられた外傷を強調しています。このことにもう少し深く入り込んでみると、親は子どもに対する近親姦的衝動をコントロールできないのでそれを扱うために情緒的に引きこもるしかないのだという感じを患者がもっていることに、私はしばしば気づいてきました。

　こういったことは特に親が——反対の性の親であるのが普通ですが常にそうとは限りません——、子どもに思春期が訪れたことにより不安になる場合に見られます。私は、父親がいかに自分と距離を取ってしまったかについて痛切に訴えていた女性患者を診ていたことがあります。当初は単に父親が関心をもっていないかのように思われましたが、しかしほどなく私はこの患者が私といて安心できていない様子なのに気づき、そこから類推して、彼女は性器期の水準で私からレイプされるのではないかと恐れているのだと考えました。その裏に私は、私から情緒的に襲撃されその結果統合を失ってしまうのではないかというひどい不安があるのを感じ取りました。問題は、分析状況というものが極度に親密な状況の一つであるにもかかわらず、同時に気持ちの性的な表現は許されない状況である点です。つまり、この点が子どもと親との状況をそっくり反復しているのです。もしも子どもであった患者に対してかつて実際に親から何らかの性的な接近があったのだとしたら、患者は分析家が専門的役割を悪用するのではないかと非常に不安になるでしょう。

　私は、セッション中私が動く音を聞くと恐慌状態に陥るある患者を診てい

ました。自分と距離を取ってしまった父親をもっていたその患者は、彼女の分析家である私が非常に距離を取っていると感じてもいました——そして同じ理由で、父親が距離を取ったのは自分のせいだとも感じていました。このためフェレンツィは、セッション中の疎遠な態度は非常にしばしば過去の外傷を再演するから患者にとって助けにならないと主張しました。「リラクセーションとネオカタルシスの原理」で彼はこう述べています。「分析家の側の厳格で冷ややかな超然とした態度は、患者には幼少期に大人の権威と苦闘したことの続きと体験され、現実の神経症の基礎を形作ったのと同じ反応を性格や症状の面で反復させることをわれわれは見いだした」[26, pp.117-118]。

　これは特に、故意に疎遠にふるまう分析家の態度を病気の中でそのまま写し出す強迫神経症者にあてはまると私は思います。そういう患者について、私はあるとき彼女が私を既婚と知っているにもかかわらず妻のことに一切触れもしなければ仄めかしもしないことに気づきました。彼女は私の態度や物腰から、妻のことに触れるのはもちろん妻の存在を知っていてはいけないことになっていると思った、と答えました。これは私には正当な指摘と思われました。第２講で引用したクラウバーの主張をもう一度引用させてください。

> 精神分析は外傷的な要素と治療的な要素の両方をもっている。その外傷的な性質を明白に示しているのは、それが現実からの逃避を常に誘発するという事実である。これが分析の最も劇的な特徴であり、われわれはこれを転移の発展であると説明する……まれでない例としては、分析の初期に性的な関係をもつようになり、結婚で分析を終える場合があるが、これは分析の終わりに抗する防衛——すなわちすべての段階で働く転移の強烈な威力に抗する防衛である。[75, p.112]

　この「外傷的な性質」を相殺するためにフェレンツィは温かく友好的な態度を勧め、患者を抱擁したりキスしたりすることすら勧めました。この最後の行動がフロイトを心配させました。というのも彼はキスから性交まではほんの一歩だと考え、精神分析が悪評を買う危険があるとも考えたからです。

　さらにクラウバーは、分析家は患者を脱外傷化することに本気で取り組まねばならないと信じました。

> 転移の突然かつ外傷的な発展が、患者と分析家のあいだに距離をつくり出す。患者は自分の思いどおりにふるまえないと感じるが、一方分析家は魔術的に優位な立場へともち上げられる。精神分析家の本質的技能は、患者にとっての分析家のイメージを形作るあふれ出る無意識の衝動を同定することを通じて、この距離を解消することにある……自然なやりとりは、部分的同一化の絶え間ない交換により、分析上の関係を人間的なものにする。分析家が衝動を受容して超自我の良い性質を強化するのと同じくらい、あるいはそれ以上に転移の外傷的性質に対する解毒剤となるのは、その関係に備わるこの人間的な性質なのである。[75, pp.114, 116]

　二つの特定の種類の外傷に、フェレンツィは特別な関心を寄せていました。彼は幼い子どもにみられる敏感さの段階を同定しましたが、その段階においては過剰な愛情が外傷を、すなわち自我が扱いえない氾濫(フラッディング)を生じうるのです。また外傷は、彼が言うところの「苦しみのテロリズム」によっても生じる可能性があります。この場合には母親は、自分の惨めさをことごとく訴えることにより子どもを自分に縛りつけ、子どもを母親代理に仕立ててしまうのです。このような患者は大人になっても転移のなかで分析家を守りその面倒を見ようと必死になるのです。

　これと深く関連するのは、子どもは家族内のあらゆる異常を修復しようとする強迫性をもつというフェレンツィの発想です。ハロルド・サールズ(Searles, H.)は「分析家にとっての治療者としての患者」[97]という論文の中で、身近な人びとに向けての最も激しい生得的な努力、これは生後数年早ければ数カ月の頃にはもう始まる努力ですが、それは本質的に精神療法的な努力なのだという仮説を提出しています。「苦しみのテロリズム」を経験したことのある患者ではそれは非常に強烈なものになり、そのため患者自身の発達がつぶされてしまうのです。(けれども分析の中で外傷が乗り越えられる場合にはそれが非常に急激なことがあるので、その効果はまるで奇跡のように思われるかもしれません。) サールズはまた、外傷は早熟をもたらすことがあるという興味深い指摘をしてもいます。私は患者やそれ以外の人も含めて成熟したように見える人たちに出会ってきましたが、この成熟は同一化を通じて生じた

ものであって個人的な体験を通じてのものではありませんでした。人生の経験を乗り越える中から生じる成熟と、子ども時代の一人ないし複数の人物との早熟な同一化とのあいだには、とてつもない違いがあります。この種の同一化が目立つ人では、たいてい自我が非常に未熟なものです。

　フェレンツィは、外傷には常に、人格の一部分を外傷前の状態まで退行させるような分裂が存在するとも述べています。ですからこのような患者にとっては、初めの外傷によって重すぎる影響を背負わされる以前の健全さに到達することがぜひとも必要であるように私には思われます。最後に、外傷の水準にまで達しなければ分析は完成しないと彼は言っています。ここには、この水準にまったく達しない分析というものが行われうるという含みがあります。それはベティ・ジョセフ（Joseph, B.）が次のように指摘している点でもあります。「正しい」解釈がなされ分析は続くかもしれないが、しかし最も深い水準には到達していない、と（私信）。

　分析状況と幼児期における初めの状況とのあいだには、はっきりとした違いがなければならないとフェレンツィは考えていました。両者のあいだにこのようなはっきりした違いがあって初めて、患者は外傷を繰り返すのでなくそれを思い出すように援助されえます。患者は初めのものとは違った経験をする必要があるのです。したがって彼は、古典的な精神分析において一般的に望ましいと考えられてきたよりも、より深く分析家が関与することを勧めています。その理由はこういうことです。あるショックを受けたとき、それに対する最初の反応として少なくとも現実からの離反を含む一過性の精神病が起こります。（実際こういったことが見いだされた場合には、そこに外傷が存在した可能性が疑えます。）この現実からの離反は非常に挑発的で、分析家もまた患者に背を向けたい気持ちにさせられてしまいます。しかし問題は、それが分析家に意識されてすらいないことがある点です。たとえば、分析家は患者Aに対しては温かく親身に感じないのに患者Bに対しては感じたり、あるいは患者Cに対してはいくらか偏見を抱いてしまいます。こういう場合、分析家は、患者の外傷の影響を受けているのです。外傷前の状態が得られるように、患者をリラックスさせるようなことを何かする必要があるとフェレンツィは言いました。彼は患者が自らの原初的な情緒や気持ちに没入する助けとなるような一種の一般的なリラクセーションを勧めましたが、そ

れは自由連想を可能にするより原始的な状態なのでした。この過程については講義の終盤でもう少しお話ししましょう。

　フェレンツィは、分析家に最も必要とされる資質の一つは機転(タクト)であると信じていましたが、これを彼は共感と血縁関係にあるものと考えていました。彼の論文「精神分析技法の柔軟性」は、ある特定の事項を患者に告げるべきかどうか、またもし告げるとしたらどんなかたちで告げるか、さらなる連想を待つべきかどうか、どんなときに黙っているべきか、それにどんな場合に沈黙が患者を無益に苦しめてしまうかといったことは、心理学的な機転の問題であるとしています。この点に関して彼はこのように述べています。

> 医師の教師じみた態度、さらには権威ぶった態度ほど、分析に有害なものはない。われわれが患者に告げることはどんなことでも、確信ある意見というかたちではなく試みの提案というかたちで患者に差し出されるべきである。これは患者をいらだたせないためというばかりでなく、われわれが間違っている可能性が常にあるためである。[25, p.94]

　彼は患者に対する態度として、自発的で自然な態度を勧めました。タビストック・クリニックの面接室前の廊下を歩いてゆくと、臨床家が同僚の訪問を待っているのでなく患者を待っている場合は通常すぐにそれと分かることに私は何度も驚かされてきました。治療者が患者を待っている場合には態度にある種の硬さがあるのです。フェレンツィも同じようなことを述べています。「自分のあやまちを率直に認めることを決して恥じてはならない」[25, p.95]と。同様に彼は専門家の偽善に対して警告を発しました。

　この論文で彼は特に、分析家が患者を好きになれない、そればかりか我慢ならないと感じているのに気づくような状況について述べています。患者に好意を抱き共感しているかのようなふりをするのは偽善的だと彼は考えました。こうした場合には正直になる道をとらねばならぬと信じたのです。彼は患者に自分がどう感じたか話すことにしたのでした。するとそれが患者を傷つけないばかりか、彼の予想に反して患者は非常に安心するということが分かったのです。このように告げたあと彼は患者に、こうした状況には探索してゆくべき意味があることを伝えたのでした。このような介入の結果、患者

は自由になりました。「医師と患者のあいだで何かが語られぬまま残されていた、偽りの何かが。そうしていわば、黙して語らぬ患者を自由にしたのは率直な議論であった」[28, p.159]。同様に、もし患者のふるまいが不快で挑発的であれば、それを指摘したうえでその意味を追究するほうがよかったのです。

　フェレンツィがこれらの論文を書いていた頃には、まず最初に教育分析を受けることが分析家のならいとなっていましたが、彼は分析家が自分自身をより深く探求してゆく必要性を繰り返し強調しました。「われわれが少しずつでも自分の人格に備わる弱点を考慮に入れるようになれば、完全な分析をほどこされる事例は増えることだろう」と。これと関連して彼は、ある種の患者たちが自分の分析家がもつ願望、傾向、気まぐれ、共感と反感に対して非常にとぎすまされた感受性をもっている一方で、分析家はこうしたものにまったく気づかない場合があることも認識していました。このような患者たちは「自分の分析家の内面で進行しつつある考えや情緒についての驚くべき、ほとんど千里眼のような認識力を示した」[25, p.161]。

　これは私にとってはかなり重要な点であり、このテーマについて論文を一本書きました[103]。その中で私は、分析家の中で起こっている情緒的変化は患者によって無意識的に感づかれており、もしそれが以前抱いていた考えから分析家が内的に自由になることを可能にした変化であれば、患者も発達的変化を遂げると主張しています。患者ばかりでなく分析家の中にもまた、しばしば抵抗があるとフェレンツィは述べ、そうして自分自身の分析は分析家自身のそれより遠い目標であると悟ったとき、それは患者にとってのひどい──時に抑うつや服従にまで至るような──欲求不満の源となりうる、と述べています。

　すでにお話ししたようにフェレンツィは、癒しを見いだすためには退行し自由連想によるコミュニケーションを超えた状態に入るのが必要な患者もいると知っていました。自由連想という技法はあまりにも意識的な思考の選択であると考え、彼はより深いリラクセーションを勧め、患者の中で自然に生じてくる印象、傾向および情緒に完全に身をゆだねることを勧めました。患者はもっとトランス的な状態に入る必要があったのです。分析における退行という非常に重要な主題についてはマイケル・バリントのところでもう一度触れますから、ここでこれ以上論じることはしないでおきます。が、このこ

とだけ申し上げておきましょう。分析家と患者のあいだに自然なラポールが育つときには患者と「遊んでいる」ような感じがすることにフェレンツィは気づきました。私にも自分が分析を受けていたあるとき、私の分析家が歌を歌ってくれた覚えがあります。

フェレンツィは個人の自由選択というものを大変に尊重していました。彼は、もしも患者が精神分析を疑わしく思い他の治療法がないか迷っていたら、もう一つの治療法をまず試させよと言いました。

> その他の事例では、われわれのところに来る前にそういうずっと見込みのある治療法のうちの一つを試してはどうかと提案してもよい。けれども、われわれの治療法や理論を信じていないというような、通常患者から出される異論を受け流すわけにはいかない。われわれの技法はそのような分にすぎた自信をもつ資格があるなどと事前に主張したりはしない、また、われわれの治療法を経験してわれわれを信じる理由ができたときだけわれわれを信ずればよい、そう彼らに最初に説明しておかねばならない。[25, p.91]

私自身の考えでは、あなたには精神分析が必要ですと患者に告げることはいかなる場合にも誤りです。そんな判断をするなどということは、実に神様じみています。ある人に精神分析が必要だと、どうして分かるのでしょう？ なぜある人の人生が精神分析の埒外であるのか、どうしたら分かるのでしょうか？ あるいは、この人には精神分析が役に立つだろうなどと、どうして分かるでしょう？ けれどもこれだけは確かです。もし患者に向かってあなたには分析が必要だと言ったとしたら、十中八九患者は、たとえ表に出さなくとも内心憤慨するでしょう。たとえばあるとき私のところに紹介されてきた患者は、分析を受けに行かないと実りのない中年期や、惨めなあるいは悲劇的な老年期を迎えることになるだろうと告げられてきたのでした。私は彼女と定期的に面接しはじめましたが、彼女は私の支配欲の強さ（こんな権威をかさに着た発言をしたのは私ではなかったのですが）と精神分析を受けるようにという私の要求に対して憤慨するあまりに治療をやめたいと言い、それから１カ月に１度にできないかと尋ねましたので、私はこれを承諾しまし

た。しばらくしてから彼女は週1回来てよいかと尋ね、最終的にはもっと頻回に来るようになりました。

　また別のときには、ある患者が似たような説教をされて私のところに送られてきましたが、彼女はしばらくすると完全にやめてしまいました。けれども2年後に戻ってきたのです——今度は自分から進んで。どちらの場合にも、女性たちが主観的に必要を感じて来るようになるやいなや、治療は飛躍的に進みました。さらにある種の患者たちにはこれまで達成してきたことを総括してもらい、しかるのちこれからも続けていきたいかどうか、また他にどんな目標を立てるかを自分自身で決めてもらうことが役に立った経験が私には何度もありました。

　フェレンツィに戻りましょう。これまで引いてきた論文を書くようになるまで、フェレンツィは精神分析を理想化していませんでした。患者の分析家に対する陰性感情とともに、精神分析に向けられた陰性感情をも解釈する必要があると認識していました。たとえば彼は自由連想を、分析が終わるまで達成されえない理想であると考えていました。

> 患者は自らのプライドや、ある種の事実や気持ちを打ち明けることにより分析家の友情を失ってしまう恐れに惑わされて、常にいかなる例外もなく、時折事実を隠蔽したり歪曲したりする。この種の観察から私は、すべての患者にはじめから完全無欠の自由連想を要求することは、いわば分析が終わって初めて達成されうる理想と同じことだと確信するようになった。[24, p.79]

　患者は当然そうできるはずだという考えが伝わると、その患者は自分を役立たずであるかのように感じます。クラウバーはここでもフェレンツィにならってこう述べています。

> 一つ確かなことがある。自分の分析家に何でも話す、あるいは何でも話せる患者などいない。たとえ意識の上で自分に起こったことに関してでもである。どんな患者も自分の秘密を守るが、これは自分の人生のある部分は分析されないままで残しておきたいという欲望や、自分の最も奥

深くにある恐怖を抱えられる力が自分にはあると確信したい欲望からのこともあるし、あるいは分析家を傷つけることを極度に恐れるせいであることもある。けれども動機が何であれ、それは秘められた領域が少なからずあることを意味している。[73, p.33]

　もしもわれわれが自分自身何ができるかを承知しており、自分に対して正直であるならば、自分の患者を絶望させるような類の重荷を押しつけはしないでしょう。フェレンツィは患者たちを、分析家の言葉や態度から自由になるように励まそうとしました。分析について彼は、おおむね次のように言っていました。「［フロイトの］弟子であるわれわれは……フロイトの最新の主張にあまりにも文字どおりに固執しがちであり、最も新しく発見されたことが唯一の真実だと公言しがちであり、そうして何度もあやまちに陥りがちである」[26, p.108]。彼はまた、自分で刻苦精励して知識を獲得するかわりに知識を他者から伝授してもらうことが、はたして分析家にとってどれほど有益か疑念を抱いていました。「われわれより若い同僚たちが、先の世代が苦闘の末獲得したものを手に入れるその容易さを自分が羨んでいるのかどうか、私には本当に分からない。伝統を受け継ぐということは出来合いのものを受け継ぐことであり、それがどんなに価値あるものであっても、自分で何かを成し遂げることほどよいことではないと時には思う」[26, p.111]。この点で彼にならったのがビオンですが、ビオンも同様の点を何度も繰り返し強調しました。

　ですから要約するとフェレンツィは、分析家に忍耐、謙虚さそして自己理解を目指して懸命に努力するよう勧めたのでした。こういった資質は皆技法を超えたものであり、教えるということができません。どうやったら身につくのか私にも分かりません。皆さんには分かるでしょうか？

訳注
1　以下に邦訳あり。
　『フロイトと後継者たち』下巻、ポール・ローゼン著、岸田秀・富田達彦・高橋健次共訳、誠信書房、p.111、1988

19
フロイトとユングのあいだの友情の断絶

<small>フロイトの同時代人たち</small>

　今回の講義ではフロイトとユング (Jung, C. G.) のあいだの個人的な断絶についてお話しすることにしましたが、これはユングの理論のいくつかの側面とその一般的アプローチを概観する予定の、次回の講義への文脈を提供するためです。こうした分裂は精神分析を初期の頃から悩ませつづけてきたのですが、思うにその最も不幸な結果とは、優れた豊かな洞察がそれを生みだした人物とともに失われてしまうことでしょう。その都度偉大な人物が一人また一人と正統性の中心から消えるのですが、これはわれわれの非常に重要な財産が目減りし、われわれの理解が貧しくなることであると私は思います。

　フロイトと仲違いする前のユングは長年献身的な友人かつ信奉者であったと考えるのは大きな誤りでしょう。ユングは32歳のとき初めてフロイトに会い、6年後に最終的に彼と別れています。フロイトと会った頃までに彼の職業的、学術的態度はすでに十分形作られていました。フロイトの革命的な洞察は彼にとって啓示のように感じられたものの、初めて会った頃からユングは秘めた部分をもっていて、これは近しい親交のあいだもずっと続いていたのです。

　その親交は情熱的な関係でしたが、その始まりも終わりも、突然かつ強烈なものでした。1907年3月ウィーンのフロイト邸で初めて出会ったとき、二人は朝の10時から始まって実に夜の11時まで、13時間ほとんどぶっ通しで話しつづけました。この瞬間からフロイトはユングを、あたかも異邦人に教え

をもたらすであろう聖パウロのような、自分の後継者と見なすようになりました。ユングがユダヤ人でないことがフロイトにとっては重要だったのです。つまりフロイト自身の劣等感は彼がユダヤ人であることと密接に絡み合っていたので、ユングを自らの疎外感を補ってくれる、ひいては精神分析をゲットーから救い出してくれる人物と見なしたのでした。

　カール・グスタフ・ユングはスイスのツルガウという小村で生まれ、4歳でクライン・ヒューニンゲンという小さな農村に移り住みました。ここは当時ライン川河岸近くの田舎でしたが、今日では工業化したバーゼル郊外の町となっています。彼の父親はプロテスタントの牧師で、多くの英国国教会の聖職者と同じように非常に貧しかったものの、もともと貴族の所有であった庭や畜舎つきの大きな家に住んでいました。彼は子どもの頃には父親による教育を受けていました。11歳でバーゼルのギムナジウムに入学し、数学を除くあらゆる科目でよい成績をとりました。『ユング自伝――思い出・夢・思想*1』の中でユングは、自分には数学はまったく理解不能だったので先生が黒板に書くさまざまな代数式を視覚的に覚えることでようやく切り抜けたと言っています。

　ユングの子ども時代の重要な経験が二つあります。彼は12歳の頃から失神発作を起こすようになり、無気力な状態でさまよい歩きました。両親は彼をいろいろな医者に診せました。ある医者はてんかんだろうと考え、またある医者はそれをどう理解してよいか分からず困って頭をかきました。誰が何をしても彼に集中力を取り戻させることはできませんでしたが、ある日彼の父親を一人の友人が訪ねて来ました。二人が庭に座って話していたところ、幼いカールは茂みの陰に隠れて二人の会話を盗み聞きました。客がユング牧師に息子の具合を尋ねると、彼はどうすればよいのか分からないのだと答えました。自分には金がないし、もしもカールが専念して働くことができなかったら哀れなあの子はどうなるか分からないのです、と。

　幼い盗聴者は仰天してすぐに行動を起こしました。書斎にすっ飛んでゆきラテン語に取り組みはじめたのです。およそ15分後、失神発作が彼を襲いました。彼は負けるものかと自分に言い聞かせました。1時間後また別の失神発作にとらわれそうになりましたが、今度も屈することを拒み、同様にして3回目がその1時間後に来ました。それ以降、失神発作を起こすことは一度

もなくなりました。このときから健康なよい生徒となったのです。彼は自伝で、自分はこのときに神経症とはどういうものかを知ったと述べており、また実利的現実の要求に対して個人が勇敢に立ち向かう必要性について、生涯にわたって影響を受けたとも言っています。「創造の病」の期間も彼は自分自身に対してこうした態度をとり、のちには患者たちに対してもこの態度を採用したのです。

　もう一つの経験はより内面的なものでした。自分自身が二人の人物に分かれていると経験するようになったのです。学校に行って勉強している人物と、もう一人の広範な知識を備えた18世紀に生きている非常に優れた人物です。こちらは、実利的な男子生徒からは独立してものごとを経験しているらしい「別の」人でした。彼はこの18世紀の自己において、原始人の先史時代またさらにそれ以前へと何百年もさかのぼり広がっている深い海の水面を、初めて心理的に味わったのでした。人類の壮大なイデオロギー的および宗教的展開を支配しているパターン化されたイメージを伴った、あの深遠な力をです。のちのユングはこれらを元型と呼ぶようになりました。

　ユングはこのようにごく幼少期から真に宗教的であり、彼のこの信仰は個人的な経験から生じてきたものでした。実際に、彼から見ると公認されたキリスト教の教義をただ伝えているだけに見えた父親と対立することになったのですが、ここで彼の経験についてお話ししておくことには価値があるでしょう。彼はある考えが意識に向かって突き進んでくるのを感じ、それを懸命に押し返そうとしましたが、とうとう勇気を出してそれに身をまかせました。そして、神が世界のはるか高みで黄金の玉座に座っているのを見ました──そうしてその玉座の下からはおびただしい量の糞便が、きらきら輝く教会の真新しい屋根の上へと落下してそれを粉々にし、壁をばらばらに砕いていたのです。

　すると彼ははかりしれぬ安らぎを感じ、神と自由をともにしていることを経験しました。自分が人間的な神と互いに対話していることを感じました。教会が破砕されることは、教会のあらゆる儀式と教義がその処罰的態度もろとも破砕されることでした。このときから、彼にはあらゆる儀式と教義が無意味なものと思われるようになりました──患者との真の出会いとはまったく無関係な、抽象的な分析理論と同じようにです。彼は真の神との生きた個

人的な出会いを感じました。こうした意味でユングは生涯にわたって宗教的でありつづけたのであり、またそのことがフロイトとの関係における深刻な対立のもととなったのです。

　この出来事についての彼の記述の中にはもう一つ、注目に値する重要な点があります。彼は自分の意識的自己に向かって突き進んでこようとする、ある考えについて語っています。その考えは、安住の場を与えてくれるような自己を探しているのです。のちに彼は、それ自体が生命をもっているような考えというものについて語っています。

　　彼（人格化された内的人物像）が言ったことには、私はあたかも自分で考えを生みだしたかのように思いこんでいるが、しかし彼の意見では考えというものは、森の中の動物や、部屋の中にいる人や、空を飛ぶ鳥のようなものであるという。彼は付け加えた、「もし部屋の中に人びとがいるのを見たとしても、あなたはその人たちを自分がつくり出したのだとか、彼らの原因は自分であるなどと考えはしないでしょう」。

　このいくぶん奇妙な理論はビオンにも共有されていた理論ですが、この連続講義の最後に再び取り上げられるでしょう。今回のところは皆さんの注意を促すにとどめ、このことについて皆さんで考えてみていただきたいと思います。考えというものは自己によって創造されるものではなく、それを考えるに耐えうる人格の中に住みかを見いだすものなのです。

　バーゼルのギムナジウムで過ごしていた期間、ユングは19世紀の哲学者たち、とりわけショーペンハウアーとニーチェに夢中になりました。ユングはある課題が自分の感情状態に共鳴するとそれに夢中になりましたが、このことは注目に値します。晩年彼は神話学の書物や錬金術にも夢中になりました。この哲学的態度は、哲学を避けそれに常に懐疑的だったフロイトの態度とは対照的でした。

　学校を終えると彼は医学を学ぶことを決意し、父親は彼にバーゼル大学での自由な環境を確保してくれました。彼は5年で医学を修了しましたが、そのあいだにもまだ哲学や心理学の著作にますます没頭しました。彼はメスメルに大変興味をもち、（フロイトと同じように）ゲーテは彼の英雄の一人で

あり、またニーチェの『ツァラトゥストラはかく語りき』に深い感銘を受けました。心霊術や超心理学に関する本もできる限り読みました。

　医学を修了したとき、彼は精神医学を専攻することを決意しましたが、これにはクラフト-エービングの精神医学の教科書を読んだことからくる影響もありました。ユングは、精神医学は自分にとっては新たなインスピレーションであったが、実は祖父も精神遅滞の子どもに深い興味を抱いていた、父親も精神病院の施設付き牧師であったから、そういう影響もあったかもしれないと述べています。

　専攻を決めると、彼はチューリヒの有名なブルクヘルツリ精神病院のポストを志願しました。この病院の施設長はかの有名なオイゲン・ブロイラー (Bleuler, E.)、つまりあのよく知られた病気の実体に「統合失調症(シゾフレニー)」という名を与え、このテーマに関する貴重な論文を何本か書いた人物でした。彼は精神医学への非常に優れた入門書も書いていました。ブロイラーは勤勉で思いやりのある人で、彼の統合失調症の患者たちに目覚ましい治療効果をもたらしました。朝の８時から夜10時まで働き、常に患者たちと直接接触をもっていました。朝８時に医師たちに顔を合わせるときには、彼らがすでに病棟回診をすませて彼に報告できるように要求しました。ですからユングが自伝の中でブロイラーについてまったく触れておらず、実際「精神を患った患者の心理学はまったく何の役割も果たしていなかった」としか述べていないのは奇妙なことです。エレンベルガーが言うように、この主張はブロイラーと接触したことのある他のあらゆる人びとによって否定されています。おそらくは自分自身の父親を筆頭として、ユングには自分に発達上の影響をもたらした人びとを認めることが困難だったのだという結論を下さざるをえません。

　ユングはブルクヘルツリで1900年から1909年までの９年間働き、その間に精神病患者について莫大な経験を得ました。重篤な患者についての経験は、実際フロイトのそれよりもはるかに豊富なものでした。彼らを非常に注意深く研究し、同時に精神医学、特に患者の精神内界に関する文献を幅広く読書しました。彼がこの時期精神病者の幻覚や妄想の意味を理解しようと格闘し、そうしてその表現のなかに宗教的イメージが頻回に現れることに気づいたことは間違いありません。彼はこのイメージの多くが内的状態を象徴し意味をもっていることを悟りました。

言語連想検査の実験を始めたのはこの頃です。患者に100の連想語を提示してそれに対して即座の連想を求めました。反応時間が測定され、報告され発声された言葉が比較されました。これを繰り返すことにより彼は平均的な反応のパターンを確立し、そこに逸脱が見られるときには無意識の要素が介入していることを知ったのでした。

　初めてフロイトの『夢判断』を読んだのもこの頃でした。初めて読んだときにはちゃんと理解することができませんでしたが、しばらくたって２度目に読んだときにはひどく驚きました。書簡のやりとりのあと、ついに初めての出会いが実現し、すぐに固い友情が結ばれました。講義のはじめで申し上げたように、フロイトはユングを自分の後継者にすると決め、こうしてユングはほどなく設立間もない国際精神分析学会の会長となりました。

　フロイトは、すでに刊行されている二人のあいだに交わされた書簡にあるものを除いては、彼とユングのあいだの断絶について文書上の記録を一切残しませんでしたが、彼らの断絶についてはユングの視点からより多くのことが分かります。ユングは自らの自伝の「ジグムント・フロイト」と題された章で、フロイトが性愛の教義を作り上げたと述べています。ユングは、フロイトが性愛は「悪意ある悪口の風潮とオカルティズムに対抗する防波堤」だと言って、自分の性愛理論についてどんな疑念も決してもたぬようユングに懇願したときのことを書いています。ユングはフロイトがまるで息子に「わが息子よ、決して信仰を捨てず毎週日曜日には必ず教会に通うと私に約束しておくれ」と言っている牧師のようだと感じました。フロイトはいかなる超自然的なものも毛嫌いしていたが、にもかかわらず彼が拒絶していた宗教的教義と同じくらい厳格な新しい教義を彼自身の手でつくり出してしまった、とユングは述べています。

　ある特定の価値観や考えを激しく拒絶している人は、見せかけの覆いをかぶっているかもしれないがその下で密かにそれを信奉しているというのは確かに本当です。たとえばアメリカの心理学者J. B. ワトソン（Watson, J. B.）は、彼の受けたバプテスト派の教育を激しく拒絶しましたが、しかし成人してからそれを彼が行動主義と名付けた新しい教義で置き換えたのでした。ユングは、もしわれわれが全人的で健康な人間であろうとするならば、自分たちの背景をその価値観と態度とともに認め、折り合いをつけ、それといわば友好

フロイトとユングのあいだの友情の断絶

的な間柄でいなければならないと常に信じていました。

　たとえば、私はそれぞれ労働者階級、中流階級、上流階級を背景とする患者たちで、その各人が皆それぞれの仕方で自分のルーツを憎しみをもって拒絶してきたような患者たちにめぐり逢ってきました。実際彼らは、自らの出自と好意的関係を結べるようになったときに初めて、彼らが新しく支持するようになったグループに対して真に共感的になったのです。実のところ私は、それが階級であれ国籍であれ宗教的な価値体系であれ、自らの背景を拒絶してきたような人をいつも疑っています。人は自らが背景とする内的人物像および外的人物像と好意的な対話ができるようになって初めて、内的な自由をもって本当に進んでゆくことができるのです。ユングはこのことを何度も繰り返し強調しました。

　フロイトはこの点に欠けているとユングは感じ、また彼が性愛を独断的に主張するのは力の欲動のためだと考えました。フロイトは自分自身を新しいイデオロギーの開祖と見なし、弟子たちが皆そのイデオロギーに賛同し疑義を差し挟まない限り彼らを支配できると考えているとユングは思ったのです。ユングによると断絶が内的に訪れたのは、1909年彼らがアメリカに向かう船の中で、フロイトが見たある夢の分析をユングが手伝ったときでした。ユングはある程度まで分析を進めたところでフロイトに、さらにもう少し連想してもらえないかと頼みました。するとフロイトはこれ以上のことを明かしたら自分の権威が危うくなってしまうと答えたのです。ユングはぞっとして、自分がフロイトを信奉しつづけることはできないと知りました。なぜなら「フロイトは個人的権威を真理よりも上に位置づけていた」[69, p.154 *2]からです。

　ユングはまたフロイトの苦しみについて何度も深く考えましたが、これをフロイトがヌミノース的体験によってバランスを失ってしまったことに起因すると考えました。ユングがこれをどういう意味で言っているのか、説明を試みてみましょう。彼は「ヌミノース」という言葉を、ルードルフ・オットーの『聖なるもの』[88* *3]から取っています。ヌミノースとはそれとの関わりにおいて、人間の心全体が畏怖の中で立ちすくむような内的および外的体験です。ユングはこう言っています。

　　ヌミノース的体験によって心が激しく揺り動かされているときにはいつ

でも、危機一髪の状態に陥る危険がある。もしもそんなことが起こったら、ある人は絶対的肯定へと落ち込んでゆくだろうし、またある人は同等の絶対的否定へと落ち込むことになるだろう……
　ヌミノースは人を極端におびきよせるがゆえに危険であり、そのため些細な事実が本当の真理と見なされ、小さな誤りが致命的な誤りと同等視されるのである。[69, p.151 *4]

　ユングは、人間は元型の一つから生じてくる強力な情緒的力によってバランスを失うものと考え、こうしたことがニーチェに起こり、そしてそれほどではない程度にだがフロイトにも起こったのだと考えました。フロイトはエロスと力によってバランスを失ったのです。ユングは、究極的にはこれらはそれぞれ独自の実体ではなく同じ父親をもつ息子たち、あるいは一つの促進力の産物であると考え、またフロイトの性および近親姦に対する関心は具象的にすぎると考えました。ユングは近親姦には宗教的側面があると信じ、また性については「個人的な重要性や生物学的機能を超えた、その霊的な側面およびそのヌミノース的意味を探究すること」が必要であると信じました。ユングによれば、性愛は地下に住む霊（スピリット）──神のイメージの暗い面──の表現なのです。

　フロイトはユングが自分に対して死の願望を抱いているという考えに悩まされており、これと関連して失神発作を起こしたことが２回あったとユングは言います。１回目は1909年ブレーメンにおいてであり、フロイトとフェレンツィとユングがアメリカに向かって船出する直前のことでした。２回目は1912年、ミュンヘンで行われた精神分析学会においてでした。どちらのときにもユングがそこに居あわせ、どちらのときにも死体、死および父親の名声の抹消についての言及があったのでした。

　ベッテルハイムはこれらの発作についてもう一つ別の解釈を与えていますが、これには若干の考察が加えられる必要があると思います。このことを説明するためには、ここで手短にザビーナ・シュピールラインについてお話ししておかねばなりませんが、彼女については1984年に１冊の本が出版されています。[15, 1984 *5] ロシア人ザビーナ・シュピールラインはブルクヘルツリに入院中の患者でしたが、ユングが彼女に出会ったとき彼女は精神病状態にありました。

彼は彼女を治療し何とか健康にすることができましたが、しかし同時に彼女との性的な関係に巻き込まれてしまったのです。われわれは、ザビーナ・シュピールラインに対してユングがなした肯定的なことがらも考慮に入れなければなりません。つまり彼は実際に彼女の重篤な病気を治し、また医学を学ぶようにも励ましたらしく、彼女はそうしています。のちに彼女は分析家となりジュネーブで開業しました（ピアジェは彼女から分析を受けています）。しかしザビーナがユングを一途に愛しはじめ彼の子どもを望むようになったとき、ユングは恐ろしくなり手を引いたことは確かなようです。

　彼女についての本の序文でベッテルハイムは、ユングについてかなり厳しいことを言っています。ユングの妻がザビーナ・シュピールラインの母親に手紙を書き、今度はその母親がユングに、娘を誘惑するのをやめるよう、またユングが成したよい仕事を帳消しにしないよう頼む手紙を書いてきたようです。ユングはその返事に、自分は報酬を受け取っていないので、ザビーナを専門家としての態度で遇する義務はないはずだと書きました。この驚くべき発言はおそらく狼狽してなされたものであり、ユングはザビーナという厄介な代物をあわてて放り出したに違いありません。ザビーナの母親はこの問題をオイゲン・ブロイラーのところに持ち込むと脅していたのであり、ベッテルハイムはユングが解雇を先んじて回避するためにこのときブルクヘルツリを辞めたのだと示唆しています。ブルクヘルツリから解雇されたとしたら、それは職業上の不名誉になったでしょう。

　ザビーナがフロイトに手紙を書いたのもこの同じ時期でしたが、フロイトは初め彼女に会おうとしませんでした。ユングは手紙の中でフロイトに、不埒な行為をしたと告白しています。彼はザビーナの母親に自分はあなたの娘の誘惑者ではないという手紙を書き送ったことを認めています。ベッテルハイムはこのことを、ザビーナの気持ちを考えるよりユングは自分が無事に逃れることに懸命だったのだと推測しています。フロイトは最終的にシュピールラインに会いましたから、初めて失神発作を起こしたときまでに、ユングが自分に信頼を寄せた女性にどんなにひどい扱いをしていたかをすでに知っていたでしょう。ベッテルハイムはこれがフロイトの失神発作の理由であると示唆しています――それは、ユングに国際的な運動の指導者になって欲しいと望んでいるときにユングを罵倒するようなことは避けようとする、彼の

努力から生じた、と。ミュンヘンで起こった2回目の発作についてはフロイトは、ユングに向けられた抑圧された諸感情が主要な役割を果たしたと認めました。それらがおそらく1回目の失神発作でもきわめて大きな役割を果たしたであろうと推察するのが妥当でしょう。

　ユングは1903年にエンマ・ラウシェンベルグと結婚し、その後数年間で5人の子どもをもうけました。彼女は裕福な女性でしたから、結婚したときからユングはもう経済的な心配に悩まされることはなくなりました。彼は他にもいく人かとの不倫関係をもっていた様子で、フロイトに宛てた何通かの手紙の一通で次のように述べています。「よい結婚に欠くことのできないものは、不倫をする自由であるように私には思われます」[14, p.130に引用あり]。彼が最も長い不倫関係をもっていた相手の一人はアントニア・ウォルフでした。彼女は精神分析家となりユングに匹敵する知性を備えた非常に知的な女性でしたが、エンマは違いました。エンマはこの関係について非常に悩んでいたときフロイトに相談し、二人は彼女の置かれている窮境について手紙でやりとりしました。ユングがこの文通について知ったのは、ある日フロイトの筆跡で彼女に宛てられた封筒を見たためでした。

　この二人のあいだには、二つの動きが進行していたように思われます。フロイトの中で膨らんでいたユングへの不信感、それはすなわち患者や妻に対する彼の個人としてのふるまい方に関する不信感と、彼の理論に関する不信感の両方です。それからユングの中で膨らんでいたフロイトに対する憤りですが、フロイトは押しが強く口出ししすぎるとユングは感じていたのです。エンマ・ユングにはこの二人に断絶が訪れつつあるのが見てとれていたので、フロイトに警告を発しようとしました。最初に私的な断絶が訪れ、それからしばらくのあいだ二人は専門家としての関係を維持しようと試みましたが、しかし1914年、ついにユングは国際精神分析学会会長を辞任し、代わりにアブラハムが任命されました。

　冒頭で申し上げたように、ユングはフロイトとは非常に違った人間でした。背景が違い、知性の成り立ちが違い、個人的な価値観もまったく違いました。理論の上ではユングはフロイトのリビドー理論を拒絶しました。フロイトが思春期に性愛の再発生が起こると考えた一方で、ユングはそれがその時期に初めて現れると考えました。また彼はリビドーを、思春期にその流れのうち

に性的な色づけを与えられる一般的なエネルギーであるとも考えました。またユングは、フロイトの体系からは宗教的な次元が神話学や元型や象徴とともに不合理にも切り捨てられてしまっているとも思いました。けれども私が思うに、二人のあいだには膨大な未解決の転移が存在し、また講義の冒頭で申し上げたように、これらの転移は彼らの関係が始まったまさにそのときに動き出していたことは明らかでしょう。断絶の訪れは、両者に苦しみをもたらしました。また両者について明らかなのは、二人が自分たちのあいだの違いを否認しようとしたことです。二人とも奥深くで感じていた反感を抑え否認しようと努めましたが、最後にはそれが表面化してしまったのです。

訳注
1 以下に邦訳あり。
『ユング自伝——思い出・夢・思想』1・2、カール・グスタフ・ユング著、アニエラ・ヤッフェ編、河合隼雄・藤縄昭・出井淑子訳、みすず書房、1972・1973
2 1に同じ。
3 以下に邦訳あり。
『聖なるもの』〈文庫〉ルードルフ・オットー著、山谷省吾訳、岩波書店、1968
『聖なるもの』ルードルフ・オットー著、華園聰麿訳、創元社、2005
4 1に同じ。
5 以下に邦訳あり。
『秘密のシンメトリー——ユング／シュピールライン／フロイト』アルド・カロテヌート著、入江良平・村本詔司・小川捷之共訳、みすず書房、1991

20
ユングの理論

　ユングの無意識の概念はフロイトのそれよりもはるかに豊かなものですが、その理由はそれが何世紀にもわたって人間の動機を支えてきた深い欲望や熱望を含みこんでいるからです。彼はこれを「集合的無意識」と呼んで「個人的無意識」と区別し、個人的無意識にある思考や感情はその下の集合的無意識にまで広がっているという見解をもっていました。今日でこそわれわれは、自己の部分というものについてそれがあたかも別個の人格として存在するかのように語ることに――もしくは対象関係論の言葉で自我の分裂排除された部分とともに対象の分裂排除された部分について語ることに――慣れきっていますが、ユングはこの現象を初めて明確に描写した分析家の一人でした。彼はこうした部分のことを「コンプレックス」と呼んだのですが、彼がこれについてどう言っているか、少し長くなりますが引用してみましょう。

　コンプレックスは複数の連想からなる塊――多少とも入り組んだ、心のありのままの姿を写した１枚の写真のようなもの――であり、それはあるときには外傷的性質をもち、またあるときには非常に苦痛かつ強烈な色づけを伴う性質をもつものです。強烈な色づけをもつものは、どれもかなり扱いが難しいものです。たとえばもしあることが私にとって非常に重要であれば、それをしようとすると私は躊躇しだし、難しい質問をされるとその問題が重要で長い反応時間がかかるために即座には答えら

れない様子がおそらく観察されるでしょう。私は口ごもりはじめ、私の記憶は必要な素材を供給しません。このような乱れはコンプレックスによる乱れです——たとえ私の言うことが私の個人的コンプレックスからくるものでないとしてもです。これはまったく重要なことがらであり、そうして強烈な情緒的色づけをもつものはどんなものでも扱いが困難です。というのもそうした内容は、心臓の作用や、血管の緊張や、消化管の調子や、呼吸やそれに皮膚の神経支配などと関連した心理学的反応と、何らかの結びつきがあるからです。そこに強い緊張があるときにはいつでも、特定のコンプレックスがそれ自身の身体をもち、それがある程度私の体の中に位置づけられていて、それが身体を扱いにくくしているかのようですが、これは私の身体を刺激している何ものかが私の体の中に根をもち私の神経を引っぱりはじめているためにそれを簡単に排除することができないせいです。ほとんど緊張や情緒的価値をもたないものは、根がないために簡単に払いのけることができます。粘着性はなく、しつこくまとわりつくこともありません。

さて皆さん、そこから非常に重要なことへと導かれます——ある緊張やエネルギーを備えたコンプレックスというものは、それ自身が小さな人格を形成する傾向をもっているという事実です。それは一種の身体をもち、それ自身の生理機能をある程度もっています。胃の調子を悪くすることもできます。呼吸を乱したり、心臓を狂わせたりもします——端的に言えばそれは部分的な人格のようにふるまうのです。たとえば、あなたが何か言ったり行ったりしようとするときに不幸にもコンプレックスがこの意図を妨害すると、あなたは意図したのとは違うことを言ったり行ったりします。あなたはまさに妨害されるのであり、あなたの最善の意図はコンプレックスによってひっくり返されるわけですが、これはちょうど、あたかもある人間や外的な環境によって妨害されたかのようです。こういった条件下では本当に、あたかもある程度の意志の力を特徴としてもつかのようにふるまうことがコンプレックスの性向であると言いたくなります。意志の力というと、自ずから自我が問題になってきます。それでは、コンプレックスの意志の力に属している自我はどこにあ

るのでしょうか？　われわれ自身の自我コンプレックスから分かりますが、これは身体を完全に所有していると考えられています。これは事実ではありませんが、仮にそれを身体の完全なる所有の中心であり、そこにはわれわれが自我と呼ぶ焦点が存在し、そうして自我は意志をもちその構成要素でもって何かを行うことができると考えてみましょう。自我は強烈な色づけを伴う内容群が塊になったものでもありますから、原則的には自我コンプレックスと他のいかなるコンプレックスのあいだにも違いはないことになります。

コンプレックスはある種の意志の力、一種の自我をもっているため、統合失調症の状態ではそれらが意識のコントロールから解放される結果、見えたり聞こえたりするようになります。それらは幻覚として現れ、現実の人びとのような声で話します。このコンプレックスの人格化は、それ自体必ずしも病的な状態ではありません……

これはすべて、いわゆる意識の単一性というものは幻想であるという事実から説明されます。それは実際には願望夢なのです。われわれは自分たちを単一であると考えたがります。けれどもそうではありません、絶対に違うのです。われわれは自分たちの意志の力や自分たちのエネルギーや自分たちがなし得ることを信じたがります。けれども本当の土壇場にくるとわれわれは、自分たちにはある程度までしかできないことに気づきます。というのもあのコンプレックスという小悪魔たちによって妨害されるからです。コンプレックスは、ひとりでに動きわれわれの意図とは離れてそれ自体の生命を生きる傾向をもつ、自律的な連想群なのです。
[68, pp.71-73]

　コンプレックスは個人の無意識から主に生じてくるものの、その下の集合的無意識にまで広がっておりそこから力を引き出しています。そこでここからは集合的無意識に目を転じていきたいと思います。
　すべての人間は共通した心的な基層をもっており、これは受け継がれます。ユングは彼のこの理論はフロイトのものと原則的に違わないことを指摘しま

した。なぜならフロイトは、われわれはあらゆる人間共有の本能的蓄積を継承すると信じていたからです。違いはユングが本能的蓄積はさまざまな象徴的イメージのかたちをとると考えていたところにあります。けれどもこの点ですら、フロイトとの違いはさほど大きくはありません。というのも、われわれは欲動をその代理物を通じて知るとフロイトは言ったからです。言い換えれば、それを通じて本能あるいは欲動がわれわれの知るところとなるような、あるイメージがあるということです。ユングは、もしフロイトが自分の本能論を考え抜いたならユングと同意見であることに気づくだろうと示唆しました。

　集合的無意識の内部には本能の無意識的な諸イメージがあり、ユングはこれらを「元型」と名付けました。フロイトが個人的な願望や欲望の抑圧を強調した一方で、ユングはわれわれの想像力、知覚および思考が、生得的で普遍的に存在する形態的要素すなわち元型によって影響されていることを強調しました。この継承の道筋はどれくらい前までさかのぼるのでしょうか？既知の文明のあらゆる段階を越え石器時代人そしてそれ以前まで、それにおそらくは人類以前の祖先にまでさかのぼるとユングが考えていたことは間違いないと私は思います。

　人生における典型的状況の数だけ元型はあります。果てしない繰り返しがこれらの経験をわれわれの心的構造に刻みつけてきました。これらの経験はイメージとしては継承されませんが、内容をもたない形式として継承され、それはある特定の型の知覚および行動の可能性を表しています。ですから元型は、現実のものになる潜在的可能性として存在しています。既存の元型に相応する外的状況が起こったときその元型は活性化され、強迫行為的性質を獲得してどんな理屈にも逆らってわが道を突き進みます。

　内的なドラマが存在し、それを人間は自然の過程との類比という手段によって発見したのです。神話とは自然との相補性を通じて把握された、人間の主観的な「常軌を逸した」経験です。たとえば水はいつも無意識を表します。私は水をひどく恐がり泳ぎ方を習い覚えたことが一度もないというある患者を診ていたことがありますが、にもかかわらず彼女は水が非常に重要な役割を演ずる夢をたくさん見ました。ある夢では水は彼女の寝室に押し寄せてきて、彼女もベッドも床から持ち上げられ水の上を漂いはじめました。そうしてま

フロイトの同時代人たち

すます大量の水が部屋の中に流れ込んできたのです。また別の夢では、水の中にいると一人の男が下から襲撃してきました。彼女は彼の凶暴な攻撃や自分に向けられた復讐を恐れました。水は無意識を表しており、それゆえ彼女はそれを恐れたのです。それには彼女の無意識の恐ろしい内容が、深く込められていたのでした。

　分析が進み、彼女がユングの言うところの自分の影の側面（自己の否認された「悪い」部分）に目を向けることができるようになると、彼女は水をさほど恐れなくなっていきました。ですから彼女が夏期休暇のあとセッションにやって来たとき、その休みを海で泳いで過ごしていたというのは意義深いことでした。さて皆さんはこれをきわめて個人的なことだとおっしゃるかもしれませんが、それでも水はわれわれにとっていつでもこのような意味をもっているのです。この特定の患者は自分の足下に何ら確かな基盤をもたないと感じ、私から支持され幸福を願われているとも感じていませんでした。ですから元型は、彼女の傷ついた自己の内部の至るところを飛び回っていたのでしょう。

　彼女のもう一つ別の夢をお話ししましょう。患者はある朝目を覚まし封筒を見つけましたが、その中には小さな卵がいくつか入っていました。そのうちの一つの卵から小さな蛾が出てきて部屋の中を飛び回りはじめ、巨大な大きさに成長しました。それが彼女を大きな口でまさにむさぼり喰わんとしたとき目が覚めました。その蛾は彼女の金銭への貪欲を表しており、それはその前のセッションで私が言った何かによってあおられていたのですが、しかしこの怪物（および他者）は彼女の無意識の中にきっかけとして存在していたのです。彼女は他人の金銭欲を嫌悪していましたが、金にしがみつく人びとに囲まれてシティで働いており、彼らに対して表面上は愛想よくふるまいながらも内心ではもちろん忌み嫌っていました。けれども上等の服を食いあらす蛾に象徴される貪欲は、彼女のなかで強力に活動していたのです。

　この分析では、ユングが警告しているまさにその危険が一度ならず生じてきました――元型が行動へと駆り立てられ、患者を圧倒する危険です。今や貪欲は人間が普遍的に陥っている状況であり、すべての文化や社会集団がその影響下にあることをわれわれは皆知っています。この欲動を象徴する元型は、特に大衆の深部にある動向に調子を合わせている指導者の直観を通じ

て、社会全体を駆り立ててそれを圧倒することがありえます。しかし私は自分の患者を個人として分析しつづけ彼女の貪欲の個人的な根源を発見したので、この点でフロイトの忠実なる弟子でありました。

　ユングはこのやり方に異議を唱えました。彼は貪欲がこんなにも拡がり普遍的な現象にさえなっているときに、貪欲に悩まされているなんてあなたはどこか変だと患者に伝えるのは誤りだと信じました。このようにあからさまな元型イメージに直面して、ユングなら彼女を悩ませている元型の性質を彼女に説明し、世界で最も偉大な精神療法システムの一つである偉大な宗教へと彼女を導いたことでしょう。言い換えれば、彼はその人を、その諸象徴や情緒生活があの元型と闘うためにあつらえられているような共同体へと組み入れようとしたのです。個人は一人では強力な元型の充実した力と闘うことはできないという考え方は、ユングの思想の中心をなしています。その個人は、他の多くの人が悩まされた状況に自分も苦しめられていることを理解する必要があるのです。自らも元型を共有する共同体の一部であると感じることは、それ自体万能感や絶望を防いでくれます。自分も人間的状況の一部に所属しているのだと感じることは治療的であり、特に人間の影の部分に関係する場合はそうです。この種の元型に遭遇したときユングは患者に何が象徴されているのか説明し、その人の内的な響きと同じ質をもつグループにその人を組み入れようとしました。彼は、自分のところにきたカトリックの患者たちには通常彼らの教会の告解その他の秘跡(サクラメント)にたち戻るように勧めたとはっきり述べています。

　これに関して個人的な見解をいくつか加えさせてください。ユングが患者に与えた、特定の宗教組織に参加するようにとの助言には賛成できません。私は患者が自分の道を見いだすことを可能にするような取り組み方に賛同します。内的変化はその人の外界との関係、とりわけその人の内的世界とある程度共鳴するグループとの関係を変化させるというのは事実です。したがって、よい分析の結果として患者は自然にこれを見いだします。とはいえ、患者は世界にひとりぼっちではなく人類共同体のまさに一員であると患者に伝えたいというユングの願いは治療的なものであったと私は思います。

　私は自分が貪欲で、ねたみ深く、嫉妬深く、悪意に満ち、虚栄心が強く、執念深くかつ高慢であることを、とりわけ特定の状況下でそうであることを

知っています。もし私が患者に、たとえどんなに微妙にであれ、あなたは貪欲で、嫉妬深く、悪意に満ち、虚栄心が強く、執念深くかつ高慢であるが私は違うと伝えたとしたら、患者を助けることにはならないことも知っています。私はルソーふうの大告白をせねばならぬと言っているのではありません。そうではなくて、患者が何について話しているのかが私には個人的経験から分かっていると、そう患者が感じるような話し方をせねばならないと言っているのです。したがってユングの取り組み方のこの面は有益であるけれども（フェレンツィのそれとも異なりません）、彼は自分の道を見いだす個人の能力への信頼を欠いていたと私は思います。

　ユングはわれわれ一人ひとりの中には集合的要素と個人的要素があり、どちらがもう一方を圧倒してもわれわれの精神状態は悪化するだろうと強調しました。ユングにとって個体化とは、その二つの要素が一つの主導権による管理下へと統合される過程です。神経症的状態とは、集合的なものが否認され押さえ込まれた状態であり、精神病的状態とは、元型が噴出して意識を破壊した状態です。人生が進んでゆくにつれ生物学的および環境的変化によって異なった元型が呼び覚まされますが、それらを――押しやってしまうのでもそれに圧倒されるのでもなく――統合するのが自我の課題なのです。個体化は一生涯続く発達過程であり、それは集合的無意識に支配された状態からその結びつきが弱まった状態への転換を含んでいます。換言すれば、その人は元型と一つになっているのではなくて、元型と関係しているのです。

　このような転換の瞬間の例を、かなり以前ある患者から私に伝えられたとおりに示しておきましょう。その男性はスコットランドの極端に厳格な家庭で育ち、神というものを自分がその支配下で生きている強力な暴君であると感じていました。彼は自分に自由や個人としての人格があるとは少しも感じていませんでした。このような超自我のもとでは大変頻繁に起こるように、彼は「そうしなければならなかったので」極端なことにまる1週間もの断食を行いました。続いて生じてきた疲弊の中、彼はある日突然、神が自分を操る機械的存在ではなく一人の人であることを感じました。自分自身が、神に応えることも応えないことも選び取れる、自由に反応する個人であることを感じたのです。ここに個体化の過程に典型的にみられる転換があります。ある人が「そうしなければならない」ときにはいつでも、その人は集合的無意

識の支配下にあるのです。

　最近思いがけず手に入った2,000ポンドを、利潤をもたらす生命保険に投資するように言われた患者を診ていたこともあります。彼はそうするように言われたので言われたとおり「しなくてはならなかった」のですが、しかし内心これにひどく腹を立てていました。幸いなことに、分析が進むと患者はその保険業者の男と縁を切ることができるようになりましたが、この男は１年後もう一つ別の何かの契約にさらに1,000ポンド投資するよう提案してきたのです。ですから、神であれ保険業者であれそういった外的人物像と、神的な元型に対する自我の関わり方とのあいだには、あるつながりが存在するのです。つまり、融合した関係が緩むときに、自我は元型に対して関係をもち、外的人物像は普通のバランスをもつようになるのです。個人にこうした強力なイマーゴが賦与されると、その人は集合的なものの権化となってしまいます。それは非常に強力かつ自我を圧倒する集合的なものであるがゆえに、ちょうど群衆の恍惚的な興奮と同じように個人を圧倒し個人に悪影響を及ぼします。ですから個体化の過程において、転換は必須の発達的構成要素なのです。

　ユングは元型が交感神経系まで拡がっていると言い、このことが個人に他の生物の最も内なる生命についての知識を与えると言います。彼は、この能力が高度に発達したとき、それにより人は他の生物の内なる生命とのつながりを与えられると強調しましたが、ここでいう生物とは主に人間であるものの、動物も含まれます。ですから株式仲買人として成功するには、大きな獲物を首尾よくしとめる狩人と同様、この資質が必要だというわけです。

　皆さんのなかにジム・コーベットの『クマオンの人喰い虎』をお読みになった方がおありかどうか分かりませんが、ジム・コーベットは第二次世界大戦前インドのイギリス陸軍に属していた人で、数頭の人喰い虎の足跡を追い退治する任務を与えられて15年もの年月を費やしました。こうした虎たちは常にきわめて狡猾で、なかには何百人にものぼる人間を犠牲とした虎もいました。500平方マイルもの地域を何年にもわたり恐怖に陥れている虎は１頭にとどまらなかったのです。コーベットはジャングルの言い伝えについて比類ない知識をもっており、虎の存在を示すあらゆるしるしや物音を知っていましたが、知覚的な手がかりはまったくなかったのに虎がすぐ近くにいると

何度か分かったときのことについて語っています。そういうくだりの一つを引用してみましょう。

> 4日目の夕方日暮れどき、私は尾根のバッファローを訪ねたあと帰路についていたが、張り出した岩から30ヤード手前のあるカーブにさしかかったとき、そんなことはカートカヌーラに着いて初めてのことだったが、突然自分が危険にさらされているのを感じ、そして私を脅かしているその危険が目の前の岩の上にあるのを感じた。5分間のあいだ私は完全に静止してその岩の上端を見据え、動きを見逃すまいとしていた。それほどの至近距離で私の眼はまぶたのちらつきに捕らわれたかもしれないが、しかしこれっぽっちのわずかな動きもなかった。それから10歩前進したところで、私はまた数分間警戒してじっと立ち止まった。何の動きも見えないという事実にもまったく安心できなかった——人喰い虎はその岩の上にいる、それだけは確かだった。問題は、それをどうするのかということだった。[16, p.151]

直観は感覚と正反対のものであり、ユングはこれらのうち一方が優勢であれば他方はより未発達であると考えました。同様にしてユングは、思考と感情とを互いに正反対のものと考えました。したがって四つの主なタイプがあり、これらは皆主に外向的となったり内向的となったりする場合があるので、全部で八つのタイプができることになります。心理学的タイプの理論によって、彼は人格類型学に関する理論化を行ったあの理論的心理学者たちの仲間入りをしました。

精神分析の分派に伴う悲劇は、どちらの側にも常に真実はあるのに後継者たちが個人的な忠誠心によって対立してしまうことです。それぞれの学派から重要な要素が失われ、われわれは偏狭と狂信の危険にさらされます。ユングを拒絶したわれわれフロイト学派の人間は、そのために貧しくなりました。真実は決して封じられはしません。

訳注
1 『クマオンの人喰い虎』：クマオンは東をネパール、北をチベットと国境を接するインド北東部の山岳地帯。なおジム・コーベット原作の手記 *The Man-Eaters of Kumaon* は1948年アメリカで『クマオンの人喰い虎』として映画化されてもいる。

より深い理解へ

21
精神病、そして精神分析の発展におけるその重要性

<small>より深い理解へ</small>

　これから数回の講義で、精神病についての記述と理解に取り組んだ精神分析家について考えてみることにしましょう。フロイトは神経症的な葛藤を治すための治療の道具として精神分析を発展させましたが、患者が精神病の場合にも同じ道具を用いることができるとは考えていませんでした。しかしこれからお話しする予定の分析家たちはすべて、別の考えをもっていました。また彼らは、心の精神病的領域と呼んでもよい領域がすべての患者に存在していること、そして神経症者の治療においても転移の中に精神病的なものが現れうることを認識していました。ここでこれ以上話を進める前に、われわれが「精神病」という言葉で意味することを、より明確にしておきたいと思います。精神病に関するここでの発言では、私は主観的体験を表現したいと思っています。古典的なやり方にそった精神病の客観的な分析には、私は関心がありません。

　精神病のきわめて明確な徴候が一つあります。それは精神病者の周囲にいる人びとは不安でいっぱいになっているということです。精神科の病棟で患者が精神病状態に陥ると、医師や看護師、それに他の患者は、急に激しい不安状態に陥ります。時にはこの不安の理由が明らかな場合もあります。たとえば、患者がナイフを振りかざして周囲の人を脅かしたり、そのナイフで自らを深く傷つけはじめたときなどです。しかし、このような明確な危険を患者の行動が示していない場合もあります。たとえば患者が自らをイングラン

ド王だと宣言しはじめるような場合ですが、たとえその主張が馬鹿馬鹿しいものであっても、周囲の人にとってもはっきりした不安を引き起こします。

　この不安が何についてのものなのか、私がまだ理解していなかった頃のことが思い出されます。それは私が精神分析協会で訓練を受けていたときのことですが、同僚の訓練生が、患者が精神病になってしまうのが心配で、二人目の訓練用のケースを引き受けることに不安を感じている、と話しかけてきたことがありました。私は彼女の無分別さを心の中で笑いながら、「君は何をそんなに恐がっているんだい？　患者が面接室の窓から飛び出すんじゃないかとか、自殺するんじゃないかとかいうことかい？」と尋ねました。私は、これらの質問がまったく意味のないものだったとは思いません。どこに不安が存在するのかを焦点づけることには役立ったと思います。しかし当時の私は浅はかなことに、私が尋ねたようなひどいことが行動にうつされない限りは何も心配することはないと思っていたのです。それなら、この不安はいったい何なのでしょうか？

　このことについて自問して思ったのは、私が最も避けていることは、狂った (mad)――つまりわれわれが「精神病」という言葉で意味していることですが――人に話しかけることだということでした。その人から私を切り離しておきたいのです。もしどこかへ出かけたときに、自分はイングランド王だと言う人に会ったとしたら、その際の私の第一の願いは逃げ出したいということです。私はスタッフの一員を探しだして患者について話し合いたいと願うでしょう。しかし一つはっきりしていることは、彼とはコミュニケーションをもちたくないということです。また突然に精神病的になる患者を治療しているとき、私に最初によぎる感情は、「ああ、いったいどうして、こんなとんでもない仕事についてしまったんだろう。どうして農業か法律の仕事でも選んでおかなかったのだろう」というものです。

　その一方で私は、精神病の患者とコミュニケーションしうる唯一の道は、自分自身の心の精神病的な部分をさらすことだと知っていますし、私の狂った考えが作動しはじめなくてはならないことを知っています。しかしこれではまだ質問に答えたことにはなりません。それの何が恐ろしいのでしょうか。私が不安に感じ、誰かが見ているのではないかと精神的に何となく落ち着かない気分になるのはいったいなぜなのでしょうか。いくつかの理由があると

思います。第一の理由は、私が分かち合わなければならない強烈な痛みのためです。第二の理由は、私が必ず体験するであろう患者からの迫害的な怒りのためです。最後の理由は、私の狂った考えをさらすことが私自身を解体にさらすことになり、また私の自我が統合を迫られることになるためです。この三つすべての例を挙げてみたいと思います。

　象徴性に関する２回目の講義でお話しした、知的な障害をもつ精神病患者と、白衣の事件を皆さんご記憶のことと思います。患者がコミュニケーションや人生について何かを感じはじめたとき、33年間の人生全体に広がっていたぽっかりと口を開けた感情の空虚さに彼は触れることになりました。セッションの中で彼は泣きはじめたのですが、その涙はとても深いところから生じたものでした。部屋の中でこうした痛みに向き合いながら彼とともにいることは、とても苦しいことだと私は感じました。精神病においては、すべての感情がきわめて強烈なものになります。ある点を超えた量や強烈さはそのものの質を変えてしまいますが、精神病ではそのような強烈さの閾値が越えられてしまっているのです。

　精神病が神経症的システムの中に隠されているときそれが明確に見えてこないのは、まさしくその強烈さゆえに隠れてしまっているからです。ある患者が復活祭に２週間スウェーデンへ行く予定だと私に話しているときに、私もその少し後に出かける予定があることを思い出して彼に伝えたことがあります。するとその次の回で、彼は入室するなり、分析を終了するつもりだと言ったのです。その理由はまったく理にかなったもので、彼はそれまでにいくつか問題を解決したことや、新しい仕事のために分析を続けるのが困難になったという事実などを話しました。私は前回のセッションでの何かがこうした反応を引き起こしたと分かっていました。最後に私は、私が出かける予定を話したことを思い出しました。すると彼はそのことではなく、彼が出かけることを話してすぐ、私が出かけることを話したことが問題だというのです。そのとき彼は私が羨んだように感じて耐えられなかったのです。ただ、そのやりとりの際には私はまったくその反応に気がつきませんでした。その反応は後で生じたのです。

　幸運なことにこの事例の場合は発端となった刺激にさかのぼることができたのですが、そうでない場合もあります。ある同僚がしばらく治療していた

患者のことを話してくれたのですが、彼はある週に次の月曜日のセッションを休みにしなくてはならないと患者に話しました。そのセッション中に、彼女が彼に見捨てられたと感じたと解釈したところ、彼女は「ということは、あなたはこの何年も、私があなたなしでたった1日もどうすることもできないのだと本当に思っているの」と言いました。浅はかなことに私の同僚は、この言葉を彼の解釈に対する理にかなった反論だと受け取りました。しかし、翌週の月曜日、セッションが行われる予定のちょうどその時間に、彼女は職場で上司をナイフで刺したのです。

　精神病よりも、古い言葉「狂った」（mad）のほうが良いとする一つの理由は、その言葉のほうが激怒や憤り、憎しみなどといった概念とより直截的なつながりがあるからで、それらが常に狂気（madness）の構成要素になっているからです。強烈な突き刺すような憎しみによってわれわれは傷つきますが、精神病患者がいともたやすくわれわれの一番傷つきやすい部分に触れることができる場合には、特に傷つくことになります。われわれの誰もが自分の心の深みをさぐるような質問を内部に抱いています。それはたとえば「私は本当に他者を愛することができるのだろうか」「自分自身の行動に責任を負うことができるのだろうか」「自分は臆病者なのだろうか」「私は名声や経歴を重視して自分の中の子どもの泣き声を心から追い払おうとしてきたのではないだろうか」「私は心の底では自己中心的で、人のことを気にもとめない人間なのだろうか」「私が診ている患者をアセスメントした同僚のことを自分が本当はどう思っているのか表明するのを、私は恐れているのだろうか」といった問いかけです。精神病患者が最も傷つきやすい部分に気づいたら、それがどのような領域であってもその部分を神経症者には見られないような恐るべき正確さで狙いすましてくるでしょう。神経症者の場合は狙いがおおざっぱなことが多いので、私はよくいらいらさせられている自分に気がつくことがあります。逆説的ですが、精神病者はこの点においては神経症者以上に現実感覚をもっているもので、それ以下ではないのです。このことが精神病患者がわれわれに非常に強い不安を引き起こす主要な原因だと私は思います。

　私は不安の三つ目の原因として、精神病者は私自身を解体の危機にさらし、私の自我に統合を迫ることを挙げました。ユングが強調したように、われわれは皆多くのパーソナリティの集合体なのです。これらの異なった「コンプ

レックス」（と彼が呼んだもの）が集合して一つのまとまりになる程度に応じて、統合が進んでいくのです。それらはゆっくりとあるパターンを織りなしていきます。精神病者はこれらの異なった部分すべてが分離した状態にありますが、それは分析家がこれらの部分の投影を転移で体験するような状態で分離しています。内的な確かさと自由によってだけ、分析家はこれらの断片を自身の内界に保持することができるのであり、分析家内部の異なった部分が相互につなぎあわされる程度に応じてその状態は達成されます。いかなる弱いつながりも、患者によって発見され攻撃されるのですが、それは分析家が個人的な精神の作業を行うことに対する挑戦にもなります。

　心の精神病的な領域は、乳児期の前言語的な時期、特に乳児と母親の二者関係の中にその起源をもっています。精神病では患者はこの段階まで退行します。この時期には最も強烈で激しい情緒が存在していますが、しかしまたこの時期には第三者（父親）は閉め出されています。それでも意識することと同一化の可能性とをもたらすのは第三者とのつながりであって、それによって人はものごとをいわば「外側」から見ることができるようになるのです。精神病的な転移の中で患者は圧倒され、ほとんど窒息しているかのように感じて、その状況から自由にしてくれと分析家に向かって叫ぶのです。

　メラニー・クラインの部分対象の概念がなくては、精神病状態を概念化することは困難です。この概念についてはこれから何回かあとの講義で彼女の考えまでたどりついた時点で詳述しますが、今の時点で精神病状態を説明するには、あるセッションでは私に対して温かく肯定的にふるまい、別のセッションでは怒りに満ちて復讐的になる患者のことを再びお話しすることが一番よいと思います。長いあいだ私はこのように異なった反応を引き起こしているのが何なのかを明らかにできませんでした。ここでは反応が正しい言葉であって、返答ではありません。人に返答するという表現をされることがありますが、反応するというのは何らかの要素によって刺激された瞬間的な反射のことです。

　私は、前の回のセッションのことを腹立たしい思いで考えたものでした。何かを言うべきだったと思ったり、また必ずしも言葉や意味に問題があるわけではなく、声のトーンに問題があるのかもしれないことが分かっていました。そしてある日、とうとう気がつきました。私の外観が影響していたので

す。これはすでにお話ししたことですが、私が青いネクタイと青いストライプのシャツを着ていたときには彼女は怒り、私が茶色を着ていたときには彼女は温かく肯定的だということに気づいたのです。彼女は私のある部分に反応していたのですが、ここで「彼女」と言っては大変曖昧になってしまいます。彼女の部分が、私の部分に反応していたのです。

　精神病の人はいつも、万能的な対象と同一化します。それゆえ精神病者の自我は非常に万能的で、発達最早期の乳児に存在していた万能感の状態への退行を伴っているのですが、その時期の乳児は自分の欲求が満たされることを期待しています。その状態では、ほとんどの欲求が満たされています。実際欲求が適切に満たされてきた場合（あるいは過度に甘やかされたりした場合）には、よりあとの発達段階でも人は無条件の愛を求めつづけることになります。治療において、患者は言葉で表現しなくても自分が何を望んでいるのかを分析家が知っていると思っているでしょう。分析家が神のような知識をもっているのだと信じているのです。（ちなみに、分析家はこうした考えに共謀してしまいやすく、また長期間のトレーニングを受けた経験をもち会員の資格ももっているがゆえに自分には知識があるはずだと思いやすいものです。少なくともある程度はこうした考えをもってしまうでしょう。）

　最近、男性と２、３週以上の恋愛関係を続けることができない女性が私に、「あなたの経験上、私と同じ問題をもった他の女性と会ったことがあるはずだ」と言いました。私はすぐに「ありません」と返事をしました。彼女のこの質問の背後には、私が万能であるという幻想とは別に、彼女がその他大勢の人と同じ存在にすぎないという感情、言い換えれば一人の個人ではないという感情が存在しています。精神病者は自分を単なる「部分」——機械の一つの歯車——と感じ、そして分析家のことを万能的な操縦者だと感じるのです。少なくとも、それはパーソナリティのある部分に存在していますが、他の部分では同一化することで万能的に感じ、その結果としてとても強大な力をもっていると感じるのです。しかしそのような力の感覚は、さまざまな領域における精神病者自身の気づきの感覚や他者の感覚を実際に破壊してしまうために、彼らに罪悪感をもたらすのです。

　最後に二点述べておきたいことがあります。一点目はこれらの要素に加え、精神病者が一次的な愛の対象と同化し、その結果感情も融合させてしまう点

です。そのため精神病者は、何が自分で何が他者であるか非常に見分けづらくなってしまうのですが、周囲の人が精神病者を恐ろしく感じる理由の一つが、このような融合した状況に取り込まれてしまうと感じるからなのです。二点目は、精神病的な領域の内部に、関係性の中に含められない心の領域が存在しているということです。芸術や宗教といった超越したものの中でしか表現されることのないこれらの領域は、精神病的な領域に属しているのです。

　これからの講義でわれわれは何人かの分析家とその理論について検討しますが、彼らは皆、治療中に心の中の精神病的な領域まで退行してしまう患者を治そうとしていました。彼らの理論はこの領域を概念化する試みなのです。

より深い理解へ

22
フェアバーン

　フェアバーン（Fairbairn, W.R.D.）は専門家としての生涯を通じて、エディンバラで精神分析家として独立して仕事をしていました。彼は精神分析を受けたことがなく、この点では初期の多くの分析家たちと同様ですが、他に類を見ない点として40年の長きにわたってまったく孤立して仕事をしてきたことが挙げられます。専門家になって間もない頃にはエディンバラ大学の心理学講座で教鞭をとっていましたが、そこでは同僚たちからかなりの反感や敵意を向けられました。しかし彼はその苦しさを表に出すことは決してありませんでした。またこのことを教育を続けられない理由とは考えなかったのですが、この態度は反感や批判にさらされると逃げだしてしまう人たちの態度とは明らかに異なったものです。

　ロナルド・フェアバーンは1889年にエディンバラで生まれ、エディンバラ大学で教育を受け、1911年に哲学の優等学位を得て卒業しました。フロイトやビオンと同じく、彼は精神分析的伝統の中で最も厳密に考えた思想家の一人です。精神分析界には臨床的現象を正確に記述し臨床的理解の新たな深みに到達することに長けた多くの革新者がおり、われわれは皆その多大な恩恵にあずかってきました。しかし彼らが厳密に考え抜くことをしなかったせいで、不幸な結果が生じました。つまり新しい洞察の意味が徹底的に考えられなかったので、その結果思考が混乱することになったのです。さらに不幸な結果は、後継者たちが確固とした情緒的、知的確信からというよりもむしろ

個人的あるいは集団的な忠誠心から、特定の理論にしがみついたことでした。

　厳密に考えることの大きな優位点は、精神分析家が探索している現象を、他の人文諸科学の領域における科学的探求と関連づけられる点にあります。防衛的に閉じこもってしまうのではなく、世界に出会うことができます。批判によって、より深い思索へと導かれます。たとえばビオンは哲学の学位を取得してはいませんが哲学書を読んでおり、そのことを精神分析的教育の一部にすることを勧めていました。フェアバーンは哲学の学位を取得したあとも、大学院で3年間にわたって神学とイングランドおよびドイツにおけるギリシャ・ヘレニズムに関する研究にあたりました。これを修了したのはちょうど第一次世界大戦が勃発したときで、それから出征してパレスチナのアレンビー元帥の指揮下で軍務につきました。

　この時期に、彼は精神療法家になることを決意しました。その当時それは医師にならねばならないことを意味していたので、29歳のときに医学を学ぶためにエディンバラに戻りました。1923年に資格を得た後、精神医学の研修を積むために王立エディンバラ病院で1年間を過ごし、1年後に個人開業で精神療法家としてのスタートを切りました。それから40年にわたり、もう数時間で1965年の年が明けるというときに亡くなるまで、彼は目一杯多くの患者を毎日変わることなく診察しつづけていたのです。

　驚くべきことにフェアバーンはこの期間を通じ独力で仕事を続け、多くの精神分析的設定における創造的なエネルギーの大半を吸い取ってしまうような権力闘争や管理的な争いに巻き込まれることはありませんでした。彼は臨床の仕事に集中し、主に一連の印象的な臨床的論文の成果により英国精神分析協会の会員になりました。これらの論文は1952年に『人格の精神分析的研究』という本として刊行されました。彼が続けざまに書いた4、5本の論文のうち最も印象的なのは「精神分析的治療の本質と目標について」[23]です。フェアバーンはかなり独立した精神の持ち主でした。フロイトの理論の重要な側面に異を唱え、アブラハムの発達的見方をかなり修正し、そしていくつかの重要な点でメラニー・クラインに異議を唱えたのです。それでは、この傑出した人物の視点の理解を試みることにしましょう。

　人間が最も強く希求するもの、それは仲間である人間同士の情緒的接触である。この信念が、フェアバーンの理論構成と技法上の提言の中心に存在し

ています。われわれは臨床において患者と情緒的な接触ができた瞬間に成功を実感しますし、患者の治療について語るときにはいつも情緒的接触について話していますが、フェアバーンこそがこの現象をすべての努力の中心に置いた唯一の分析家なのだと思います。情緒的中心が発達して利用可能となり、他者との関わりの中で存在するようになるには二つのことが必要です。幼児はまず何をおいても母親に、そのうえ父親にも、そして近しい他の家族にも愛されていると感じる必要があります。次に、彼自身の愛が同様に受け止められねばなりません。子どもにとっての根元的な外傷は、愛されないことと自分の愛が受け止められないことです。そうなると子どもは引きこもってしまい、内側の対象からの安らぎを追い求めるようになるのですが、その対象は子どもにより内在化されたものです。内在化された対象との関係は、外見上は指を吸うことや自慰、暴飲暴食、同性愛や近親姦として現れます。子どもは外傷となる失望に直面すると内在化された対象へと向かいます。このように情緒的な接触が満たされないと人はこれらの挫折した行為へと向かいますが、それらは深刻な失望に対する絶望的反応としての、自暴自棄の表現なのです。

　ここでわれわれは、フェアバーンとフロイトの見解の衝突を目の当たりにすることになります。フロイトにとってリビドーの目標は快感であり、快感とは緊張の緩和の主観的な体験です。生体は緊張状態にあるときには、対象を媒介として緊張を減らそうとします。空腹の場合には口から食物を身体へ取り入れることを通じて、生体の緊張状態は減少します。性に関して言えば、緊張状態はオルガスムを通じて緩和されます。（フェレンツィは、ホメオスタシス理論ではこの点があまりうまく説明できないことをすでに指摘していました。性的な前戯の際には、緊張の高まりとともに快感も高まるからです。この点についてフロイトは、前戯がもっぱら快楽的なのはすでに心の中に存在している最終の到達点すなわちオルガスムがあるからだと説明しています。）

　しかしこのモデルの重大な欠陥は、自慰や性交を通じて得られる性的な放出や一夜だけの性交と、互いに深く愛し合っている男女間の性交との違いを説明することが困難な点です。もちろん、フロイトは愛にとても高い価値を置いていました。しかしここで私が言っているのは、彼の理論はそこに価値

を置いていなかったということです。フェアバーンはすべてを逆転させ、リビドーの目標は対象であると言ったのです。ただし、彼のリビドーの概念化は異なっています。それは生体の身体的状態によってつくり出される物理的エネルギー量とは違い、自我から対象へと向かっていく動きなのです。

　これを説明するのに最も近い言葉は欲望ですが、この言葉によってわれわれはフェアバーンが最も重要とした点に引き戻されます。すなわち情緒的接触への欲望です。リビドーが目的地に達するのは、口、肛門、ペニス、ヴァギナのいずれであれ表層の性感帯においてではなく、みずからの情緒的中心において外界の人間と接触がもてたときなのです。ですから性感帯は、リビドーが最も通過しやすい経路ということになります。フェアバーンはそれを最少抵抗の経路と言っていますが、ここでは電気のたとえが用いられています。

　しかし私は、ここで彼が性感帯についての重要な点を見逃していると思います。性感帯は彼が述べるように対象への経路ではありますが、それだけにとどまるものではありません。情緒的なつながりが存在する性的な関係においては、お互いの性的・性愛的な部位は情緒的な接触の一部となっています。情緒的なものは、いわばそのやりとりをかたちにする性的・性愛的な接触なしに存在することはないのです。情緒的な接触は、性的・性愛的な接触からそのかたちを受け継ぎます。（分析では、身体的・性的な行為を伴うことなく、性的・性愛的な形式の感情がしばしば出現します。）フェアバーンは、リビドーの目標は対象とのあいだで満足のいく関係を構築することにあると述べています。[22, p.31] 彼の最後の論文を読むと、「満足のいく」という言葉は情緒的接触が存在している関係を意味していることが明らかだと私は思います。それゆえリビドーは自我から出現します。フロイトによるとそれはイドから勢いよく流れ出るものであり、生体から、すなわち非人間的な源から生じるものでした。それに対してフェアバーンの見方には、イドを捨て去り内的構造について自らのモデルを作り上げるという姿勢が一貫しています。

　すべての行動は、自我から生じ対象へと向かいます。リビドーは主体から生じて対象へと向かいます。フェアバーンのモデルにおいては、構造とリビドーを二つの別の実体として考えることは正しくありません。フェアバーンにとってリビドーは構造、すなわち形をもつものでした。これは物質とその

形とが分けられないのと同じことです(論理的には机の形と素材である木材とを分けることが可能ですが、現実には不可能です。同様にリビドーは、それ自体構造をもつものとしての自我と対象の二極のあいだにあってやはり構造をもっているのです)。外傷的失望が生じると、対象の構造と自我の構造が分裂します。自我の中では、対象内の状況が常になぞられているのです。

　これが、分析家に関する患者の認知の変化が、常に患者の自我の統合を示していることになる理由です。ある患者は、はじめは私を分裂して認知していました。彼女の一部では私はすばらしい人であり、別の一部では信頼できない人でした。そしてあるセッションで彼女は、私が大いに援助してくれたと感じるだけでなく、もっと強い決断力をもって彼女とともに果敢に問題に取り組むことができたはずだとも感じはじめ、さらに少々受動的すぎてやる気がないのだとも漠然と感じはじめたのです。それは私についての感情であり判断でした。その瞬間、彼女は自分自身の中に分裂を感じていませんでした。彼女の内部で何かが癒され、彼女の本当の感情をいまや私が受け止めることができるのだと感じたのです。外傷的な要素(彼女の感情が受け止められなかったこと)は修復され、分裂は回復しました。

　外傷的失望に直面して生じる自我と(内的)対象との分裂は、フェアバーンが「スキゾイド」と名付けた心理的状況を引き起こします(ここで私は、内的対象と外的対象とがいつも相互に影響しあっていることを強調しておきたいと思います)。スキゾイドの人は周囲の人から情緒的に引きこもっています。スキゾイドの人の前では皆さんは情緒的に無視されたと感じるでしょう。たとえ同じ部屋にいても、皆さんの言動は重要ではないのです。以前私はある少女にいらいらして次のように言ったことがあります。「もしも、ある日あなたが分析を受けに私の部屋の入口までやって来て見知らぬ人から『残念なことにシミントンさんは月曜日の交通事故で亡くなってしまいました。私は精神療法家ですが、代わりにあなたに会いに来たのです』と告げられたとしても、あなたはまばたきもせず、何事もなかったかのようにその見知らぬ人と分析を始めるでしょう」。これがスキゾイドの関係性に直面して感じる怒りの典型的な例です。

　フェアバーンは、スキゾイド状態は明確に区別された診断カテゴリーだと考えました。スキゾイドの人は自分自身に没頭しており、その情動状態はユ

ングが内向性として記述した状態に似ているのですが、フェアバーンは健康な性格のタイプというより病的状態だと考えました。スキゾイド状態は外傷的失望によって生じるものですが、これらの分裂から完全に自由な人はいません。もし情緒的に十分な負荷がかかれば、どんな人でもこのちぎれやすい縫い目にそって引き裂かれてしまうでしょう。

　フェアバーンはメラニー・クラインと同様に、われわれの誰もが完全な自我をもって生まれてくるという見方をしていました。われわれは自我へとまとまっていく分離した要素の集まりとして生まれてくるわけではありません。しかし自我には弱いつなぎ目の部分があるので、情緒的外傷の負荷にさらされれば予想される部分で分裂するでしょう。フロイトはグラスが床に落ちた場合には最も抵抗の少ない線にそって割れると言いましたが、フェアバーンはこのように自我が分裂すると考えたのです。分析が効果をもたらすにはこの最深層へと到達する必要があるのですが、フェアバーンは抑うつを経験することや、メラニー・クラインの言う「抑うつポジション」の達成に重きを置くことは間違いだと信じていました。彼はスキゾイドポジションに特徴的な空虚感と希望のない感覚が最深層に存在していて、この事態を経験すまいとして防衛が構成されると考えていたのです。

　空虚感は、抑うつ感と同じではありません。後者は罪悪感に関係しており、まったく異なったものです。私はメラニー・クラインの二つの「ポジション」を議論するにあたって、彼女の臨床モデルを完全なものにするには第三のポジションが必要だと考え、それを「悲劇的ポジション」と呼んできました。スキゾイド状態は、根無し草のようにふらふらしていて人生は意味がないと感じている人で、予約に空きがないと告げられると、肩をすくめながら全然構いませんよと答えるような人に最もはっきりと現れます。彼は「予想していたことです」と言うでしょう。逆にもし空きがあると言われると、彼は「じゃあ、まあやってみましょうか。他にすることも思いつかないし」と言うでしょう。このような事例の場合スキゾイド状態はたやすく見てとれますが、しかしそれに対して攻撃的な防衛をとることもあり、その場合にはスキゾイドなどとはまったく正反対のものに直面していると思えるかもしれません。

　私が特に考えるのは、イデオロギーに身を捧げた人びとのことです。あるとき、数年にわたってトロツキー主義に期待しうる最高の献身を行ってきた

若い女性が私に会いにやって来ました。しかし彼女がやって来たのは、イデオロギー的確信がぐらつきはじめたときだったです。どのみち人生に意味はないのだから、精神療法など受けてもどうにもならないのではと彼女は迷っていました。彼女はさらに、両親がいかに献身的なスターリン主義者であったかを述べ、彼女の一番最初の記憶は居間の暖炉の上にかけてあったスターリンの大きな写真の記憶だと話しました。

　次第に明らかになってきたのは、彼女のトロツキー主義の下にはまったくの空虚感が存在していて、この内的状況から自分を救うための手段としてイデオロギーに必死にしがみついていたということでした。最終的に、彼女はイデオロギーによってごまかすことを続けられなくなりました。乳児期と早期の小児期における彼女自身の大きな失望は、両親がスターリンの肖像に魅了されていたために、人間の魂を求めている乳児としての彼女に応答しなかったことにありました。内的な源泉の感覚がなく苦しむとき、人は支持者をかかえる強大なイデオロギーに身を寄せますが、それはそのグループの熱狂と興奮が自分の中に欠けている何かを与えてくれるのではという希望をもつからなのです。

　あるセブンスデーアドベンチスト派の患者が、「入信したときには時計の針をしっかり巻いた感じだったのに、今ではもうたるんでしまいました」とよく話していました。外界に源泉を求めようとする動機というものは、通常最終的には続かなくなってしまいます。この種の患者はしばしば分析家を怒らせようとしますが、それは戦う相手を得たいからなのです。私はこの手のある女性を記憶していますが、私は彼女にかなりいらだっていました。しかし私がやっと自分を以前より少しは制御できるようになったとき、彼女は絶望的な状態に陥ってしまったのです。このような状況では、内的な孤独を和らげるために何か指示を与えたり助言したりしたいという強い誘惑が分析家に生じます。しかし私は、それによって得られるものは何もないと確信しています。分析家の仕事とは、患者のそばでこうした感情とともにただ存在していることです。心の深い層に本当に出会ってそこで生きることができれば、長いトンネルを抜ける頃には希望が現れはじめるのです。しかしそれは患者にとってはぞっとすることですし、分析家にとっては困難なことです。

　自我は次のように分裂します。子どもの愛を受け取らない母親は痛みを与

える拒絶する対象となり、そのような（内的）対象は愛を捧げようと試みた自我の部分もろとも自我の本体から切り離されてしまいます。対象との関係を完全に切り離すことは、自我にはできません。なぜなら対象はその構造の一部だからです。そこで自我は自身の一部を分裂排除することによって問題を解決するわけです。ここでローレンス・ダレルの小説の中にあった事件が思い出されます。ある少女が潜水していた折、銛撃ち銃がからんで右手が海底に縛りつけられてしまったのです。友人がとっさにその手を切り落としたおかげで、少女の身体は生きたまま水面まで浮かびあがりました。自我の分裂はこのようなもので、危険な対象と関係をもっている自我の部分は切り離されてしまいます。フェアバーンの言葉で言えば、「拒絶する対象」と「反リビドー的自我」が切り離されるのです。

　しかし子どもの愛を受け取ることができない母親、あるいは子どもに自然な愛情を注ぐことができない母親は、奇妙なことに興奮を引き起こします。愛の存在は、子どもに満足の感覚をもたらしますが、愛が欠如している場合には興奮が伴うのです。フェアバーンは父親あるいは母親からほとんど愛情を受けなかった患者のことを述べています。母親は少し愛を示したのですがその後死んでしまい、そこで子どもは父親と情緒的接触を試みたのですが結局徒労に終わりました。そしてある日、ある考えが彼女の頭に浮かんだのです。「私がお父さんと一緒にベッドに行こうって言ったら、きっとお父さんの気を引けるはずだ」。彼女の近親姦の願望は、父親と情緒的交流をもつための絶望的な試みを表現している、とフェアバーンは述べています。

　結論を述べましょう。情緒的接触が欠如している場合には、憎しみが常に重要な要素として含まれる興奮が存在することになります。そして「興奮させる対象」はフェアバーンが「リビドー的自我」と名付けた自我の一部分を伴って分裂排除されます。意識の中にとどまっている「中心的自我」は、これらの自我の二つの部分をまったくもっていないかのようにふるまいます。抑圧によって二つの分裂排除された部分が無意識にとどまる限りは、中心的自我が意識に存在するのです。

23
フェアバーン　その2

　幼児も大人も、求めているのは現実の対象との情緒的接触です。普通「対象」という言葉は一人の人間のことを意味しますが、乳房のような部分対象を意味する場合もあります。カール・アブラハムのリビドー発達図式に対するフェアバーンの批判は、一つには対象が中心的位置を与えられていないということでした。アブラハムが口唇期、肛門期、性器期と名付け、乳房期、母親期、成人のパートナー期とは名付けなかったという単純な事実に、彼の力点の置き方の誤りが現れています。

　フェアバーンはフロイトのホメオスタティックなモデルを徹底的に捨て去った最初の精神分析家の一人であり、そうしなかったという理由でメラニー・クラインを批判しました。実際彼は、彼女の対象関係モデルが首尾一貫しないものになったのはそのせいだと考えていました。最近も、ホメオスタティックなモデルの不統一性に対して注意を喚起している他の思想家がいますが、この問題を最も詳細に検討している分析家はジョージ・クライン（Klein, G.）でしょう。死後に出版された『精神分析の理論』[77]と題された本には、彼の主張が集められています。しかしそれに集中砲火を浴びせ、別の理論を置いた初めての人はフェアバーンだったのです。

　この問題について私自身が思うのは、伝統とはしぶといものでホメオスタティックなモデルあるいは「恒常原則」とフロイトが呼んだものは精神分析的思考にいまだ強固に保持されているということです。アブラハムの発達図

式とそれに付随した原則もまた精神分析的思考を守る城壁として、疑念を向けられることなく残されています。アブラハムのリビドー論についてはすでに詳細に検討しましたから、それを再び詳しく確認することはしませんが、ここではフェアバーンがそれにどう取り組んだか見てみることにしましょう。

　人間が追い求めるものは現実の対象との接触だということを根拠に置いて、フェアバーンは肛門期に含まれる二つの時期と男根期については否定しています。というのは、これらの三つの時期には対象との現実的な接触がないからです。大便は象徴的な対象ですし、男根期での性器の拒絶とともにみられる対象の理想化は、内在化された拒絶する乳房を吸うことを表しています。これは口唇期や最終性器期に存在している類の、現実的な接触ではありません。

　フェアバーンにとって発達とは本質的に、小児期の幼児的依存から成人期の成熟した依存への移行です。主体から分化していない対象への依存が幼児期の依存を構成しており、また主体から分化している対象への依存が成熟した依存を構成しています。フェアバーンによればこの区別は、フロイトにおける自己愛的対象選択と依託型対象選択との違いとまったく同じものです。幼児的依存の基盤は一次的同一化にあり、そして一次的同一化においては、主体の備給は主体自身の一部である対象へ向けられます。

　この現象を理解するために、こう表現することもできるでしょう。つまりその人は他人の情緒的態度や見方を無批判に鵜呑みにする一方、周囲の世界に関する主体独自の見方や理解を完全に見失っているのです。私は最近R. D. レイン（Laing, R. D.）の自伝『レインわが半生——精神医学への道』[83*]を読んだのですが、そこでレインは催眠を受けたときのことを述べています。彼は催眠状態に入る前に、催眠療法士に好きな飲み物の一つはドライシェリーだと説明しました。催眠状態に入ってから催眠療法士は、あなたが口にしようとしている飲み物は実にまずいものですと伝えて、彼にドライシェリーを渡しました。口の中にとてもいやな味が広がってレインは吐きそうになりました。次に催眠療法士はまったくおかしな味のする混合飲料を取り、今度のはとてもおいしいですよと伝えたところ、レインは喜んでそれを飲んだのです。

　ここでは、その人個人の体験は完全に抑制され、そのかわりに全面的な他者の、そして他者による体内化が見られます。一次的同一化が意味するのは、

——いかなる全体主義の状態よりも徹底的な——個人の完全なる消去であり、そして態度ばかりか味覚のような世界への基本的な関係でさえも他人のものになってしまうことです。われわれ誰もがもつ一次的同一化の状態へと退行する傾向を、催眠は明らかに利用しています。

　最も困難な臨床場面の一つに、患者が分析家に完全に同一化してしまう場合が挙げられますが、こうした一次的同一化においては分析家が理想化された人物像として摂取されます。この状況はフェアバーンの見解に合致します。つまり、反リビドー的自我と拒絶する対象とともにリビドー的自我と興奮させる対象が抑圧された場合には、（意識の貯蔵庫である）中心的自我が残り、それと対象との関係が理想化されるのです。

　さらに、理想化が存在する場合には必ず一次的同一化の過程が伴います。主体あるいは自我は自らを隠してしまって、理想化された対象の外観、視点、視覚、聴覚、嗅覚、味覚、そして触覚を身につけるのですが、それはパラノイア的な情熱で常に防衛されています。私の患者の話ですが、患者の友人が私について何か軽蔑的なことを話した際に、患者は怒りから危うく友人を殺してしまいそうになりました。その友人は私を知らなかったのですが、患者の中に私への抑圧された敵意を感じ取っていたのです（友人や家族が分析を中傷しようとすると患者が言う場合、それはこのような事態の明白な徴候です）。理想化には常に同一化と万能感が伴い、それが主体の個人的な学びや経験に取って代わります。逆説的ですが、謙遜は個人的な経験の友であり、一方、万能感は英雄との同一化を通じてもたらされる知識の友なのです。

　フェアバーンの主張は以下のようなものです。最早期の関係は常にこのような同一化に基礎を置いていますが、望ましい環境に置かれることで「完全に成熟した対象として互いに分化している二人の、独立した個人の関係を含む」[21, p.42]成熟した依存へと移行します。しかし外傷的失望が生じると、人は一次的同一化の段階に情緒的に足止めされます。こうした事態は、今日むしろ一般に自己愛的状態と呼ばれているものと同じです。

　さてフェアバーンは、この問題についてメラニー・クラインとは違った臨床的アプローチをしています。クラインは陰性転移の解釈が必要だと強調しました。それをフェアバーンのモデルの言葉で言い換えれば、分裂排除された敵意が転移の中で現れれば（ほとんどはすっかり隠されているのですが）

いかなる徴候をも解釈することになります。またメラニー・クラインは古典的な精神分析技法を保持する必要があるとおおむね強調していますし、そしてこれはより重要なことですが、患者に関して分析家が知覚することのすべてが転移の表れだと信じています。フェアバーンのアプローチはクラインとは違っていて、彼の出発点、すなわち幼児的依存の状態は、私がこれまで述べてきたような同一化の状態と、社会の人たちと情緒的に接触することから引きこもることの二つに特色づけられているということに基盤を置いたものになっています。これは特に一次的な関係性にあてはまります。

　ある患者が私に、「私は中国の国連加盟をアメリカが支持するかどうかには強く関心をひかれましたが、11歳の息子がはしかにかかったと妻に聞かされたときには、ほとんど関心が湧かなかったんです」と話したことがあります。こうした引きこもりの状態で人は内的対象に向かい、そこで安らぎを得ようとし、人間との現実的接触は激しく拒むのです。

　このような患者は分析家を自分の内的世界に従順な対象としてがっちり確保するため、古典的技法はこの幼児的依存の状態の下僕となるおそれがあります。ここで私が言いたいのは、患者が現実の人間との情緒的接触がおこらないよう願う気持を満足させるために、分析の匿名性を利用する可能性があるということです。言い換えればこのような患者は分析家のこと、すなわち分析家のもつ関係や感情に一切注意を払わずに済む事実に喜ぶでしょう。「あなたは何の感情ももたず、ただ私に対して純粋な専門家としてのスタンスをとっておられると承知しています」とある患者は言いました。もし私が彼女に対して感情や関心をもっているとすると、それは私に注意を払うよう彼女にある程度の要求を課することになり、そうして彼女が何よりも阻止したかったのは彼女の内的世界へと侵入してくる他者なのでした。

　フェアバーンは、分析家の仕事は自分自身を患者の閉じた世界へ何とか入り込ませることだと述べています。これは通常の解釈の作業によって達成されますが、「精神分析的治療の本質と目標について」という論文でフェアバーンは、精神分析的治癒に含まれる四要素としてギッテルソン（Gitelson, M.）が挙げたものを引用しています。すなわち洞察、幼児期の記憶の想起、カタルシス、そして分析家との関係です。ギッテルソンは一つの要素ではなく、四つの総合によって治癒が達成されると述べましたが、フェアバーンは分析

家との関係こそが真に決定的な要素だと信じていました。ギッテルソンが挙げたその他の要素は分析家との関係に依拠するだけでなく、それなしには存在することもできません。関係がなければそもそも他の要素は存在することがないと気がつきさえすれば、このことはまったく自明のことと思われます。そしてフェアバーンは次のように続けています。「ここで補足しておくべきであるが、『患者と分析家の関係』という言葉で私が理解しているのは、単に転移に含まれる関係だけではなく、人間としての患者と分析家のあいだに存在するすべての関係なのである[23,p.379]」。

　それゆえ、現実の関係が新たな出発の可能性をもたらし、そしてそれが子ども時代には得られなかった情緒的接触を提供すると彼は考えていました。フェアバーンの立場が暗に意味しているのは、分析家と患者の「相性」が合うことの重要性です。以前同僚から聞いた話ですが、ある女性患者との初回面接の際、30分ほど過ぎたところでその女性はこう言ったそうです。「あの、私、あなたに分析していただくことはできそうもありません。壁にそんなひどい絵を掛けている人に、私のことを分かってもらえるとはとても思えないんです」。分析家はまったく正当な意見だと感じました。私自身、分析に向けての準備面接を受けたときのことを覚えていますが、分析家のふるまいが私の父親にとても似ていたので、彼とはちょっとまずいことになりそうだと本能的に感じました。実際その人はほどなくして突然に亡くなってしまいましたが、その時から一、二の同僚が私の判断は正しかったと思うと言ってくれるようになったのです。

　現実の関係がもっている治療的な性質を強調した点で、フェアバーンはユングと共通しています。また関係そのものが患者に欠けていた情緒的な養育を提供することになる、という彼の視点はフェレンツィや第28講で検討する予定のマイケル・バリントの系統に連なるものです。これはメラニー・クラインが実践し教えたこととはまったく正反対です。フェアバーンの理論と実践を他から際だたせているのは、彼の明晰な頭脳のほかに、まだ幼児的依存の状態にある人の特徴的な閉鎖的システムの中へと分析家が入り込む必要があるという考え方です。

　こうした考え方に自覚しないままに従っていた私自身の臨床例があるので、ここで一、二提示することにしましょう。私はある専門家集団の世話役を務

めることになっていたのですが、ある患者がこのことを聞きつけて、「その仕事はきっととても困難なものでしょうし大変ですね。お手伝いしてくださる方が誰かいらっしゃればと願っています」と言ったのです。彼女はこのことを繰り返し何週にもわたって話しました。私が内気であることを知っていて、性に合わないことをさせられていることに同情したのです。ある日、彼女がまた同じようなことを言ったので、私は「でも私は集会ではとてもうまくやってるんですよ」と答えました。すると彼女は私に対して怒りました。私の傲慢さや、分析家として不適切な発言を行ったことなどに怒ったのです。しかし私はその介入は適切なものだったと確信します。彼女の怒りは、社交にうとい私という彼女の抱く内的イメージをその発言によって壊され、内的世界の空想ではなく現実の人間を見るよう強いられた事実によるものでした。

　別の折にはある患者にこう言われました——彼は同じことを以前にもくりかえし言っていたのですが——私にはある出来事を話したくない、というのももし話したら哀れに思われるだろうからというのです。哀れに思おうが思うまいが私の自由ではと言ったところ、彼は本当に不意をつかれた様子でした。というのも、目の前で分析を行っているこの人物は、実際に本人が考えるようにではなく、彼が望むように考えたり感じたりするものだと確信したがっていたからです。分析家の中には、私のこうした介入を本当の精神分析だと考えない人もいるでしょう。しかしフェアバーンは、これを精神分析だと考えたのです。なぜならそれは患者が内在化した対象を育くんでいる世界を壊すことに成功し、また現実世界の人間と関係をつくってみよと挑んでいるからです。

　現実的な関係をつくることは同時に、自我と内的対象世界における分裂を修復する効果をもっています。この分裂は一次的な愛の対象への幻滅を通じて生じるのですが、その修復が始まるのは、現実世界の人物と再び情緒的に接触することが十分に安全なことだと感じられるようになってからなのです。フェアバーンはそれゆえ、精神分析的治療における内的過程の本質は、分裂した部分がまとまっていく統合的な過程であると考え、また治療の目標はこの機能を促進することにあると考えていました。フェアバーンにとっては、「精神分析」という言葉は間違った名称だったのです。治療過程の重要な要素は、部分を分析することにあるのではなくそれらを統合することにあり、

そしてより望まれる統合とは、現実の人物と相対する中で患者が成長することを通じての統合なのです。現実の人間への情緒的接触は、人格の深い分裂を癒す薬です。抵抗とはこの癒しの過程に対抗するものなのです。フェアバーンは、この抵抗の主たる原因を死の本能の表れとみなすことは間違いだと考えていましたし、死の本能として見いだされ記述されているものは、むしろ情緒的に接近することに対する患者の激しい抵抗なのだと考えていました。こうした親密さがなかったことが、子ども時代の忘れられた時期における痛みや苦しみの原因だったのです。

　フェアバーンがアブラハムをどう受け止めたかについての話に戻りましょう。フェアバーンは、肛門期と男根期はいずれも幼児的依存から成熟的依存への移行段階に欠かせないものだと考えていました。肛門的、男根的な色彩のある防衛技術は、口愛的依存の段階に踏みとどまるための一つの様式なのです。肛門期と男根期の身体様式が採用されて、防衛の技術としてつくり上げられているのです。人は特定の性感帯の段階に固着するのではなく、内的対象世界——悪い対象の世界——にしがみついていて、肛門的な防衛様式を用いるのです。内在化された悪い対象から自由になろうと苦闘する中で、患者は孤立の恐怖だけでなく対象に飲み込まれる恐怖にも圧倒されています。これらの恐怖に満ちた状態に対する防衛は、恐怖症の行動として表れます。

　この移行は、内的世界の内容を排出しようとする衝動と、それを保持しておこうとする欲望とのあいだの葛藤としても表れます。この内的な苦闘は、強迫的な防衛として表に表れることになります。それから恐怖症では、現実世界の対象から逃げることとそれへと戻ることのあいだで葛藤が存在します。強迫では、内的対象の排出と保持とのあいだに葛藤が存在します。ヒステリー状態はまた別の内的葛藤、すなわち対象の受容と拒絶の葛藤の表れです。ヒステリー状態の解離の現象は性器の拒絶を表していますが、しかし究極的には乳房——性器が意味しているもの——の拒絶を表しています。

　パラノイアの状態は、外的対象が拒絶され、内在化された対象が受け入れられている状態です。パラノイアの人はいつも、理想化された人物を自分の内的世界へ取り込んでしまい、ごくありきたりの姿をさらしている現実の人物を否定します。すでに示したように、アブラハムはこれらの状態を性感帯の優位の特定の時期への固着だとしましたが、一方フェアバーンは幼児的依

存と成熟した依存とのあいだの苦闘に対処するための防衛的な技術とみなし、究極的には現実の対象との情緒的接触に対する防衛だとみていました。

　フェアバーンとメラニー・クラインとのあいだのある違いをみておきましょう。クラインは無意識的幻想について非常に多くを語ったのですが、フェアバーンはほとんど強調しませんでした。しかし私はこの両者の融合が必要とされていると思います。不思議なことに、情緒的な接触が人と人とのあいだで成立するのは夢想（reverie）するだけのゆとりがあるときなのです。事実、接触は夢想の中に存在し、夢想は一次的同一化の状態にその源があるのです。成熟する際に人は内在化した対象を完全に捨て去るのではなく、分裂が消えていくのとともに、内在化した対象が大人同士の情緒的接触をもたらす幻想生活の源泉へと変化していくのです。愛や友情においては、お互いの違いを認識し把握しておくことが絶対的に重要ですが、その一方で深いところで共有される価値もまた必要な構成要素です。それなしでは友情は存在しえません。私はまた、二人の人間のあいだで深い価値感が共有される場合にだけ、分析が機能するのだろうと信じています。第２講「精神分析における洞察と感情」で、私はバートランド・ラッセルの自伝から一節を引用しましたが、その部分でラッセルはコンラッドとの友情について、次のように述べています。「彼と私は意見の大半においてまったく相容れなかったが、どこか非常に根本的なところでは驚くほど一致していた」。このような一体感の源は、一次的同一化の段階にあるのです。いかなる友情も愛の関係も分析も、「他者」への尊敬と二人のあいだの紐帯を形作る一体感がなければ持続することはありえません。フェアバーンは一方の要素を強調しましたし、メラニー・クラインは他方を強調したのです。

24
メラニー・クライン

　フロイト以後英国の精神分析において最も影響力のある人物はメラニー・クラインですが、国際的な精神分析界での彼女の影響を評価するのはまだ時期尚早でしょう。フロイトと同様に彼女は献身的な支持者の一団を自らの周囲に集めましたし、そしてこれもまたフロイトと同様に厳しい論敵をもっていました。彼女の発見は驚異的なまでに革命的だったので、分析家は誰も彼女を無視することはできませんでしたし、以後の講義で検討する予定の分析家たちすべてが彼女との関係における自らの位置を示さねばなりませんでした。彼らは相違点と類似点を彼女に照らしあわせつつ、自らの位置を確かめていたのです。
　メラニー・ライチェス（Reizes, M.）は1882年にウィーンで、ユダヤ教正統派に抵抗していたユダヤ人夫婦の第四子、末っ子として生まれました。祖父母はメラニーの父親となる息子にラビになるよう命じていたのですが、医学を学びたいと熱望していたので医師になりました。また彼は、ごく若いときに祖父母に強制されて結婚した女性と別れたこともありました。離婚したのち、メラニーの母親となる女性と再婚しました。メラニーは父親っ子というよりも母親っ子で、彼女の愛する姉シドニーが死に、そしてのちに最愛の兄であるエマニュエルの死を経験してもなお、子ども時代を幸せに満ちたものとして記憶していました。エマニュエルにラテン語とギリシャ語の手ほどきを受けたメラニーは、ウィーンのギムナジウム在学中に医学を勉強することを決

意したのですが、兄の友人アーサー・クライン（Klein, A.）と17歳で婚約したことでその思いをあきらめることになりました。彼女は1903年に21歳で結婚し、結婚後当初は夫とともにスロバキアやシレジアの小都市を転々としました。しかし文化の中心地から切り離されていることへの強い嫌悪感をもっていたので、その頃は彼女にとって幸せな時期ではありませんでした。

　事態が一変したのは夫婦でブダペストへ移住したときでした。そこで彼女はフロイトの著作に出会い、これをきっかけにフェレンツィから分析を受けることになったのです。彼女はその分析のあいだに子どもの心理学への興味を深め、フェレンツィも子どもの分析に取り組むように彼女を励ましました。そして1919年にハンガリー精神分析協会で処女論文「子どもの発達」を発表したのです。

　今日のわれわれにとって、子どもの分析を始めるということがいかに大きな一歩であったかを理解するのは困難なことです。それまで児童分析が実施可能だとは考えられていなかったのです。しかしメラニー・クラインは、子どもたちが遊びの中に自らの幻想生活を実演することを発見しました。それからは遊びは自由連想と同じように見なされることとなり、分析することが可能になったのです。子どもはまだ両親に依存しているから、真の転移は生じないと考えられていましたし、もし転移が発展するとしても、それは子どもを誘惑して両親への愛情から引き離すことになってしまうと考えられていました。メラニー・クラインが気づいたのは、転移を構成しているのは両親に関する内的幻想だということと、これらが解釈されれば子どもの迫害的不安や投影が弱まるということでした。実際に子どもと両親の関係は改善するのです。

　ほぼこの頃に彼女は夫と別居しました。何年にもわたって不幸な結婚生活が続いていたのですが、彼女の私生活のこの点について一般に知られている情報はほとんどありません。人生で最も重要だったと彼女自身が述べた関係の始まりは、明らかにこの直後でした。ハヴロック・エリスの伝記作家であるフィリス・グロスクルスが、現在メラニー・クラインの伝記を彼女の論文[*1]を資料としながら書いているところですので、刊行後には彼女の生活のこの点についてより深い理解ができるようになるでしょう。

　1920年にハーグで開催された精神分析学会で彼女はカール・アブラハムに

より深い理解へ

出会って深い印象を受けていますが、これが彼女のベルリン移住の理由の一つとなったことは間違いありません。ここで彼女は子どもの分析技法を発展させ標準化しましたが、それは現在われわれが知っている技法と同じものです。また彼女はアブラハムに分析を依頼し、1924年に始めました。分析は18カ月間に及びましたが、1925年末の彼の急死によって突然の終わりを迎えました。この年にアーネスト・ジョーンズが、英国精神分析協会で子どもの分析に関する連続講義を行うようにと彼女に依頼しました。講義は成功裡に終わり、彼女は翌年に再びロンドンに戻り、1960年に78歳で死亡するまでそこにとどまることになったのです。

　彼女はロンドンでも子どもの分析を続け、その後大人の分析も開始し、精神分析家になるために訓練中の候補生の分析も始めました。今日イギリスで最もよく知られている分析家の多くが、彼女に分析を受けています。ドナルド・メルツァー、ハーバート・ローゼンフェルド (Rosenfeld, H.)、エリオット・ジャックス (Jaques, E.)、そしてハンナ・シーガルといった面々です。当初の10年は彼女の視点や理論、理解は英国分析協会で尊敬とともに熱狂的に迎えられましたが、次第に敵意や反論が生じました。それは最初は小さな動きでしかありませんでしたが、最終的には1930年代のかの有名な「大論争」にまで拡大しました。

　クライン派の立場はこの論争を通じて明確なものになったのですが、彼らは協会に生じた分裂と傷とを修復しようとはしませんでした。この苦難がとりわけ悲痛なものになったのは、メラニー・クラインの実の娘で分析家でもあったメリッタ・シュミデバーグ (Schmideberg, M.) が、論争においてクラインに対する最も厳しい反対者の一人となったという事実からです。アンナ・フロイトは、自分の視点が尊重されることを求め、自分の考え方に従うことを希望する研修生にはそうした教育が行われることを要求しました。結局アンナ・フロイトの支持者は独自の研修プログラムをもつことで妥協が成立し、彼らはBグループあるいは古典的フロイト派として知られるようになり、一方メラニー・クラインの支持者はクライン派として知られるようになりました。そのどちらにも所属しない人たちも多数いて、独立学派あるいは中間学派として知られるようになりました。長年かかって激情は静まってきていますが、まだ当時と同じトレーニングシステムが行われています。（この経緯

についてはコーホン[Kohon, G.]が編集した1985年刊の著作を参照。)[81]

　フェアバーンは早期の失望から生じる空虚感と引きこもった状態を出発点に置きましたが、メラニー・クラインは絶滅恐怖に置きました。この恐怖は、内部から破壊する何かです。この「何か」とは死の本能の内的な作動なのですが、それは恐ろしい体験となります。ここで私が言っておきたいのは、恐れられる対象は内部の要素でありながら外部に存在するものとして体験されるということです。メラニー・クラインの言葉で言えば外に投影されるということですが、では何に投影されるのでしょうか。フェアバーンと同様にメラニー・クラインも子どもは最初から対象関係をもっていると信じていました。しかし彼女はアブラハムによって最初に作られた区別——全体対象への関係と部分対象への関係の区別——を明確なものにしたのです。

　人生の始まりでは、子どもは「母親」の知覚的なイメージをもっていません。におい、ミルクの味、乳房の感覚、髪がなでていく感覚、そして母親の眼、これらが存在するだけなのです。乳児はこれらを、われわれが「母親」と呼ぶパターンを構成しているものだとは見ていません。それぞれが別々のままなのです。それぞれが全体対象である母親の部分対象ですが、このなかで最も重要な部分対象は乳房です。このようにメラニー・クラインはフェアバーンと同様、性感帯としての口にではなく対象——乳房——に焦点を当てたのです。彼女は「転移の起源」という論文で次のように述べています。「ごく幼い子どもを分析して学んだことは、外的対象であれ内的対象であれ対象を含まない本能的な衝動や不安状態、心的過程というものは存在しないということであり、言い換えれば、対象関係が感情的生活の中心に存在するということです」[22, p.53]。赤ん坊は乳房によって満足し安心するのですが、乳房がない場合には欲求不満を感じることになります。欲求不満に刺激されて赤ん坊は内的な悪い何かを幻想の乳房へと投影し、それを通じて悪い乳房の幻想をつくり出しますが、するとそれは悪いだけでなく迫害的にもなります。それが迫害的なのは、乳房が反撃してくると感じられるからです。

　迫害的な対象というものは常に、暴力的な敵意と憎しみとが最初に投影されたものです。クラインが妄想分裂ポジションと名付けたこの段階においては、強烈な憎しみが支配しています。メラニー・クラインは最初はこの段階を「妄想」ポジションと呼んでいましたが、この状態では人−幼児が対象か

ら情緒的に引きこもっていることを認識したので、フェアバーンの「分裂」という呼称を取り入れたのです。クラインによれば、投影の機制によって強烈なものになっているこの不安のるつぼが、精神病的領域を構成します。もし大人が妄想分裂ポジションへと退行した場合には、たとえば分析家は視覚的には一人の人間と知覚されていても、情緒は部分対象に関係したものとなるでしょう。実際、精神分析において患者がこの水準で機能しているときの一つの徴候は、ごく簡潔に言えば強烈さなのです。

　ここで数年前に私が分析していた患者から、一例を示しましょう。第1回目に入室した際、彼女のあごは怒りでかちかちと音を立てており、雰囲気は緊張感あふれるものでした。彼女はボーイフレンドをナイフで刺したときのことを話したのですが、その一方で口ほどには悪いことをしないと話しました。彼女は何回かレイプされそうになったときのことを話しました。10回目のセッションだったでしょうか、彼女は強烈に怒った口調で「結婚することに決めた」と言ったのです。このときは最初から最後まで怒りで歯がみしながら話しつづけました。セッションが終わって彼女のために私はドアを開けたのですが、私のそばを通った際に彼女は急に頭をぐいと振りあげたのです。私に対する怒りと憎しみははっきりしていました。私は、彼女が爆発して私に身体的に攻撃してくる可能性があると思い、あらかじめ部屋から危険なものを取り除く用心をするようになりました。

　20回目のセッションで、彼女の雰囲気から、私のことを大嫌いな怪物であるかのように感じているようだと解釈しました。これは怒りの嵐を巻き起こしました。「あなたのしていることは拷問だ。ヒトラーは親衛隊をもつ必要はなかった。彼には、精神分析家集団さえいればよかった。ピノチェト将軍に、自分が最近出会った一番拷問の上手な連中を知らせてやりたい」。こんなふうに彼女は半時間にもわたって怒りつづけたのですが、その終わりに彼女は精神分析家の集まる夕食会に出て密かに皆を観察してみたいものだと言いました。誰かが「お塩を取っていただけますか」と言ったら、分析家は「どういう意味ですか」と返事するんだろう、というのです。患者は決然と立ち上がって怒った様子で部屋を出て行ったのですが、翌日にはまた戻ってきたのです。（彼女はずいぶん後になってから、このときもう二度と面接しないといって拒否されるだろうと思っていたと話しました。）

最初の爆発以後は張りつめた感じも弱まったのですが、それでも18カ月ほどは大変張りつめた雰囲気で、彼女がとても原始的な状態にまで退行していることは疑いようがありませんでした。この18カ月間は妄想分裂ポジションが優勢でした。私は彼女にとって部分対象——ある時には乳房、またある時にはペニス——であり、そしてこれはよく夢に象徴的に現れました。彼女はまた、脅威に満ちた存在に飲み込まれてしまうことへの非常に強い恐怖にも苛まれていたのです。

　この期間、彼女は恐ろしい悪夢に苦しめられていました。何度も長いナイフあるいは銃を持った男に追いかけられるというもので、そういう夢はどれも皆大変長いものでした。私は妄想分裂の状態に伴う夢はしばしばとても長くなることを知っていましたが、ただ夢を詳細に検討するのは間違いだと思います。メカニズムははっきりしていましたし、妄想分裂ポジションで生じることに関するメラニー・クラインの記述が正しいことが私には確かだと感じられました。激しい敵意が乳房に投影され、そして彼女がおかした罪ゆえに拷問官が彼女を追跡するであろうと感じて、患者は自分の人生に恐怖を感じていました。

　これらの投影は精神的な側面に限ったものではありませんでした。非言語的な水準では、彼女は自分自身の要素を周囲の人に投影していました。事実、周囲の人は彼女のことを恐れていましたし、すでにお話ししたように私も彼女を何度か恐ろしく感じることがありました。私がお話しした特別な場面以外でも最初の18カ月のあいだは、彼女の面接では私はほとんどいつも緊張した状態にあったのです。ここで私は、他者へ「投影する」ことと他者を「傷つける」ことは、想像上の問題にとどまるものではないという考えに至りました。患者は実際に他者の内部へ投影していましたし、他者は実際に復讐していました。それはナイフで追いかけることによってではなく、彼女から逃げることによる復讐でした。言い換えれば、彼女をナイフで追いかけている人物は、別の部分を攻撃している彼女の部分なのですが、攻撃された部分は他者へ投影され、そうして他者が彼女に復讐することになったのです。

　自己の一部が他者へと投影されるというこの現実は、言葉を伴いません。分析家が出会うのは雰囲気であり、その雰囲気に分析家は大いに影響を受けることになります。この状態で分析家は一人の人間ではなく、嫌悪された

像であったり情熱的に理想化された像になっています。患者が妄想分裂ポジションに退行した場合、分析家の主たる仕事は、自らの感情や不安、恐怖の嵐を制御し、また虚栄心や自己愛、自分自身の理想化されたイメージをも制御することになります。これらすべてが非言語の水準で生じます。患者が罵倒によって私を悩ましているとき、彼女は投影していたのです。これは、私が彼女を一切拷問していなかったということを意味しているわけではありません。実際、今になってみれば私はそうしていたことが分かります。しかしそれにもまして、彼女の投影が非常に大きかったのです。もし私が恐怖を感じていたならば、ナイフを持った男から逃げている恐怖に満ちた彼女の部分に投影同一化していたことになります。彼女の人格の対象の部分が投影されていたのです。患者の自我が感じることを外部の人物が感じていると気づいた場合には、投影同一化が起こっています。たとえば先述の患者を、まったく怖がってなどいないと見ることもできたかもしれません。しかし私が恐怖を感じたという事実が、私に別の物語を告げたのです。

　妄想分裂ポジションのもう一つ別の徴候について、同じ事例を用いて説明しましょう。月曜日には彼女は怒りに満ちた敵対的態度を取り、火曜日にはそれが少しゆるみ、水曜日には少し信頼するようになり、木曜日には協同してうまく作業を進めているという私への満足感が生まれ、金曜日にはかなりの洞察と理解が生じ、そしてまた月曜日には憎しみと怒りへと戻ることが明らかに見てとれました。また初めての休みの際に、それはとても短い休みだったのですが、彼女は完全に破壊されたように感じていました。情緒的には、私がこの惑星から完全に消え去ってしまったと感じたのです。

　悪い乳房を作り上げる憎しみは不在から生じるのだというメラニー・クラインの指摘の正しさが十分に理解されました。部分対象は内部に保持されることはありません。それは視界に入っているときだけ存在するのです。こうした部分対象の特徴と、ごく幼い子どもにとって椅子の後ろに移動した対象は非存在になってしまうというピアジェの発見とのあいだには共通点があります。視野にないものは心からも消える、すなわち去る者は日々に疎しということです。これがあてはまるような人に出会ったとすると、その人はたぶん妄想分裂ポジションで機能しているのでしょう。

　この機能のあり方が単に面接室だけで生じるのだと思っていただきたく

ありません。気づかれないことが多いのですが、われわれは常に社会的交流の雰囲気に支配されています。投影同一化によってつくられるこの雰囲気によって、会話がどこから生まれ社会的コミュニケーションがどう行われるかが左右されてしまうのです。私の知人にロンドンのイーストエンドで数年働いていた司祭がいます。彼はある日穏やかな笑みを浮かべつつ次のように言いました。「イーストエンドには同性愛者はいないよ。地元の人は誰もが誇り高く男性的だから、同性愛者はみんなウエストエンドに越していったよ」。彼の発言の根拠は、彼が担当する教区の多くの人たちの秘密を聞いたなかで、同性愛者には一人も会わなかったということだったのです。

　私は確信をもって、この現象を説明することができます。彼の周囲には強烈な雰囲気が漂っていたのですが、それを言葉にするならば次のようになるでしょう。「私に絶対ショックを与えないでください。私は無邪気で小さな子どもにしかすぎないんだから」。また別の話ですが、私は子どもの頃から10代まで、よく叔父と叔母の家を訪問していました。叔母は善良で公平な人だったのですが堅苦しい人で、彼女の堅苦しさは古いロンドンのスモッグのような周囲の空気からにじみ出ていたのです。叔母が友人とのあいだで猥談を話すことなど想像すらできないことでした。

　皆さんもこの種の話はいくらでも思いつくことができるでしょう。私の経験では、それらの雰囲気には、非常に強烈な超自我、あるいはメラニー・クラインの言葉でいえば内的な迫害する対象がいつも伴っています。その人が自分が迫害されているように感じるのは、その人が周囲の他者をコントロールしているからなのです。この両者は常に並行しています。強烈な超自我には、かなりの量の投影同一化が常に生じるのです。

　妄想分裂ポジションには他にも重要な要素がありますが、それも先ほど述べた女性患者の事例によく示されています。すべての夢の中で、彼女は逃げ、怯え、圧倒されていました。これらの投影の過程には、わずかのことにしか耐えられないほどに弱い自我が同時に存在しています。メラニー・クラインは自我は弱いものだと信じていたのですが、それは投影同一化を通じて、悪い対象だけでなく良い対象もが自我自身から失われるからだというのです。しかし私はこの説明を受け入れることはできません。フェアバーンの考え、つまり対象が自我の芽生えを育てないために弱い自我が生じるのだと

いう彼の考えに私は賛成します。

　患者は分析の初期の段階で次のような話をしました。あるクリスマスイブに母親がプレゼントを買いに街に出かけてくる、と言って出かけたのですが、母親は街で友人に出会ってしまいました。二人は飲みはじめ、すっかり酔いつぶれて子どもへのプレゼントのことは完全に忘れてしまったのです。翌朝に少女――私の患者――は、胸躍らせながら目を覚ましプレゼントを探したのですが、ただいびきをかいて酔いつぶれている母親の姿だけがあって、プレゼントはどこにも見あたりませんでした。彼女は情緒的に養ってもらったと実感したことはなく、こうした出来事に特徴的に見られるような失望が乳房への失望以来、常に彼女のそばにあったのだと思います。

　母親のそうした側面が転移の中で私に向けられていたとすれば、彼女が私を痛めつけたことも驚くにはあたりません。それにもかかわらず私は、すでに述べたような発達初期の災難によって、つまりフェアバーンなら外傷的失望と呼んだであろうものによって、弱い自我における妄想分裂的な状態と投影同一化の両者が作動しはじめるのだと思います。

　訳注
　1　その後、以下の書名で刊行された。
　　Melanie Klein: Her World and Her Work. Toronto : McClelland & Stewart, 1986

25
メラニー・クライン　その２

より深い理解へ

　メラニー・クラインは、妄想分裂ポジションを出生後３〜４カ月のあいだ優勢なポジションだと考えていました。しかし彼女はそれが、フェアバーンの記述したスキゾイド状態と同様に、常に人格の内部に存在している内的状態だという事実を示すために、「段階」(stage)と呼ぶよりも「ポジション」と呼ぶことを好んでいました。ただ、この二つのあいだには異なる点があります。フェアバーンはスキゾイド状態の起源は外傷的失望にあると考えていましたが、メラニー・クラインは妄想分裂ポジションの起源を遺伝的に受け継がれた死の本能にあると見なしたのです。さらにフェアバーンにとってはスキゾイド状態は避けられないもので、メラニー・クラインが考えたような見分けられる発達段階ではなく、また人生の最初の３カ月といった特定の時期に結びつけられるものでもありませんでした。メラニー・クラインにとっては、妄想分裂ポジションは段階でもありポジションでもあり、人格の中に残されている残遺物であり、何か情緒的なきっかけがあればその後の人生においても人が立ち戻る可能性のあるものだったのです。

　ここで発達段階と情緒の状態との関係について述べることが役立つと思いますので、ピアジェの知能の発達モデル[90,91]と関連づけてお話しすることにしましょう。ピアジェが言うところの「感覚運動期」の「発明の段階」[*1]以前には、子どもは認知地図を持っていませんから、その時期ではボールがソファの後ろに転がってしまうと存在しないことになってしまうのです。それが発明の

段階に入ると、心のイメージによって世界を表象する能力が発達します。それ以後は、赤ん坊の視界からボールが消え去ってもボールのイメージは保持されます。いったん発明の段階が始まると前の段階へ知覚的に戻ることはないのですが、ここで重要なのは知覚的には戻らないということであり、情緒的にではないということです。一例として、前回の講義で私が述べた患者に話を戻しましょう。彼女はセッションが終わって外へ出たとき、私がまだ存在しつづけていることを知覚的には気づいていました。さもなければ、翌日に予約してある面接のために戻ってくるつもりはないなどとは考えなかったでしょう。しかし情緒的には私は存在しなくなってしまったのです。それゆえ発達的に言えば、彼女は知覚的には発明の段階は通過していても、情緒的にはまだ通過できていないことになります。

　妄想分裂ポジションはこれと同様です。知覚の面から言えば、大人になれば発達段階としてはその段階を越えていることになります。患者は私、つまり分析家をシミントンとして知覚し、また一人の人間であり全体的な存在であるということを知覚しています。しかし情緒的には、私は面接室のドアが閉められるとすぐに消えてしまうような分離した部分の集合体として彼女の前に存在しているのです。それゆえ発達段階としては、妄想分裂の時期は出生後4カ月末頃には終わるのですが、人格の中に状況として、すなわちポジションとしては一生存在しつづけるのです。メラニー・クラインの著作では、この区別は含意されてはいるものの、明確にはされていません。

　メラニー・クラインは、不安に対処するために出生の時点から自我は存在しはじめるものだと考え、それが自我の第一の役割だと考えていました。この早期の自我は原始的なもので統合性を欠いており、その強さは本質的な要素――それは環境の状態に原因を帰せられない、遺伝的な何か――によって決定されています。ここにもクラインとフェアバーンのあいだの大きな違いが存在しています。フェアバーンは、自我に関係している一次的な愛の対象の行動が、自我の強さを決めるのだと考えました。メラニー・クラインは、強い自我と適度な不安が揃うと自我が不安を扱えるようになり、赤ん坊が知覚的にだけでなく情緒的にも次の段階に進むことができるだろうと考えました。この次の段階をクラインは「抑うつポジション」と名付けました。

　これらの分離した実体あるいは部分対象――最も重要なものは乳房ですが、

髪やにおい、顔、目もまた重要です——は、生後3〜4カ月頃に統合された全体に凝集するようになります。たとえるなら、妄想分裂ポジションにおいて人間は（赤ん坊にせよ大人にせよ）ジグソーパズルの11個のピース——二つの目、二つの手、二本の脚、髪、鼻、口、におい、声——に出会っています。そして一つひとつを見てみると、それぞれのあいだには何の関連もないように見えます。そうしてある日突然に、長い時間見つめているとそれらが一つのパターンを形作るようになります。赤ん坊がついには「ママ」と呼ぶ一つの存在になるのです。

　これが3〜4カ月の子どもに生じると、赤ん坊はメラニー・クラインが抑うつポジションと呼んだ新しい発達段階に入ることになります。この際には抑うつの感情が伴います。自分の怒りが攻撃していたものが、単に何も感じない対象ではなく感情や感受性をもった一人の人間であることに内的にそして情緒的に気づいてしまうために、赤ん坊はいやな気分になり寂しくなってしまいます。この段階は対象の取り入れとも関係があるので、ここで投影と取り入れの機制についてお話ししておかなくてはいけませんが、これらはメラニー・クラインが臨床経験と早期の情緒の発達を概念化する際に、大きな役割を担っています。

　妄想分裂的な段階では、乳児は耐えられない感情をすべて外へと投影します。そのほとんどは怒りと敵対的な感情ですが、良い感情も含まれています。絶滅の脅威を与える死の本能が内的に作動することによって乳児は怯えてしまい、これらの耐えられない感情は外へと投影されます。では何へ投影されるのでしょうか。悪い乳房へです。悪い乳房は二つの面をもつ現象です。母親の現実の乳房でもあり、赤ん坊が求めても安らぎをもたらす授乳が得られない経験でもあります。それゆえ内的な死の本能の体験と外的な「授乳が得られない体験」とは同種のものになり、このことから内部から外部への投影が生じることになります。この大変原始的なタイプの投影は特別なもので、すでにわれわれがみてきたようにメラニー・クラインはこれを「投影同一化」と呼び、妄想分裂ポジションではこの機制が優勢だと考えていました。

　ここで一つ例を挙げましょう。午後の早い時間に私はある男性の面接をしていたのですが、率直に言いますと、私は昼過ぎにうたた寝をしてしまう傾向がありました。昼食後には店を閉じて寝てしまうスペイン人の習慣に対し

より深い理解へ

て、もともと私は大いに共感を寄せていました。この患者の場合に、私は一度ならず睡魔に打ち負かされたことがあります。私のうたた寝の傾向は患者とはまったく関係なく存在していたものですが、しかしその当時、定期的に幸せに満ちた深い睡眠へと私を誘うことができる患者は彼しかいませんでした。彼は覚醒していて、彼の自由連想は私の心の中で安らかな子守歌を奏でていました。これは、次のようなかたちで投影同一化が起こっていたのだと思います。彼の内的な死の感情は情緒的には聞いていない分析家へと投影されていましたが、これは彼が赤ん坊だったときに情緒的に聞いていなかった母親のために、瀕死の状態に陥った経験の再演となっていたのです。彼は本当に、赤ん坊のときに餓死してしまいそうだったのです。私が眠るときには、早期の幼児期に死に瀕した彼の体験の一部を私が体験していたのです。

　ここで示した事例で特に強調したのは、投影同一化が起こる際には内界と外界で生じることが一致して、しかもこの二つが協調して生じるということです。メラニー・クラインの記述では、こうした内界と外界の結びつきは臨床的には強調されていなかったのですが、含意されていると私は思います。私自身の考えは、分析家側の――意識的あるいは無意識的な――協力なしに、投影同一化が生じうると信じている人たちの発想とは異なったものです。そうした考えでは、分析家が投影によって影響を受ける部分が否認されていると思います。

　より原始的でないタイプの投影においては、分析家が患者に誤って知覚されることになりますが、この投影は抑うつポジションに属しています。この場合、全体対象が知覚されているのですが、そこには知覚を変えてしまうような情緒的な力がかかっています。この場合取り入れられた対象――内的な認知的／知覚的イマーゴ――は、耐えられない自己の一部によって汚染されています。その一方、投影同一化の場合には、取り入れられた対象は存在せず、ただ耐えられない内部の経験がそのなかへと投影された憎い部分対象の経験だけが存在しています。この投影の機制が非常に強烈な場合には、良い感情も自己から遊離してしまい、幼児は空虚で希望がないと感じます。フェアバーンは反応しない母親にこの原因を求めましたが、メラニー・クラインは、ほとんど生来的なものである羨望によって力を与えられている強力な投影にその原因があると考えています。

抑うつ段階に優勢な機制は取り入れです。赤ん坊は母親を傷つけたことについていやな気分になったり悲しく感じたりするだけでなく、いまや感情をもっている一人の人として母親を知覚し、全体対象として彼女を取り入れるのです。もしケアされたり授乳される状況が良いものであれば乳児はこれを取り入れます。つまり外界から事物の良い感覚を取り入れるのです。対象についての良い気持ちの感覚を内部にもつのです。乳児は妄想分裂段階ですでによい乳房だけでなく悪い乳房も取り込んでいるのですが、悪い乳房から守るために良い乳房は理想化されることになります。乳児は、理想化と価値下げという情緒的なスペクトラムの二つの極を通じて世界を見ています。しかし抑うつポジションになると良い経験を取り入れる機会がありますし、この良い経験は妄想分裂ポジションにおける二つの極に分けて見る歪んだ見方を調整するように機能します。

　メラニー・クラインの見方は、妄想分裂ポジションに特徴的に見られる分裂は重要なもので、特に良いと悪いが相互に分離していることによって初めて、良い対象を取り入れることが可能になる、というものでした。しかし抑うつポジションでは、母親が全体的なものとして知覚され、良い面と悪い面とが統合されたパターンとして取り込まれることになります。良いケアと授乳を行う母親が取り入れられる場合には、乳児はいわば妄想分裂段階で内在化されてきた理想化された良い部分をそのまま吸収し、そして同時に価値下げされた悪い部分も吸収します。

　これらの暴力的な激しい感情を吸収し緩和する役割をもつコンテイナーとしての母親、という発想を定式化したのはビオンでしたが、この発展はメラニー・クラインによって暗示されてはいたものの、明確にはされていなかったものです。それにもかかわらず私がこの考えを今お話ししたのは、抑うつ段階は、妄想分裂段階の投影を通じて生じる知覚の「誇張された」側面を、取り入れられた良い母親が緩和する段階として理解できるからです。一方で、もし良い母親が取り込まれることがなければ——これは通常、普通よりゆがんだ妄想分裂段階のすぐ後に生じるので——抑うつ段階が悪いかたちで出来上がり、それでなくても深刻な状況をいっそう悪化させるのです。

　抑うつは、愛していた一次的な愛の対象を傷つけたことへの罪悪感から生じます。つながりをもつとはみられていない別々の部分対象に向かって憎し

みと愛とが互いに分裂して投影された場合には、意識的な罪悪感は生じません。愛している人物に向けて憎しみを投影していると「認識した」場合に、憎しみと愛が同じ自我から生まれてきたと感じられるために罪悪感が出現するのです。罪悪感は、望ましくない部分が対象へと投影されることに伴って生じる感情です。

　私がみていた強迫的な患者のことはすでにお話ししたと思います。彼女は、私と会った後には緊張感を完全に吐き出して気分がよくなるからほっとするんです、と週に2度は言いましたが、その一方でその他の点では通うのにうんざりしているとも言っていました。このように私に対する憎しみが存在していましたが、彼女にとっての唯一のなぐさめは、トイレへ糞便を出すように私へ悪い感情を吐き出すことができるということでした。それまでこのことについて私は2回話題にしたのですが、その際には解釈は行わず、ただそのことに触れただけでした。それに注目はしていたものの、当時はそれらの重要性を自分自身でもうまく定式化できなかったからです。その当時には面接室の外の待合室にはディンプレックス社のヒーターが置いてありましたが、患者が入ってくるときにそれをつけ、最後の患者が夕方に帰ってから消すということを私の習慣にしていました。強迫的な患者が私に緊張を吐き出すことについて話したその週のある日、私は1日が終わって待合室から自宅へと歩いて帰るうちに、ヒーターを切ったかどうかよく分からなくなりました。「消したんだろうか、いや消し忘れたんだろうか」と自問したあげく、結局落ち着かない気分で待合室へと戻って実際に消えているのを確認したのです。

　3日後にまったく同じことが起こったので、私は自らに問いかけました。「これは変だ。私らしくない。おかしな普通じゃないことが起こっている」。しかし私はまだ自分の診ていた強迫的な患者に直接思い至りませんでした。思い至ってもよさそうなものだったのに、です。というのも彼女は、台所のガスレンジの元栓を消しただろうか、ゴミ箱に捨てたビンが割れていないだろうか、それでゴミ回収の人がけがをしたりしないだろうか、道の脇にあった小包のことを報告しなかったために、通りがかりの無辜の市民がIRAの爆弾で吹き飛ばされてしまって、その間接的な責任を問われないだろうか、などといったことを何度も確認することに日々追われていたからです。

　2回目の強迫的な行動をとった夜に、私はある夢を見ました。その夢に大

変はっきりと現れていたのは、患者が強迫的で暴力的な糞をこれでもかこれでもかと私へ投げこんでいるということと、私の行動がその証拠になっていることでした。それで私は、かかりはじめた神経症がこれ以上悪くならないうちに問題を解釈することにしました。患者は強烈な超自我によって苦しめられていました。私へと投影しただけでなく、周囲の他の人に対しても同様に投影を行ったために罰せられていたのです。無意識的にではあっても自分の中の受け入れられない糞のような部分を他人に投影して操作する人間に、内なる暴虐な神が容赦なく罰を与えているのです。そしてこのような患者に対して、あなたは単に攻撃の「幻想をもっている」だけで「現実には」そんなことはないんですよと分析家が話している印象を与えてしまうような解釈では、臨床的には役に立たないのです。

　妄想分裂の時期には罪悪感は完全に無意識的ですが、抑うつ段階になると次第に意識にしのび込んでくるようになります。前回の講義でお話しした女性の患者に、ついでにこの講義でも触れておきましょう。ドアから出て行くと同時に私が消え去ってしまっていた人ですが、彼女は約18カ月たって抑うつ段階に入りました。それは次のような明白な違いから明らかでした。まず自分のことを悪く思うようになりました。それまでは職場の上司や他の人たちのことを憎しみをこめて話し、彼らよりもっと不幸な人たちに対して十分に配慮しない態度をとっていることに不満を述べていましたが、今では不満を述べていた人と彼女とがまさに同じなのだと気づいて、自分自身に対して抑うつ的になったのです。

　彼女の夢も変化しました。以前は誰かがナイフや銃で追いかけてくる悪夢だったのですが、今では関心をもたない横柄な態度で彼女が人を傷つけている夢になりました。ある夜彼女が見た夢では、ランドローバーを運転していた彼女が二人の人を轢いてしまいました。二人の身体から血がどくどくと流れだし叫び声が響いたのですが、彼女はそのまま運転しつづけました。彼女はこの夢や他の夢に対しても恐怖を感じました。それまでは母親にいかにひどく扱われたかということを話していましたが、いまや彼女は母親が「もし視線で人が殺せるものなら、私はとっくに殺されているでしょうね」と言っているのを思い出したのです。

　言い換えれば、他者は対象を感じているのだと彼女が気づきはじめたとい

うことですし、また自分の中に潜む他者への激しい暴力性を少し理解しはじめたということでもあります。この時点で彼女は、分析の初期に私に向けていた悪意を詫びました。このように、抑うつポジションでは二つの感覚が存在します。一つは感情をもった全体的な人間としての対象を感じることになり、もう一つは他者に対する主体自身の責任を感じることになります。自分自身の責任に気づくということは、同様に自分は暴力性をもっている全体的な人間であると自ら気づくことでもあります。そしてゆっくりと、人は抑うつポジションをくぐりぬけていきます。しかしどこへ向かっていくのでしょうか。講義の終わりでクラインの理論に対する批判をお話ししますが、そこでこの点に触れることにしましょう。ただここでは、メラニー・クラインが最後に行った重要な仕事、『羨望と感謝』[79]についてお話しすることでいったんここの話を終えましょう。ここでは羨望に焦点を当てますが、感謝はその反対で分析の過程のゴールになるものです。

　メラニー・クラインは分析家になった当初は分析に強い情熱を傾け、すべての人類が精神分析を受ければユートピアが訪れるはずだという夢をもっていました。すべての人が直接分析を受けられると考えるほど彼女は愚かではありませんでしたが、しかし情緒の理解に際しての分析的な態度は、両親や教師、大学講師、それから他者を成長させ訓練する責任をもつ社会的な立場の人びとを通じてすべての人の身につくと考えていたのです。しかし晩年になると、彼女はもっと悲観的になりました。人間の抵抗の深さにぶつかって、そこに本質的――本能的――な要素が働いていると感じるようになりました。その要素が羨望です。メラニー・クラインはこの言葉で、無意識的な羨望のことを意味していました。もし私が友人に「あなたの外国語の習得能力が本当に羨ましいよ」と話す場合には、それは意識的で自らコントロールできるようなものですし、彼に負けまいとする刺激にさえなるものです。しかし私が同じ友人に「ジョンは多くの言葉を話せるように見せかけているだけさ」と苦々しく言ったとしたら、この場合私は無意識的な羨望を表現していることになるのです。

　以前、私はある学会にでかけたのですが、そこで比較文化的な視点から治療に関するある主題についてとても良い発表をしている人がいました。それは優れた論文で、ある特定の労働者階級の文化の中で働いた発表者自身の経

験からまとめられたものでした。その主題についてそれ以上に良い発表を聞いたことはありませんでした。発表会場から出てきて気がつくと、同じ領域で自分も講演できると思っている人と私は親しく話をしていました。そこで彼に「すばらしい発表でしたね」と言ったところ、「話を盛り込みすぎだね」と明らかに軽蔑混じりの返事が返ってきたのです。確かに発表者は幅広い内容の発表を行いましたが、しかし論文は彼自身の経験、勇気、創造性に基づいたものでした。私の知人が耐え難かったのは、このことだったのです。

　セッションの終わりで私が消え去ってしまう患者は、分析を開始した頃は私に威圧されていましたし、また私が大変多くの本を読んでいるという理由から、彼女を分析できるのは明らかだと何度か言っていました（面接室には大きな本棚があったのです）。また彼女は、私には教育を受ける機会があったのに彼女にはその機会がなかったということに何度か触れていましたが、それは事実でした。しかし後に分析の中で抑うつの時期に入ったとき、私の分析する能力は私自身の中にある何かだと気づいたのです。これこそが彼女がとても深く羨望していたものでした。

　メラニー・クラインは、乳児の羨望は究極的には豊かに授乳してくれる乳房に向けられると言っています。すでにお話ししたように、メラニー・クラインの見解では良い乳房の内在化が精神的健康の基盤を作るのです。この良い乳房は強烈な羨望によって攻撃されるために、それが取り入れられることはありません。以前、私が担当していた患者に、よく次のようにふるまう患者がいました。私が行った解釈が当を得ていて明らかに患者の心を揺り動かすことになると、患者は解釈を与える乳房を貪欲につかみたそうにしていました。私がそうした能力をもっているという事実に彼女は耐えられなかったのです。回復を強く願っていたにもかかわらず、自分が病気にとどまることのほうが、私が椅子にもたれて彼女を創造的に援助する能力を誇っていることよりも、彼女にとってはより耐えやすいことだったのです。

　残念なことですが、メラニー・クラインの明快な著作で議論されている羨望のあらゆる点についてここで詳しく述べることはできません。しかし羨望について知ることに対する一つの防衛についてここで述べておきたいと思います。というのも、それが私の臨床においてとても役に立つと感じているからです。羨望に満ちた人というのは、自分に対して他者が抱く羨望をかき

乱すことによって、自分の無意識的羨望を知ることから防衛するものですし、またそれゆえ、分析家の羨望についても大変不安に感じているものです。明らかに本来到達できるはずの程度まで自分の才能を発揮できていない患者によく出会いましたが、それは彼らが他者の破壊的な羨望に怯えてしまっているためでした。しかし本当は、他者へと投影されている彼ら自身の強烈な羨望が、彼らのまわりの他者の中に存在しているものとして体験されているのです。そのような患者の場合、分析家の激怒を恐れて自分の才能を伸ばすことに恐怖を感じることが大変に多いのです。患者はしばしば、分析家が説教するのではないか、非難するのではないかと恐れるのです。そしてメラニー・クラインが羨望を「かき立てる」と言っているのはこういう意味なのです。

　私がお話ししていることを示すために、私の中の羨望を何度もかき立てようとしていた患者のことをお話ししましょう。しかし——驚かれるかもしれませんが——私が一番よく覚えているのは、私がかき立てられまいと必死で抵抗していたときなのです。彼女がぶつぶつと不満を述べていたのは、セッションでは私とのあいだでもっと良いコミュニケーションがとれるように援助してくれるのに、外界の他者とコミュニケーションをとることについてはまったく援助をしてくれないということでした。その次の回、彼女は入室してから約10分のあいだ黙りこみ、それから叱責めいた見下すような口調で次のように言ったのです。「昨日、私はX先生のところで（婦人科の問題で）診てもらいました。X先生は本当に女性に対して共感的でした。あの先生こそが女性の問題を真に理解してくれる人です。あの先生にはとっても話しやすかったわ」

　私はこうしたあてこすりに接して頭に血がのぼってしまい、私に向けた軽蔑と、私が彼女を理解しようとするのを邪魔したい彼女の願望とがあることを指摘したい気持ちになりましたが、そうはしませんでした。私の血が激しく沸き立っているときに、あるいは穏やかに沸いているようなときでもなお、そこから生まれてきた解釈は常に破壊的だということを知っていたからです。緊張感が引いていくまで待ちました。そして十分に落ち着いてから、私はこう言いました。「あなたは何かを解決して昨日のセッションから一歩前進したということを、そして今では外部の人とも十分にコミュニケーションできるということを私に教えてくださってるんですね」。

これが正しいことは私にも彼女にも分かっていましたし、それからはもうセッションの中でそれ以上私をかき乱そうとはしなくなりました。もし私が怒った瞬間に言いたいことを言っていたなら、彼女は私に羨望と嫉妬とをかき立てることに成功したでしょうが、私に対する彼女の羨望を体験することにはならなかったでしょう。私が一度心の中で静まったので、コミュニケーションされていたのは彼女の羨望だったということが明らかとなりました。面接室の外でコミュニケーションすることを私が援助していた事実に対する、彼女の羨望だったのです。しかし私はまた、このことを彼女に指摘する際に失敗を犯したと確信しています。私は事実上「あなたは昨日私の良い乳房が良い授乳をしたことを知らせてくれました」(言い換えれば、「私の乳房はあなたの羨望に満ちた攻撃を耐えました」)と言いました。しかし、これは私の言ったことにすでに含まれていたことです。もし彼女に「昨日のセッションの中で私が行った良い仕事に対するあなた自身の羨望が、あなたの発言には含まれていたんですよ」と言ったとすれば、彼女は私がこう言っていると受け取ったでしょう。「私はこの城の王である。そしてお前は汚いごろつきである」。言い換えれば、彼女の羨望に満ちた攻撃は私の中の勝ち誇ったような感覚をかき立てたでしょう。これは、患者が分析家の羨望をかき立てたという大変分かりやすい実例となっていますが、私は他に何度もこうしたことを経験しています。メラニー・クラインは正しいのです。この種の羨望は悪魔のように破壊的で人の心を侵食するものですし、ここから先へ進むには多くの苦しい作業と自己点検とが要求されるのです。ではここで、メラニー・クラインの理論への批判についてお話ししましょう。

1. 対象の性質が十分には考慮されていません。まずクラインの言葉づかいの性質に注目していただきたいと思います。

　　もし授乳されることの静かな喜びが何度も体験されれば、相対的な安全感とともに良い乳房が取り入れられるでしょう。

　この文で用いられている言葉では、私には情緒的な意味が感じられません。しかし次のような書き方であれば感じられます。

もし授乳されることの静かな喜びが何度も体験されれば、母の愛を子どもが受け取るようになり、それを保持していることで安心した気持ちになるでしょう。

　どうしてメラニー・クラインの言葉は、このように非人格的でいかにも専門用語のように響くのか、という疑問が湧いてきます。対人関係的な出会いに対する低い評価を反映しているとしか私には思えませんし、これは時々クライン派の技法に現れる問題でもありますが、こうした技法を用いると、患者は分析家を部分対象として体験するかもしれず、妄想分裂ポジションは強化されがちになります。

２．機制だけが強調され、対象が除外されています。対象の情緒的な性質は強調されておらず、それに伴って投影と取り入れの機制が過度な強調を受けています。対象の性質については以下の６番目の指摘でさらにお話しします。

３．不安以外にも悪い情緒状態が存在しています。不安はメラニー・クラインの業績の中心に位置していて、彼女の全業績の礎石となっています。しかし発達を止めてしまう情緒状態には、直接不安と呼ぶことはできない情緒もたくさん存在しています。小説家であれば、妄想分裂ポジションによって支配されている人が置かれている状態のことを、不安に感じているとか、苦悩していると書くところでしょうが、しかし私はこれが抑うつポジションに相当する情緒にぴったりくるものとは思えません。その状態の人間には、悲嘆に暮れる、悲しい、つらい、後悔しているといった言葉が適切であり、不安に感じているという言葉ではないと思います。いきいきとした体験がないという理由で、分析に来る患者もいます。その人は空虚に感じていますが、私はそれを不安とは呼びません。

４．議論に矛盾があると思います。メラニー・クラインは、抑うつポジションの乳児（あるいは大人の患者）は、妄想分裂ポジションのときに自分が行った暴力的な攻撃について罪悪感をもつと述べています。しかし、対象の存

在に対する漠然とした認識がずっとなかったのなら、どうしてそんなことが可能なのでしょうか。それなら妄想分裂ポジションは、対象を全体対象として感じることへの防衛なのでしょうか。この考えが前提としているのは、患者あるいは赤ん坊はまず対象を全体として体験し、この状態から妄想分裂の状態へと逆戻りしていくということです。こうした順序は、早期の発達段階における外傷的な失望からスキゾイド状態が生じるというフェアバーンの見方に賛成した論を唱えていることになります。

5．メラニー・クラインは、抑うつポジションのあとに何がくるのか、多くを語っていません。彼女は抑うつポジションを乗り越えることについては語っていますが、ではいったいどこへ向かっていくというのでしょうか。これはフェアバーンに関連して私がすでに述べたことですが、「悲劇的ポジション」という次の段階があることを私は確信しています。私がお話しした怒った女性患者の場合、妄想分裂ポジションから始まって、その後に抑うつポジションへと移行し、そしてここで説明しようとしている次のポジションへと移行しました。彼女が幼い時期の養育における欠損は、母親や父親の失敗だけに帰することはできないのであり、そして彼女にもまたその責任はないという深い理解が訪れたのです。母親あるいは父親のコントロールを超えた要素が他にもあったのです。当時住んでいた国の経済的危機ゆえに父親は他国へ就労のために移住せねばなりませんでした。その結果、父親、母親、そして患者も含めた家族全員を苦しめた多数の困難が引き起こされることになったのです。患者が悲劇的要素にふれることになったのは、この気づきを通じてでした。悲劇的要素、それは人間の条件であり、きわめて耐え難いものです。私は抑うつポジションも妄想分裂ポジションも、この無意味さという深い深淵に対する防衛だと確信しています。

6．対象が二次元的です。私はメラニー・クラインを読んでいて、彼女が述べている対象の世界が、現実の人間のような感情の性質をもっているとは感じられません。メラニー・クラインの後継者の中には、こうした欠陥を強調している人もいます。ポーラ・ハイマン（Heimann, P.）[62]は逆転移に関する古典的な論文を書いていますが、きわめて明快に臨床の仕事において自分自身の

より深い理解へ

感情を利用することを分析家に勧めています。エスター・ビック（Bick, E.）（私信）は二次元性と三次元性との区別を行っています。二次元性とは、対象が情緒的には部分対象と知覚されることを意味しており、三次元性は全体対象としての人間を意味しています。ハーバート・ローゼンフェルト（私信）は、患者の抵抗、あるいはパニック状態やうつは、感情に対する分析家の側の鈍感さからしばしば生じるのであり、決して患者の側の羨望や頑固さだけから生じるのではないと強調しています。

7．変化への責任を患者の自我の側に帰しすぎています。メラニー・クラインにとっては、問題の原因は言うなれば患者の中にあり、それは乳児内部の死の本能の存在から生じる不安です。私はこの考えが迫害的な解釈をもたらしかねないと思います。問題は、こう言ってよければですが、この特定の赤ん坊に関わる現実の対象の性質にあります。ここには一種の共同責任がありますが、これはちょうど分析家と患者とのあいだでも同じことで、何らかの好ましい発達が生じている場合には双方が寄与しているのです。

訳注
1　ピアジェが言うところの「感覚運動期」の「発明の段階」：感覚運動期の第六段階のことを指す。
2　ＩＲＡ：アイルランド全島の独立共和国化を目指すカトリック系の非合法軍事組織、アイルランド共和主義軍団（Irish Republican Army）のこと。

26
ビオンの思考における経験から学ぶことと自由について

より深い理解へ

　この講義ではビオン（Bion, W.）の人柄の一端を理解していただくために、伝記的な紹介のかわりに逸話をお話しすることから始めましょう。最初の二つの逸話は、数年前のタビストック新聞（*The Tavistock Gazette*）に掲載されていたゴスリングの「ビオンについて」という記事からのものです。

　米国で彼がスタッフの一員として加わっていたグループ関係の集会でのことです。その集会はレスター・カンファレンス（分析的グループ体験が行われる定期的催し）の伝統にのっとって行われていました。こうした会では、グループの探究が進むにつれてかなりの混乱や不快な体験が否応なく生じます。このような集会での演習は、生じてくるグループ間の関係性を学習する目的をもっていますが、そうなると通常集会全体がある時点でかなりの混乱に陥ることになります。そうした機会のあるとき、二人の参加者がスタッフを部屋から追い出して暴力沙汰にならんばかりの激論を始めました。その階にいたグループの人たちはいったいどうすればよいのか決めかねており、そのなかの困惑した人たちはあたかも夢遊病者のようにうろうろと歩き回っていました。騒音と混乱はひどいものでした。その最中、ある取り乱したメンバーが切迫してビオンのところに来て、「ビオン先生、いったい先生はどうお考えなんですか」と尋ねたのです。ビオンの返事は次のようなものだったそうです。「こ

こは考えるのに適当な環境ではありませんね」[56,pp.22-25]。

　私はこの逸話がビオンの特質——思考は浮かんでくるべきものであり、人工的な誘導によって意識にのぼらせることはできないという信念と、そうなるまで待つことができる能力——をよく表していると思います。
　次もまたロバート・ゴスリングの記事ですが、ビオンが患者と交わしたと言われている会話からの引用です。「大変困惑し眉をひそめて彼は言いました。『あなたがどうして私にそんなにお怒りになるのか、私には分かりません。私はあなたを助けようとしていなかったんですよ』」[56,p.23]。自分がなすべきことに対する罪悪感を見せることなく情緒的な作業を行うビオンの自由さが、この一節によく表れています。
　次は、ビオンの『ブラジルでの講義』第2巻から引用します。分析についての彼の説明から抜粋しますが、かなり簡略化していることをお許しください。

　　　私は非常に知的と言われているある21歳の男性を診てほしいと頼まれました。それは彼の問題のためというより、精神分析に適当なケースだろうという理由からでした……

　そして精神科医や母親、父親、姉が患者の情報を提供しようと連絡してきたことを述べていますが、彼らの発言は相矛盾していて、事実まったく正反対の内容でした。ビオンは以下のように続けます。

　　　この時点までに私は、いったい誰が何について話しているのかと不思議に思うようになりました。彼らは皆「頭がおかしいんだ」、こういう表現で状況をまとめてみたものの、しかしどの頭が誰のものなのか私には分かりませんでした。そこで私は患者の話を聞くことにしました。
　　　彼の話は筋が通っているように思われました。いきいきとした話しぶりのときもありましたが、機知に富んだことや面白いことはまったく言いませんでした。また彼が便のにおいを愛好しているために、姉は彼に敵意を抱いて彼を認めようとしないのだと話しました。分析が進むにつれ

て、ていねいな会話では普通使わないような卑猥な言葉や表現を使うようになりました。私は、誰にでもこのように話すのか、あるいは分析家のような人間にだけこのように話すのかと彼に尋ねました。彼はこういう言葉でも問題ないでしょうと答え、そして便のにおいが大好きなん･････････ですと言ったのです……彼が私に会いに来る理由をわれわれが理解していないことを指摘したところ、彼はこのように答えました。「あなたはご存じだと思っていました。私の問題はひどく赤面してしまうことです。すでにあなたが気づいているものだと思っていました」。実際は彼はいつも白い顔でした。私は彼の顔が赤くなるのを見たことがなかったのです……

1年目が終わりにさしかかる頃……彼は、泉で水を飲みつづけていると話すようになりました。私はおかしな表現だと思ったのですが、彼が詩人か小説家のようにふるまっているためだろうと考えました。その後も時々泉で水を飲みつづけていると彼が話すので、私は疑問を明らかにするために「泉では、あなたは何を使っているのですか」と尋ねました。彼は「もちろん普通のワイングラスですよ」と答えました。その後ある週に少し、翌週にまた少し、さらにその翌週にまた少しといった具合に、彼が泉で飲んでいることを話す際にいつもしていることが少しずつ明らかになりました。それは彼が尿を飲んでいるということでした。この時点で私は、受け持っているこの望ましく機知に富んで知的で協力的な患者はいったいどんなタイプの人間なのかと不思議に思いました……

当時患者はカーテンを引いた部屋で生活し、誰からも決して電話がかかってこないように手はずを整えていたのですが、それは誰かが電話を通じて彼の部屋へと侵入して平穏な生活を邪魔することが彼にとっては苦痛だったからです。それが彼が望む生活の流儀でした。便を好み尿を好み、誰からも手の届かない暗い部屋で生活することです。彼は電話がかかってくると悪い知らせに違いないと思って怯えてしまうので、電話をかけてこられるのにはとても耐えられないと説明しました。

私は「誰にも電話をかけさせないようにしているのなら、もしかかってきた場合とても悪い知らせだと思うでしょうし、電話のベルが鳴ったら怯えてしまうのも自然なことですね」と言ってもよかったでしょう。しかし私は「あなたは私の解釈を聞くことはできるでしょう、しかしその解釈は何の意味ももたないと思います」と言いました。彼は「そうです、確かにそうなんですよ、確かに。まったく正しいですよ、あなたは。何の意味もないんです」と答えました。

私は思いました。「もし私がよい分析家で正しくあることができるなら、どんなに満足だろう。しかし私は自分が正しいとは思わない。この患者が精神分析から何かを与えられる必要があるとは思えない——それも私から……」

別のときのことです。電話が鳴りました。「ビオン先生でしょうか。Xさんをご存じですか」「ええ」「こちらは警察ですが、この男性が留置所にいるのです。連れて帰っていただけますか」。このようにして、他の患者について考えることが妨害されました。X氏について何か知らせる電話がかかってくるのではといつも気にするようになってしまったからです。もちろん電話を切り部屋を暗くし、何も見えず何も聞こえないようにして、彼のことに没頭することもできたでしょう。しかし誰が誰を分析しているのでしょうか。私が彼を治療しているのでしょうか、あるいは彼が私を治療しているのでしょうか。私は皆さんに答えは言わないことにします。皆さんの臨床でもこのような経験をおもちでしょうから、推測する力をつけるために皆さんに問いを投げかけておきましょう。友人や親戚があなたを良い分析家だといって、あなたにぴったりの患者がいると紹介してくるでしょう。若くて機知に富んで21歳で、知的でまさにあなたに「うってつけ」の人を。それは精神分析家にとっては名声です。私はよく、間違った仕事を選んでしまったのではないかと思ったり、また普通の医者だったらもっと暮らし向きがよかったというわけでもないだろうと思ったりしました。しかし普通の医者でも同様の患者をもっています。普通の父親や母親でも同じような子どもをもっています。普通

の女性でも、そのような兄弟をもっています。普通の男性にも、彼の姉のような姉妹がいます……

　もし彼が十分に重要な存在になり、そして有名な患者になるなら、多くの人の耳目を集める自殺を行うことに価値を感じるだろうということに、彼の注意を向けることができました。私は患者が次のように話すことを想像できました。「でも、私は殺すのが好きなんです。私自身を殺したいんです。その場所にいたいし葬儀も見たいんです」。ある日、私はある知らせを受け取りました。患者が部屋をあとにして、ロンドンから20マイルほど離れた土地で死んでいるのが発見されたのです。自分がよくやったという実感があったとは言えません。一方、私が犯した失敗が何なのかはっきり確信したとも言えません。しかしこの分析が機知に富んだ、知的で賢く協力的で友好的な若い男性の満足できる分析だったと考える人は絶対いないと思っています。[12, pp.105-113]

　同じ聴衆を対象としたシリーズ講義の第10講が終わったあと、ある人が彼に尋ねました。

　第7講でお話しになった患者のことですが、あなたは父や姉との面接をしたし、友人からの手紙を持っておられたし、同僚——たぶん精神科医だと推測しますが——からの紹介状も持っておられた。これらの情報には何か役に立つようなものはなかったのでしょうか？　姉が嘘をつき、父親はこの青年が拒絶した恋人の話をしていますね。この情報はどのように用いられたのでしょう？　この患者を治療に導入するのに役立ちましたか？　彼は一人で来たのでしょうか？　彼はどんなケアや関心を払われていたのでしょう？[12, p.165]

　ビオンの答えは次のようなものでした。

　あの患者を診るのに他の何にもまして役立ったものは、まったくの無知と何をも恐れないほどの勇敢さでした。私のもつ資格など、あの患者を

診るためにはまったく意味のないものでした。あの患者に出会い、そして患者の分析を引き受けることがどういうことなのか気づいた後から、私はより賢明な人間になったと思います。この手の患者をもう一人引き受けたいとは思いませんでしたが。発言が信頼できるような人は一人もいませんでした。そのような人の分析についてただ一つ言えることは、分析しようとするのはまったく無知で無謀な分析家のやることだということです。[12, p.166]

　最後の逸話は、私がビオンに受けたスーパービジョンのセッションで、ある精神病患者の詳細について紹介した際に彼が話したことからご紹介します。私はこの患者の幻覚について話し、特に彼女の母親に融合してしまう彼女自身の感情と経験について話し、そして彼女の恋人への暴力的な攻撃について話したのですが、セッションについて話しはじめようとしたとき彼は私を制止して言いました。「それでこの患者は、あなたが助けることができると思っているんでしょうか？」私は狼狽して、「ええ、彼女はそう思っていたと思います」と答えました。彼女を助けることができるだろうという私の幻想について彼は言っているのだと私は気づきました。それから年がたつにつれて分かってきたのは、分析家の力は神のようなものだという深い水準の幻想を精神病患者がもっていることでした。したがってそのような分析の中心的な焦点とは、患者を救うことができるという治療者の信念と共謀する患者の万能的な幻想にあるのだと思います。ビオンは彼自身が面接室で見たり経験したりできることに信頼を置いていましたが、一方ウィニコットには、あとでお話しするように、時には家族に患者の治療をさせる心づもりがありました。ビオンは治療のための資源としては家族を信頼していなかったのですが、ウィニコットは大変信頼していました。ビオンは分析家による患者との経験に焦点を置いていましたし、自殺した男性についての話には家族からの情報は信用がおけないものだというビオンの結論が含意されていました。

　以前私が診ていた患者に、あることについて私がどう思うか何度も尋ねる人がいました。治療開始後間もない頃は時々は答えたのですが、しばらくして次のようなことに気がつきました。私が同じ質問を彼女に返した場合、彼女は「分かりません……いや、ありそうもないことですけど浮かんできまし

た」というようなことを言ってから彼女の考えを話し、結局いつも私には正しいと感じられる結論に到達するのでした。しかし同じ質問を訊き返されることを彼女はいやがっていました。彼女は「私が答えるの？」と言ったりため息をついたりしました。ビオンは、個人も集団も経験から学ぶことを嫌悪するものだと述べています。

　人は自分で物を作るよりも棚から出来合いの商品を手にすることを好みますが、この商業化された娯楽の時代だからこうした傾向がより顕著になっているというわけではないと思います。以前私はある医療刑務所の精神科で、集団療法をひきうけたことがあります。精神科医は治療を開始するにあたってグループの参加者に関する記録を見ておくかどうか私に尋ねたのですが、私は見ないことに決めました。第１回目のセッションでグループの参加者は、私が彼らの記録を読んでいてそれを通した偏見の目をもっているものだと思っていました。彼らは私に記録を読んだのか尋ねましたが、私は答えませんでした。しかし６回目頃のセッションで記録を読んでいないことを話したところ、彼らは激怒したのです。明らかに私が真剣ではなく、ちゃんと仕事しておらず、彼らのことを知りたいとも思っていないと言うのです。私が解釈できたのは、グループにおける彼らとの経験だけをもとにしてメンバーを知ろうとすることを彼らはいやがっているということでした。

　ビオンの頭を占めていた核心的問題について考えることによってたどり着く結論は単に次のようなことです。すなわち自分が考えたり感じたりしていることを知ってしまうことにならないように、私は必死で戦っているのです。私が何を考え、私が何を感じているかについて私が知ることを妨害する強大な力が存在し、そうすることを阻む強い牽引力が存在します。私はそれを代理物で置き換えるでしょう。抜け目なく他の人の受け売りをして、その人の考えや発想を語ったり、あるいはその人の人生観や世界観を述べたりするのです。あるいはまったく正反対の姿勢を取って、誰かの発想や考えに徹底的に対抗したりするかもしれません。皆さんもたぶん、最初はある特定の英雄へと忠実に献身しつつも途中で急に方向転換して感情的に対抗するようになる人をご存じでしょう。ドストエフスキーは左翼から右翼へのそうした思想的転向を遂げた人なのだと私は思います。そのようなケースでは感情は強力に排除されています。

より深い理解へ

では人はどうすれば自分自身の主体的な自己になることができるのでしょうか。これがビオンが提示した問いです。ビオンは強烈な投影の機制を前にすると困難は大変大きなものになることを理解しており、投影同一化の効果については私もメラニー・クラインについての1回目の講義でお話ししました。ビオンは、これは単に面接室だけに限られるのでなく人間社会全体に存在しているものであり、分析家の仕事の一つはそうした圧力から自由でいることだと理解していました。人間が互いに強大な圧力を与えていることを彼は知っていました。患者は分析家に対して強烈な負荷を与え、それがあまりに強烈なので分析家の思考、想像、感情、記憶は停止させられることがあるのです。

　私は以前ある種のヒステリー機制を示す男性を治療していました。ある週の月曜から火曜のセッションで重要な進展が見られたのですが、もっともな理由のために水曜日のセッションが休みになりました。木曜日に私は、事例報告で一応合格しそうなことをいくつか解釈したり話したりしたのですが、セッションの終わりになってセッション全体が完全に孤立しており、月曜と火曜のセッションのことを完全に忘れていたと気がついたのです。さらに休みになった水曜日のセッションについては何も語られなかったということに気がつきました。加えて月曜と火曜のセッションの内容についてまったく忘れていることにも気がつきました。その2回で重要な発達上の進展が起こったことははっきり分かっていたのですが、それ以上のことはまったく思い出せなかったのです。

　金曜日に私が、木曜日がいかに「谷間」のセッションだったかを指摘したところ、患者は、彼も私も水曜日のセッションの話をしなかったことに触れました。そして私は（まだ2回のセッションの内容については思い出せていなかったのですが）先週末から月、火曜のセッションにかけて重要な進展をしたことについて話したのです。すると彼は「いえ、私は月曜と火曜のことはすっかり忘れているんです——何にも思い出せないんです」と言いました。彼は私の記憶も同様に消すことに成功していましたが、私には幸運なことに暗号のような断片が残っていました。何か重要なことが起こったという知識だけが残っていたのです。

　何年にもわたって私の個人的な感情をうまく消してしまった、ある強迫的

な患者のことが心に浮かびます。人が自分自身の主観的な自己になるという課題を前にすると、このような強烈な力に直面することになります。ではどのようにしてこの変化が生じるのでしょうか？　ビオンは人格の中にアルファ機能が存在しており、それを通じて情緒的な経験が夢思考へと変形されると仮定しました。人格の基底の水準には感覚印象や情緒からなる出来事が存在し、それがアルファ機能を通じて夢思考へと変形されるのです。それらは単に「存在している」だけの「事実」とは違った、個人的所有物へと変化します。この違いの説明を試みてみましょう。

　何年も前のことですが、私はある社会学者による宗教社会学の講義に出席しました。そのときの講師はルターのことを話すなかで、ルターはスコラ学、なかでもトマス・アクィナスへと回帰し、その時代の非合理的な信仰のあり方に抵抗して宗教の合理的システムを構築した人だと述べました。それに対して聴衆の一人が、ルターはスコラ学の合理性に対して抵抗していたのであって、アクィナスの論理と体系化に対する情緒的な激しい抗議を行ったのではないかと挑戦的に質問しました。すると講師は、ルターはスコラ学へ回帰したのだというアンソニー・ブルーム大司教の指摘を3日前に聞いたところで、まだ自分なりに理解できていないと答えたのです。これを言い換えれば、講師は単に何かを心に取り込んだだけであって消化することもなくただ繰り返しただけでした。それは彼の自我を通して消化されてはいなかったのです。それは彼の人格の中では単なる「物」として存在しているだけでした。それは彼が実際に考え感じたものではなかったのです。これはビオンからすればアルファ機能が働いていないことを意味します。

　私にとって、アルファ機能というビオンの発想の中核は本当はこういうことです。すなわちアルファ機能がなければ感覚印象や情緒的な出来事、内的および外的刺激は人格の中に単に存在しているだけなのです。（ビオンはこれをベータ要素と呼びました。）よろしければ、ここで私自身の経験から変形の一例について話させてください。私はベネチア芸術に関する図解入りの本を読んでいたところマニエリスムの絵画に関する一節に出会い、そこにはバッサーノの「洗礼者ヨハネの斬首」が掲載されていました。眠る前に寝床で読んでいたのですが、ちょっとオックスフォード芸術辞典を取りにいってマニエリスムについて調べなければと考えました。しかし辞典の大仰な言葉

が睡眠薬としてよく作用して、二つの段落を読んだだけで眠ってしまいました。

その夜、私は寝入りばなに夢か幻想のような体験をしたのですが、その現象の中で絵画が目の前に出現し、その際に私は直観的にマニエリスムの意味を理解したのです。何らかの変形が生じたことで私は直観的に理解できたのですが、それまでは絵は私の前にただあるだけで、私は芸術評論家の説明を取り込もうとしていたのです。この寝入りばなの経験の中で、「専門家」の拒絶が生じ、静止した絵が個人的な生きている経験へと変形し、それを通じて私はマニエリスムとは何かを理解したのだと思います。この瞬間は情緒的理解と認知的理解との結合でした――アルファ機能が存在するようになったのです。「専門家」の意見を読むことを通じて理解しようとすることはあきらめて、くつろいで寝ることにしたことに大きな意味があったのだと思います。

時間、くつろぎ、それに夢想に恵まれた情緒的な空間は、アルファ機能が作動するのに適しています。バートランド・ラッセルの場合、書こうとしている本の主題に取り組むときにはこの方法を用いていました。主題について多くの文献を読み、それをいったん心の中から追い出して他の主題に取り組んだり別の論題についての本を書く。それが終わったら最初の主題に戻る。彼はそうすることで主題を消化し自分自身のものにすることができることを発見し、彼独自のやり方で書くことも可能になったのです。最終講でもお話しする予定ですが、ここでアルファ機能が作用したことから生まれる解釈だけが効果をもつということについて少し触れておきましょう。それらの解釈だけが、患者に接触することができる方法なのです。

あるセミナーでビオンは、スーパービジョンにどんな価値を置いているのかと質問を受けました。彼はスーパービジョンに反対する立場を強調して返答したのですが、その理由として被訓練者がスーパーバイザーを猿まねすることになりやすいことを挙げていました。ただしすべての点を考慮にいれれば賛成の立場を取ると述べていました。しかし彼のスーパービジョンの進め方は普通とは異なるものでした。すでにお話しした私自身の経験の例で明らかなように、彼は被訓練者や治療者がどうするべきか指導することはありませんでした。肥沃な大地に落ちたならば情緒的な発達と洞察の芽をふくよう

な発言を彼はしたのです。ブラジルでの別の講義で彼は次のように話しています。

> ジョン・リックマン（Rickman, J.）がある患者のことを私に話しました。その患者は片目だけを除いて完全に毛布で全身をくるんでいたのでしたが、それがリックマンが解釈するべきすべてでした。分析の本に求めても意味はなく、解釈とは何かと誰か他の人に尋ねても無意味です。皆さんはそこに行き、そのようにふるまう患者と会い、何かが現れるまで耐えることができるようにするべきなのです。[12, p.71]

ある人にはアルファ機能が存在し、他の人には存在しないことはどう説明できるでしょうか？　ビオンは、アルファ機能は強烈な羨望を通じて破壊されてしまうことがあると信じていました。彼の考えでは、幼い子どもの不安と投影を母親が自身の心に受け容れる(コンテイン)ことができればアルファ機能が形成されるのです。そして幼児は良い容器(コンテイナー)を取り入れることができますし、自分の中に完全な処理を行う機能をもつでしょう。これもまたビオンはアルファ機能と呼びました。分析家が夢想し自分の恐怖を受け容れる(コンテイン)ことができれば、分析は傷ついたアルファ機能を修復することができるのです。

27
思考作用についてのビオンの理論

　ビオンの関心の中心にあったのは、思考作用 (thinking) と問題解決という二つのテーマでした。この業績の独創性は際立ったもので、彼はそれまでの思考に関する理論をコペルニクスのように転回したのです。ビオンはまず思考 (thoughts) の発達が最初に生じ、思考がこれを取り扱う器官、すなわち思考作用を生じさせるのだと述べました。思考は思考作用の前に存在するのです。あるいは思考がそれを思考する器官を要求するのです。このことを踏まえて、まず「最初に思考の発達が起こる」というビオンの言葉を出発点にして、さらに深く理解することを試みてみましょう。
　ビオンは言語的思考と、イメージあるいは表意文字を伴う思考作用とを区別しました。後者の思考作用は妄想 – 分裂段階（パラノイド　スキゾイド）においてすでに発達しています。知覚は認知によって影響を受けています。対象の大きさは、網膜へと映し出された対象の大きさに応じて「見える」ものではありません。われわれは、たとえば飛行機を網膜に映し出された以上の大きさをもつものとして「見る」のです。ですから見るということには、すでに思考作用が存在しています。この過程はすでに備わっているものですから、われわれはそうしていることに気づかないことが多いのです。しかしもし人生半ばで絵を描きはじめたとすれば、初心者のあなたはまず網膜に映るとおりの形や色を見ること、そして認知過程による修正を受けないで見ることの困難さに気づくでしょう。たとえばわれわれが道路脇の郵便ポストのそばで立っている場合、30

ヤード向こうの自動車が郵便ポストより大きく見えるわけですが、芸術家は正確な絵を描くために認知を消し去る必要があります。印象派が影を青く描いたのは、青がそこにあったから記録したのです。知覚は積極的に選択をするもので、特に動きと変化においてはそうですし、これは人間以外の動物でも同様です。蛙の目の網膜は、小さなはい回っている生き物に反応するような特別な受容体をもっています。われわれは認知的なひな形をもっているために、われわれが見ている環境に積極的に「形を与え」るのです。私が強調しているのは日常的な知覚活動においても思考作用が作動しているということですが、思考作用はちょうど夢と同じようにイメージを伴います。

この種の思考作用は普通は意識的なものではありません。画家にとっては意識的なものですが、普通はそうではありません。精神病状態では患者はイメージを伴う思考作用へと逆戻りしますが、これはそうした状態で存在する唯一の思考作用です。私は以前、そのかなり印象的な例として、こんな方法でコミュニケーションを行う患者を診たことがあります。

私の猫が私の耳を嚙み、血がカーペットの上に落ちた。
草原に散歩に行き、草のあいだにリスが死んでいるのを発見した。
父親がやって来て、私の5歳の誕生日に特別な軍服をくれた。
叔父の死を聞いたとき、姉は私を抱きしめた。

彼は夢を見ているかのように話し、彼が繰り返し語るあいだにこれらのイメージは何度も浮かんできました。それらは記憶の映像であり、彼の心を通して延々と語りつづけられる強烈な情緒的経験を表しているものでした。それらはまた彼が克服しようとしていた外傷的経験についての彼の思考作用でもあり、これらの記憶の映像はそれを伝達しようとする彼なりの方法でした。また自分が深いところでは何について考えているのか彼が気づいていないことも、私には明白でした。つまり外傷は隠されていたのです。しかし彼は考えていました。彼は問題を解決しようと試みていました。ビオンが表意文字と呼んだのは、こうしたイメージなのです。記憶であれ現在の認知であれ、イメージが把握され理解されるのはすでに存在している前概念が現実化したものだからなのです。

これが何を意味しているのか説明してみたいと思います。思考が出現するためには、前概念――情緒的に探し求めている状態――が現実化する必要があります。乳児が乳房を探し求めて発見する場合には思考は存在しません。満足の経験が存在します。そして乳房がない場合には、困惑して必死で探し求めることになります。そして明らかになる瞬間が訪れ、満足を与える乳房の像が浮かびます。像が浮かぶ瞬間は思考の出現を示します。以上から対象の不在においてのみ思考は出現するというビオンの論点が導かれ、現実化は常に欲求不満を伴うものだということになります。

　このことをベータ要素とアルファ要素について前回お話ししたことと、夢思考はアルファ要素から生じる点に関連づけてお話ししましょう。ビオンによれば夢思考に引きつづいて生じるものは前概念(プリコンセプション)であり、その次に思考あるいは概念化(コンセプション)が続き、さらに一段階高い水準の概念(コンセプション)になります。概念化あるいは思考と概念(コンセプト)のあいだの違いは、後者が言語的であり言葉で他者に伝えられる点にあります。さらに一段高い段階では科学的演繹体系となり、最後は代数的計算法となります。段階を上がるにつれて現象はより感覚的要素を失ってゆき、最後のカテゴリーであるH.まで到達しますが、ここでは感覚的要素は完全に失われています。それぞれのカテゴリーには表記（notation）、注意（attention）、問い（enquiry）、行為（action）が含まれます。ここで私が述べた一連のことがらはビオンの「グリッド」のことで、これは彼の著作――たとえば『再考』はその一冊ですが――の一部の巻頭や巻末に掲載されています。

　理論は概念(コンセプト)のレベルF.にあたります。これは分析家に必要とされる心の態度ではありません。分析家はレベルC.で夢想を用いて機能します。夢想は、アルファ機能の一段階上の夢や神話の領域に含まれます。ビオンは、母親は夢想する能力を必ずもっていなければならないと考えていました。母親がこの能力をもっていれば、赤ん坊の不安の良い容器(コンテイナー)になると考えていました。赤ん坊は絶滅の恐怖から、母親に対して死の恐れと恐怖とを投影しますが、もしこれらを母親が受け容れておくことができれば、次第に和らげられ消化しやすいかたちとなったものを赤ん坊が再び受け取ることになります。

　しかし母親がこれらの投影を受け容れ(コンテイン)ておくことができるということは、本当にはいったい何を意味しているのでしょうか？　消極的に言うならば、赤ん坊に応答できなかったり、赤ん坊を恐れたり、赤ん坊のせいでうんざり

したり、赤ん坊に対して羨望を向けたりするほどには彼女自身が抑うつ的にならないということです。ここで私に思い浮かぶのは、ウィニコットの古典的論文「逆転移における憎しみ」[108]で列挙されている、赤ん坊が生まれることを母親が憎む15のもっともな理由のことです。赤ん坊が母親からそのように否定的に反応された場合、赤ん坊は自分が母親の重荷になっていると感じ、悪い自己感を内在化することになるでしょう。一方肯定的に言うなら、母親の中に夢想が存在すると、赤ん坊に「波長を合わせる」ことが可能になり、赤ん坊が身振りや視線、のどの音を示したときに、赤ん坊に合わせて身振りや、視線、のどの音で母親は応答することができます。そうすると赤ん坊は安心し満足します。以上お話ししたことが、赤ん坊の不安が受け容れられて修正されたかたちで戻されることに関する、われわれが知る限りの概略です。

　受け容れ（コンテインメント）という観念は、分析的状況にどのように適用できるでしょうか？
　これは患者に関わる際に分析家がとる適切なスタンスが、夢想の一種であることを意味します。否定形で言うなら、患者のコミュニケーションを理解しようとして心に保持する理論を分析家がもたないことを意味します。というのは患者にあてはめるための理論を分析家が保持すると、患者が外界に向かって投影するものが見えなくなってしまうからです。患者を理解するための鍵となるような理論をもっている場合に、いったいどうやって新しい思考、そして新しい理論が生まれるのでしょうか？　それゆえ夢想の状態とは本質的に、分析家が患者によって変化させられる余地をもっていることを意味しています。私は時折患者に、レンガの壁を前にしているような絶望的な気分だと言われたことがありますが、普通そうした感覚は患者の言動が私をまったく変化させなかったり、私特有の態度を越えられないと感じることによって生じます。

　このことがあてはまったある患者についてお話ししましょう。その女性の患者は長期間、私を厳しく批判していました。発達を促すような的を射た解釈を行うと、彼女はすぐに私がほとんど何もしてくれないと批判しました。情緒的な理解がはっきり進んだセッションがあるとその次の回で、私が鈍感だった1年やそこらも前の回のことを私に思い出させるのでした。私はクライン派の考えにそって、次のように定式化を行いました。ペニスに対する激しい羨望がある。ペニスが貫いたとき、それは彼女を憎しみでいっぱいにす

るが、ペニスへの憎しみは乳房への憎しみから転移されたものである。よって彼女は部分対象の水準で機能している。このように定式化した私は彼女が私を去勢しようと攻撃していることを示し、進みつつある意味のある作業に対して彼女が破壊的になっていることを指摘しつづけました。

　ある日彼女はセッションにやって来ると、最初に私を紹介した女性カウンセラーに会うために田舎に行ってきたと話しました。彼女は治療の進み方にひどく気分を害し、そのことについてのアドバイスを得ようとその女性に会いに行ったのでした。そして彼女は沈黙しました。しばらくして私は、カウンセラーが何と言ったか尋ねました。彼女が言うには、カウンセラーは次のように答えたとのことでした。

　　　苦しんでいる赤ん坊の叫びが、彼には聞こえていないようね。

　私は何か言葉にしようとしたのですが、彼女が述べたことの真実に気づきはじめて、私自身の心の中心部がつかまれたようになりました。その瞬間まで私は何カ月も彼女の破壊性や羨望、良い成長への攻撃を解釈してきたのですが、彼女が女性カウンセラーのこの言葉を報告したときに、私は何カ月も私に向かって泣き叫んでいた動揺した子どもの深い苦悩を突然に聞いたのです。すべての攻撃は、私が聞いていなかったせいでした。歌詞を聴いていても、音楽の深いリズムは聴いていなかったのです。この気づきに打たれ深く心を揺り動かされたので、落ち着きを取り戻すまでしばらくかかりましたが、私は彼女に次のように言いました。

　　　あなたが今言ったことは、まったく正しいと思います。

　すると彼女はわっと泣きだしました。私はそこに、抑えようのない怒りを抱えて叩き叫び、母親の突破できない壁をどうにかして越えて、彼女の強烈な痛みを伝えようとしてきた子どもを感じました。その瞬間に私は、彼女の苦しみの強烈さの片鱗を情緒的に感じ取ったのです。その瞬間に私は、壁を越えて私に到達しようとした彼女の勇敢な決意をすばらしいものだと思いました。彼女は何カ月、いや何年にもわたって越えようと試みつづけてきまし

た。そしてその壁を越えるために、ついには最初のカウンセラーと話すために地方へと出かけさえしたのです。私はといえば、苦しんでいる子どもの恐怖に満ちた叫び声から自らを守るために理論にしがみついていました。ビオンの考えの中心は、分析家は患者の痛みと苦しみに開かれている必要があるということでした。私が理論に基づいて解釈をしていたときには私は夢想していませんでした。けれども思うに彼女が女性カウンセラーの言葉を話した瞬間に、彼女は私の夢想の領域に到達したのです。それで私は聞くことができました。

　ビオンはそれゆえ、精神分析のコミュニティの中でよく言われる主張、すなわち臨床家には患者のコミュニケーションを観察し分類するための物見台として理論が必要だ、という主張には同意しませんでした。ビオンは分析家と患者とのあいだに生じる異なったコミュニケーションの水準に分析家が関わる手助けになるようにとグリッドの発想を発展させ、あらゆる表層的な理論の構造を超えようとしました。分析家は情緒的にはC．あるいはD．、すなわち夢、あるいは大方は前概念の水準にいる必要があります。そうすることで分析家の情緒的状態が患者のコミュニケーションと類似した水準にいることができるようになりますし、洞察として出現する思考を生み出すことになるのです。洞察は患者と分析家の性交による赤ん坊であり、それが分析家と患者の両者に新たな理解と成長を導くことになります。

　一方ビオンは脅威をもたらす状況から自らを守るためにわれわれは理論にしがみつくものだということを理解していました。前概念的な構えをとったうえで意識の上では知らないでいる状態というものをビオンは推奨しているようです。これまで私が示してきたような容器であろうとする分析家の存在を通じて、患者の中に投影同一化を通じた伝達手段から夢思考の存在するそれへの変形が生じることが可能になります。このことから次のようなパラドックスが説明できます。それは患者がある特定のものについて夢、幻想あるいは思考を抱いているときには、そのことがらはすでに扱いうる部分の内にあり、そのため夢に見たり、幻想したり、思考することができることを意味します。投影同一化を通じて取り除かれたものは、いまやより修正されたかたちで再取り入れされ、それを夢に見ることが可能になるのです。

　もう少し表意文字について検討しましょう。妄想 – 分裂ポジション（パラノイド　スキゾイド）へ退行

している場合には、患者は自分がそれについて考えようと試みている強烈な情緒的経験に圧倒されています。しかし彼は、それを扱うだけの言葉を持ち合わせていません。なぜなら言葉は激しい情緒状態を伝えるのにふさわしい媒体ではないからです。元来の性質上、言葉は情緒性の中心からは離れており、これは逆説的になりますが、人間のより霊的な領域とでも呼ぶべき領域に近いものなのです。ですから、精神病の患者は情緒的経験を表現するようなイメージを探そうとします。ビオンは「精神病人格と非精神病人格の識別[10, pp.56-59 *1]」という古典的論文で、「私の頭は割れている。たぶん、私の黒い眼鏡も」と言った患者を例に引き、その5カ月ほど前にビオンが黒い眼鏡をかけていたことについて触れています。精神病的パーソナリティが自らとのあるいは他者とのコミュニケーションに際して用いるのに適当な表意文字を保持していると感じられるようになるには、適切な出来事が生じるのを待たなくてはならないのだとビオンは述べています。この症例ですと黒い眼鏡は赤ん坊の哺乳瓶の暗示を含んでいます。眼鏡は乳房に似ていました。そしてそれが黒いのは乳房が眉をひそめて怒っていたからです。眼鏡が乳房だったときに、乳房を通して見ようとしたことに対して復讐するために、それはガラスからできていました。それが黒いのは性交中の両親をのぞき見するために暗闇が必要だったからでした。それが黒いのはミルクを飲むためではなく、両親の行為を見るために哺乳瓶を手にしたからでした。それが黒いのは、彼がその中に入っているミルクだけではなく、それ自体を飲み込んだからでした。そしてそれが黒いのは、澄みきったよい対象がその中で黒く臭うものにされたからでした。

　ビオンは、思考作用が存在する場合には投影同一化と精神病状態が存在しないことから、この思考作用がパーソナリティの非精神病的部分に属していると考えました。精神病患者がずいぶん以前の治療で現れたイメージをまた突然にもち出して、考えるためにそれを用いていることに気づくと、分析家は強い不安を感じます。しかしビオンは、イメージや表意文字的思考には気づきが存在しないことを強調しました。なぜなら気づきは言語的思考と分かち難く結びついているからです。

　ビオンは言語的思考とイメージによる思考とを区別しました。表意文字的思考はパーソナリティの個体化した側面から発生したものではあるのですが、

性交における融合した状態と関連があり、内側と外側、患者と分析家を区別しません。パーソナリティの精神病的部分が優勢な人は、さなぎの殻に包まれた表意文字的思考を言語的思考の明るみへと羽化させることができません。これは言葉というものが知覚的な、つまりより原始的な水準とは切り離されていて、それゆえに（意識的な）心的現実とつながっているからです。ビオンは心的現実に気づくことと言葉は同じ起源を持っているのだと、すなわち気づきと言葉とは同じ性質をもっていると述べています。この考えが正しいというために再度述べておくべきなのは、（意識的な）心的現実は本質的に知覚的なものから切り離されているということです。心的現実の気づきあるいは意識は、言語的思考を通じてのみ獲得することができます。言葉を用いた思考作用を通じて、人は自分自身の内的な経験に気づくことができるのです。

しかしビオンは言葉が投影同一化の対象になりえること、また投影同一化が生じた場合には言葉も他の対象と同じように覆われてしまうことを強調しています。精神病的な状態では患者は認識している領域を小片に分裂させ、この小片のいくつかを空間の中の対象へと投影します。このようにして対象が覆われると、それは膨れあがって生き物のような性質を付与されます。そうなると患者は蓄音機によって聴かれている、あるいは見られているように感じることになりますが、このいずれになるかは、投影されているものが聴覚器官の部分なのか、視覚器官の部分なのかによって変わってきます。同様に言葉も覆われ、その人にとって迫害的な存在となりえます。こうした現象は、面接室内のはっきり精神病的と分かる少数の人たちから想像されるよりも、はるかに広範に見られるものだとビオンは考えていました。

このような広い意味において、精神病的なものは人格を支配し心理的な発達を阻害します。後年ビオンは、他の誰かになってしまう人と自分自身であろうと苦闘する人がいることについてますます関心を寄せるようになりましたが、このどちらになるかは子宮の中での出来事によって決定されると考えるようになりました。それより前の著作では彼は、乳児が欲求不満を回避するか緩和するかを決定する能力をもっているという意味のことを述べているようですが、しかし彼はこの決定がどのように生じるのかについては述べていません。私が読む限りでは、ある人を概して緩和へ、またある人を概して

回避へ導きうるようなある種の神秘的な特質の存在を認めていたようです。分析において患者がしばしば決定を下さねばならないことは、実際疑う余地もありません。おぞましい考えが浮かんだ場合、それを押しのけることもそれに直面することもできますが、こうした過程は非常に原始的なレベルでは人生の最早期から始まっているように思われます。

　ビオンは患者の実存に向かって語りかけていました。彼は、彼つまりビオンではない人間にならされたり、彼なら言わないことを言わされたり、しないことをさせられたりするような強力な圧力に抗おうとしました。彼はブラジルでの他の講義で、分析における彼の目標は患者が自分自身に出会えるようにすることだと述べました。ここで次のことが問題になります。もしそこに人が存在しないように思われる場合には、どうすればよいのでしょうか？

訳注
1　以下に邦訳あり。
　「精神病人格と非精神病人格の識別」『メラニー・クライン　トゥデイ1』ウィルフレッド・R・ビオン著、E.B.スピリウス編、松木邦裕監訳、岩崎学術出版社、1993

28
マイケル・バリントの仕事

より深い理解へ

　マイケル・バリントはハンガリー人で、シャーンドル・フェレンツィに分析を受けました。彼は初期にはハンガリーで分析家として働いていましたが、30代後半でイングランドに渡り、英国精神分析協会の傑出したメンバーとなりました。メラニー・クラインとアンナ・フロイトの大論争に続いて英国協会内に三つのグループが生じたとき、マイケル・バリントはドナルド・ウィニコットとともに独立あるいは中間学派の最も重要な臨床家かつ理論家の一人となりました。そういうわけで彼は、古典的フロイト派やクライン派によって精神病的領域の症状を呈している患者たちに対する分析的方法として採用されている技法に、非常に批判的でした。
　バリントの著作『基底欠損』[6]は、この人格の原始的領域についてのものです。これにはさまざまな用語が使用されてきました。たとえば精神病的、原始的、前エディプス期、前性器的等々です。バリントは自分自身の用語を用いることを選びました。それが基底欠損の領域です。彼が関心をもっていたのは——そして彼はこれをいきいきと描いているのですが——患者がしばらく通ってきて解釈を取り込んで協力的になって、というところである変化が起こるその道筋でした。患者はもはや協力的でなく、分析家を敵対的存在と感じ、辛辣な怒りに満ちた態度をとるようになります。患者は分析家が自分から何らかの「恩恵をこうむっている」と感じ、分析家が悪意をもっていると感じます。しかしバリントは、こうした患者たちには絶望や失望感はなく

かわりにそれを最後までやり抜こうとする決意があると書いています。この決意のせいで分析家は患者を非常に魅力的に感じ、たやすく魅了されてしまうことがあります。

　この状態にあるときこうした患者たちは、分析家の私生活を非常に正確に見抜く超人的な能力ももちます。私自身何度もこれを経験したことがありますし、これがあてはまるような患者を治療していた人びとをスーパーバイズしていたこともあります。しかしそれは確かに非常に正確ではあるものの、釣り合いを欠き誇張されているために、全体的な意味では事実に即しているといえません。それはテレビカメラのズームレンズのようなもので、特定の一カ所に焦点を当てるけれどもまさにそのせいでそれが生じている周囲の状況は削除されてしまうのです。このような徹底的正確さでもって焦点を合わせられた領域は妄想的に知覚されます。

　引き起こされる感情があまりに強烈なので、クライン派の用語で言うなら患者が部分対象的な仕方で分析家と関わっているとわれわれには分かります。分析家に対する患者の強烈な憎しみはこの一つの性質に向けられ、分析家がもっている他の性質はすべてかき消されてしまいます。もちろんこれはわれわれ皆が日常生活の中で、それほど極端でないかたちでならよく知っている状態です。人びとはゴシップのやりとりをしながら、第三者に向かって「ああ、彼には我慢ならない、ひどく独りよがりで自己満足的なんだから」とか、「彼女はあまりにも野心的で人をだますから嫌いだ」などと言います。こうした場合にはいつも特定の特徴が非常な重要性をおび、人格の残りの部分は一つの望ましくない特徴の下に隠されてしまいます。

　臨床的にこの変化が起こったとき、それをうまく扱うのは非常に難しいとバリントは言います。古典的技法というカプセルの内側にこもっているような人たちやクライン派の技法を用いる人たちを、彼は次のような理由で批判します。古典的フロイト派はこの領域が現れてくると患者が「重篤すぎる」としてすぐに分析を終わらせてしまう、と彼はかなりシニカルに言っているのです。古典的技法は、とりわけアメリカにおいて、エディプス機能水準と言葉とにがちがちに束縛されすぎているとバリントは信じていました。というのも基底欠損の領域にある患者はしばしば解釈を解釈であると認識することもできないからです。そうであるなら古典的技法は当然使えません。しか

しバリントは、したがって患者は分析を続けるには重篤すぎるのだという結論を拒否しました。違った技法的アプローチ、つまり援助される必要があるのに援助されないでいる多くの患者を援助できるようなアプローチが採用される必要がありました。またバリントは、明確な症状があるためにやって来るのではなく無意味さを感じてやって来る患者が増えてきたことにも気づいていました。分析の中で基底欠損の領域に入り込んでゆきがちなのは、とりわけこうした患者たちでした。言い換えると古典的技法にこだわることは精神分析を治療法としての停滞へと追いやりかねません。なぜなら古典的技法ではわれわれの時代の最も顕著な病弊に対決できないからです。

クライン派の技法に向けられたバリントの批判は少し違ったものです。彼はクライン派の人たちが彼自身も関心を抱いているその領域に取り組んできたことは認めていましたが、しかし彼らは解釈しすぎて患者に成長のための十分な情緒的空間や場所を与えない、と述べました。患者がこの状態におかれているときに解釈をたたき込まれると、患者の目には分析家がますます万能なものと映ってしまいます。最後には患者はあきらめて服従し、解釈の表現にしばしば用いられているわけの分からない専門用語を吸収するのだと彼は言うのです。その患者は外面的には従順な弟子となりますが、しかし内面では自分の個性が成長を促されてこなかったことに憤慨しています。

確かに私もバリントの描写がよくあてはまるような発表を何度か聞いたことがあります。ある発表の最中には「あんたはその気の毒な患者をほんの２、３分でいいからそっとしておいてやれないのか？」と考えていたことを覚えています。そこまで極端でない場合でも、細かい点まで厳密な傾向があるのに的確な言葉(モ・ジュスト)はほとんど育まれていないこともあります。よくあることではあるものの、この傾向はある種のクライン派のみにあてはまるものです。たとえばこうしたスタイルはすべてビオンにはまったく無縁のものでした。

これら二つのアプローチを批判してから、バリントは自分のアプローチを説明してゆきます。そこまで行き着くために、ここでまず「基底欠損」についての彼の理解を大まかにお話ししておきましょう。これはまた彼が好む技法に意味を与えるものでもあります。

バリントは、他のほとんどの分析家が精神病的領域と呼んできたものを表現するのに自分は「基底欠損」という用語を用いる、なぜなら患者たち自身

がそれをそう呼ぶからだと言っています。そのような患者は自分の中に、ある欠損(フォールト)がある感じがすると訴えます。それは地質学者が鉱物の層の中の断層(フォールト)について語るような意味での欠損(フォールト)を意味する、とバリントは言います。人はただ、自分にはどこか調子のおかしいところがあると感じるのです。たとえば私は、自分にはどこか調子のおかしいところがあるのは分かっているのだがそれが何なのかはっきり分からない、とつねづね言っていたある患者を覚えています。彼の考えはただこういうことであって、何も複雑なことはありません。

　この欠損はどうやって生じてきたのでしょうか？　それは幼児が母親に育てられている発達のごく早期に生じると彼は言います。何がうまくいかなかったためにこの欠損がもたらされたのでしょう？　そこには母親とその子どもの「相性の合わなさ」があります。ここではバリント自身の言葉を引用するのが一番でしょう。

> 私の意見では基底欠損の起源は、初期の個人の形成期におけるその人の生物学的‐心理学的欲求と、その時期に享受することができた物心両面での世話、注意および愛情とのあいだの、相当の食い違いにまでたどりうるかもしれない。これはある種の欠乏の状態をつくり出し、その結果と後遺症とは部分的にしか取り返しがつかないように思われる。この初期の食い違いの原因は先天的なものかもしれない、すなわち幼児の生物学的‐心理学的欲求が厳しすぎるせいかもしれないし（自力で生きられない幼児もいるし、それにフリートライヒ失調症や嚢腎症などの進行性先天性疾患もある）、あるいは不十分な世話、欠けるところのある世話、でたらめな世話、不安の強すぎる世話、過保護な世話、粗暴な世話、柔軟性のない世話、ひどく一貫性のない世話、タイミングの悪い世話、刺激の強すぎる世話、または純粋に無理解であったり無関心だったりする世話のような、環境的なものかもしれない。
> 　私の記述から見てとれるかもしれないが、私はその子どもと彼の環境を代表する人びととのあいだの「相性」の欠如を重視する。[6, p.22 *1]

　バリントはこの一節で、その問題は部分的にしか取り返しがつかないと言

っています。患者が分析の中で彼が記述しているような変化した状態に陥るとき、それは基底欠損の領域まで到達したためであり、患者が転移の中で分析家は自分に敵対的で反感をもっていると感じるためです。バリントが好む言い回しを用いると、患者はその分析家が自分に「波長を合わせて」くれていないと感じているのです。さてバリントは、患者がこの状態に入ったときの最良の対処法は患者がこのすべてを表現できるような環境を分析家が提供することである、というのも患者がこうした経験に入るのを許容することはその人にとって治療的であるためだ、と考えます。

　これは分析家にとって難しいことです。転移について、および精神分析にとっての精神病の重要性についての講義ですでにお話ししたように、強力な転移に耐えることは心理的に非常に難しいのです。私は自分自身の経験からそう知っていますが、しかし他の人たちをスーパーバイズする経験からこれが私に限ったことではないとも知っています。一つ例を挙げましょう。私は、ある特定の仕方で私を理想化するのが常であったある患者を診ていました。私が彼女に対して私的な感情を一切抱いていないことは彼女には「分かって」いました。私の関心は純粋に専門的なものだったのです。あるとき彼女は、自分の患者に腹を立てる精神科医の出てくる映画を見て大変心配になりました——というのもそこに精神科医の私的な感情を惹起する患者の実例があったからです。私がまったく超然としていて彼女に起こることがらにはこれっぽっちも心を動かされないことは分かっていると、彼女は毎週毎週繰り返し言ったものでした。私はただ、私といて絶対に安心だと感じることがあなたにとっては非常に重要なのですねと、折に触れて解釈していました。これは彼女にも何とか受け入れられましたが、しかし私は時折、あなたは私を刺激したのではないか、あるいは刺激するのではないかと不安なのですね、とも解釈しました。すると彼女は突然狼狽したように憤慨しだし、そんなことがありえないのはご存じでしょうにどうしてまたそんな馬鹿なことを言うのですか、と言うのでした。

　私はこれを繰り返しましたが、毎回同じ反応がありました。私がそれを強く主張し彼女が「分かっている」という点に疑義を差し挟むと、彼女はますます狼狽し、セッションは混乱状態に陥るのでした。こういうことが起こるたびに、私は自分が何か間違ったことをしたこと、そうして私の中のどこか

より深い理解へ

に存在するけれども現れられないでいるらしい、より良い判断に反することを主張してしまったことに気づきました。

　肝心な点は非常に単純なものでした——つまり転移の中では私は、他の人間たちの領域からまったく外れた人物であり、他人の情緒や激しい感情に心を動かされない存在でした。それが私にはまったく耐え難く感じられたのです。ついに光がさしはじめたとき私は、あなたは私を他の人たちとはまったく違う範疇に属するものとしてとらえているので、私が自分を他人と同じ範疇に追いやるような発言をするとそれが狼狽のもとになるのですね、と言いました。

　私の解釈は受け入れられ、セッションの雰囲気は変わり、そうして彼女はよりもの静かに、より内省的になりました。それから彼女は私への激しい怒りを暗に示すようなことを何か言い、私はそれを指摘しました。彼女は、私を非常に深く憎んでいることに今気づいたと言い、私を「ろくでなし」と呼んでセッションを終えました。これは彼女のいつもの完璧な丁重さの態度からみると大きな変化でした。しかし、この憎しみの表現に私が長いあいだ抵抗してきたことは明らかでした。それから彼女の憎しみと憤怒に堪え忍ぶ経験がしばらく続きました。

　私は多くのことを言う必要はなく、ただその経験を彼女に「許容する」ことだけが必要だったのでした。ここで私はバリントの推奨する種類の技法に従っています。この問題に関してはバリントは（ついでに言うとウィニコットも）技法の点でクライン派のいく人かとかなり異なっています。というのもバリントもウィニコットも患者が幼児期の欠陥をある程度真に補う経験をもつことは可能だと信じているからです。患者がこの状態にあるとき、分析家はそれが何の表現なのかを理解し、ただそれを許容するのです。患者が「あなたが嫌いです」「あなたが好きです」と言うとき、なすべき解釈はありません。そういうときに分析家が「あなたは子どもの頃にお母さんに対してつねづね感じていた気持ちを私に向かって表現しているのです」などと言うのは明らかに大きな間違いです。患者は分析家に対してあることを直接感じているのであり、分析家はそれを「許容」する、それが患者にとって癒しとなるのです。

　ここで、バリントが言外にのみ語っている点について触れておきたいと思

います。時に患者は、患者も分析家もほとんど言葉を発しない「静かな調和の感情」としか呼びようのないものに退行します。患者がそういう状態にあるときには、その雰囲気をこわすような解釈や介入をすることは間違いです。精神科部門で働いていたあるときのことを思い出しますが、ある患者が腕で窓を突き破ってけがをしました。精神科医が呼ばれましたが、それは単に彼女の腕の傷を手当する医学的処置のためでした。患者は悲しげで、静かで、今にも涙をこぼしそうでした。こういうときにその精神科医は彼女に、「今日テレビでやっていたクリケットの試合、見た？」と言ったのでした。

　基底欠損の領域においては、精神分析家の仕事は患者と波長を合わせていることです。これはあまりにも単純な要点であるため、感受性の鋭い人であれば誰にとっても自明のことかもしれませんが、次に挙げる二つの要素がそれを難しくするので強調する価値があるのです。それは、この雰囲気が現れることに対する分析家と患者両者のなかにある抵抗、それにわれわれの受けた訓練がもつ気風（エートス）です。初めて患者の話を聴きはじめたとき、われわれは内心「そろそろ何か解釈しなければ。もう15分たったのに、まだ何も解釈していない」などと考えがちだと思います。プロテスタントの労働倫理の思想と結びついた一種の罪悪感がわれわれを支配するのです。「床屋が髪を切ることで金をもらっているように、自分は解釈をすることで報酬を得ている、だから一回一回のセッションでいくつかは解釈をしなければ、そうしないと根っからの怠け者と責められかねない」というわけです。もし「波長を合わせること」があなたの性に合っているのでしたら、生まれもった才能に対して報酬がもらえることを神に感謝してください。バリントは、これが患者が基底欠損の領域にあるときの分析家の最も重要な仕事であると言っています。解釈の仕事はもっとあと回しか、あるいは少なくとも二番手にくるものです。これがバリントの推奨と、解釈および言葉に中心的な重要性を見る大多数のクライン派の推奨とのあいだの大きな違いです。皆さんは私が第2講で引いた解釈と変化の必然的な結びつきに関するハンナ・シーガルからの引用を覚えていらっしゃるかもしれませんが、それが要点を描き出していると思います。

　バリントにとって分析家の役割は、一種の友好的で対等な存在として患者とともにあることでした。分析家が「高みに」いるのでなく本当に自分とと

もにあると患者が感じる必要があるのです。もしも患者が本当にこう感じることができたなら、新たな始まりの可能性があります。バリントは自身の臨床から、これを説明する非常に魅力的な実例を挙げています。彼は非常に活発で陽気かつやや浮わついた20代後半の女性を、２年間にわたり治療していました。彼女は職業上でも私的な情緒生活においても何事も達成できないでいました。そこでバリントは、あなたにとって一番重要なことは両足をしっかり地に着けて安全に顔を上げて誇り高くふるまうことのようですね、という解釈をしました。自分は子どもの頃一度もとんぼ返りをすることができませんでした、いろいろな機会に試みはしたのですが、と彼女は答えました。

するとバリントは彼女に言いました、「今はどうですか？」――すると彼女はカウチから起きあがって完璧なとんぼ返りを難なくやってのけましたが、これには彼女も大層驚きました。これが突破口となり好ましい展開につながった、と彼は続けています。彼女は難しい大学院の試験に合格し、そして結婚し、ドイツによる祖国占領も含めその後何年か厳しい逆境に耐えねばなりませんでしたが、そのすべてを何とか乗り切りました。バリントは、新たな始まりが起こるのは、決して超自我的人物像のそばではなくて安全な対象のそばにいると患者が感じるからであると述べています。バリントはこのことを次のように表現しています。「……その決定的瞬間に、分析家は刺激し興奮させるもしくは禁止的な大人の対象とは感じられていなかった。ちゃんとしたお嬢さんなら誰もその前でとんぼ返りをしようなどとは考えない、そういう対象としてではなく、その人のそばでは子どもっぽい楽しみにひたることもできる、またはひたってもよいような、安全な対象として感じられていた」。[6, p.134]

バリントにとって退行とは、逆説的なことですが何かを再体験することを意味しませんでした。そこには何か初めての体験があり、それゆえそれは新たな始まりであって、これをバリントは強調しているのです。私は先ほど大多数のクライン派はこの見解をとっていないと申しましたが、際立った例外があります。たとえば私は個人的なやりとりやセミナーの場で、ハーバート・ローゼンフェルド博士がバリントと同じ主張をするのを聞いたことがあります。さらに、新たな始まりという考え方は私が転移についての講義で明らかにした点と密接につながっています。つまり、患者はほとんどいつも初回面

接で、ある特定の点に関して分析家が自分をどのように扱うべきかを分析家に告げるものだという点です。これはほとんどの場合、患者が子ども時代そのように扱われてはいなかったことを意味します。ある患者は初回面接で私に、前治療者と会うのをやめねばならなかった理由として「彼は私がただ文句を言っているだけだと思っていたのです」と言いましたが、彼女はそう告げることで私にそこには現実的なあるものが存在すると知らせ、そうしてもし私がそれをただ文句を言っているにすぎないと片づけるとまずいことになると知らせていたのです。新たな始まりを迎えるために、彼女は私にそれを理解しそれにのっとって行動することを求めていたのです。

　基底欠損の領域に入らないようにするための2種類の防衛があります。バリントはそれを「フィロバティック」と「オクノフィリック」と名付けました。これらの用語は彼の著作である『スリルと退行』[5]で詳細に論じられていますが、バリントはこれら二つの性向を深い性格傾向と見ています。フィロバットは自分の対象から広々とした空間へと逃避します。彼にとって対象は危険なので、そこから安全な距離をとっておくのです。こうした人たちは登山やヨットによる大西洋単独横断を好み、群衆をさけたがります。たとえば、ある女性が最近私に話してくれたのですが、彼女の夫は私生活では極端なまでに一人を好むそうです。職業的には非常に名の知れた人であるにもかかわらず、彼は自分の余暇のほとんどを彼女とともに人里離れた別荘で過ごし、個人的な興味関心を追うのでした。

　オクノフィルは恐怖のゆえに対象にしがみつきます。人の言うことに熱心に耳を傾け、生きてゆくための加護を与えてくれるような理想の人物をもちたがるような類の人です。私が以前ここタビストックで診ていたある患者は、正面玄関に向かうとき決して中庭を横切らず、あたかも建物による保護や防御を欲しているかのように、壁沿いに玄関目指してせかせか歩いてゆくのでした。

　もしも基底欠損の領域をうまく扱えれば、その人は自分の対象と新しい関係を確立することができ、これらの防衛の緩和されたかたちでの再構成が生じます。両防衛とも基底欠損の領域から生じ、対象に対して動員されます。そしてこの二つはしばしば同じ一人の人の中に存在するのですが、バリントはどちらか一方のあり方が優勢となると考えました。オクノフィリックなあ

り方はエスター・ビックが「附着同一化」（私信）と命名したものとどこか似ていますが、彼女はこの語でもって空間の隔てなく密着するような依存の関係を指しています。

　講義を終えるにあたり、対象への恐怖が治療経過の中でいかに消退し軽減されるかその一例を皆さんにお示ししたいと思います。先に水恐怖をもつある患者について一連のお話を致しました。その中で彼女は水を恐れて尻込みし岸にしがみついていましたが、これはオクノフィリックな防衛でした。海辺では彼女は水に入ったことがまったくなく、その結果泳ぎを覚えることもありませんでした。治療の中でその患者は非常に早くから基底欠損の領域に入ってゆき、彼女の分析では多くの仕事がなされました。私といて少しは気楽に感じられるようになったある日、彼女は私に、キャンプ休暇の際何とか水の中で泳ぐことができもはや水が怖いと感じない、そうして今では泳いでみたいと思うと話しました。ユングについて論じた際お話ししたように、水は恐ろしい怪物たちが棲む無意識の未知なる深みを表していました——彼女はその対象に脅かされていたのです。彼女は外的理由で尚早に分析を中止せねばなりませんでしたので、彼女が水をめぐってどんな達成を成し遂げていったか私にはまったく分かりませんでした。けれどもこれは、対象とのよりバランスのとれた関係が達成されるに従って防衛が解消した一例といえると思います。

訳注
1　以下に邦訳あり。
　『治療論からみた退行——基底欠損の精神分析』マイケル・バリント著、中井久夫訳、金剛出版、1978

29
ウィニコット

より深い理解へ

　ハリー・ガントリップ（Guntrip, H.）がウィニコットの分析を受けていた際の経験のいくつかを記した論文から一節を引用して、ドナルド・ウィニコット（Winnicott, D. W.）を紹介したいと思います。ガントリップははじめフェアバーンの分析を何年か受け、その後ウィニコットに数年間にわたり分析を受けましたが、そこでのセッションは比較的低頻度でした。その論文には二つの分析を比較した部分があります。ガントリップはリーズ[*1]に住みそこで働いていましたが、月に一回ロンドンにやって来てその都度ウィニコットに2、3回のセッションを受けていました。驚いたことに、とガントリップは言っていますが、フェアバーンは分析家との個人的関係が必須の治療的要素だと強調していたのにきわめて古典的な線にそって解釈を行っていたそうです。またガントリップは、知的にはフェアバーンのほうがフロイトから自由であったが、臨床実践においてはウィニコットのほうがはるかにフロイトから外れていたとも言っています。

　その論文のある一節は、ガントリップがウィニコットにどんな分析を受けていたか、その雰囲気をよく伝えています。しかしながら文脈に即して理解していただくためには、ガントリップには彼が3歳半の頃亡くなったパーシーという弟がいたことをご説明しておかねばなりません。母親が後になって語ったことには、ガントリップは自宅の一室に入ってきて彼女の膝の上で死んでいる裸のパーシーを見たといいます。彼は駆け寄って弟にしがみつき「行

かせちゃだめだ、もう連れ戻せなくなっちゃうよ」と言ったのでしたが、この出来事およびそれまでの数年の年月は彼の心の中で封印され、まったく思い出せなくなっていました。

　1962年から1968年にかけて私は150回のセッションを受けたが、その価値はその回数に匹敵する以上のものであった。ウィニコットはこのようなまばらに間隔のあいたセッションでこんなにも多くのことがワーク・スルーされることに驚いていたが、それはまず第一にはフェアバーンがあらかじめすっかり整理してくれていたことと、私が次の訪問までのあいだ分析をいきいきと保っておけたことに負うものであろう。けれどもそれは何よりも、私がぜひともそこまで降りてゆかねばならなかった非常に早期の幼児期への、ウィニコットの深い直観的洞察のおかげである。初めての子どもであった私に対して母が自然な母性愛を抱いていた時期がおそらく２カ月ほどであろうがほぼ確実にあり、その後彼女の人格的問題によって私はその「良い母親」を剥奪されたというきわめて明白な証拠にたどりつくことを、ウィニコットは可能にしてくれた……その早期外傷についての私の健忘［フェアバーンによって破られることはなかった］は、ウィニコットによっても打ち破られることはなかった。実際やっと最近になってふと気づいたのであるが、彼は私が本源的な良い母親にまで記憶をさかのぼり転移の中で彼のうちに再現された母親を見いだすのを可能にすることによって、問題の性質をまるごと変化させてくれたのだった。彼がパーシーの死および母による見捨てという二重の外傷が何であったのかに直面する立脚点に私を立たせてくれたのだと、あとになって分かった。

　自分の記録を読み直してみて、彼が事態の核心にせまるその迅速さに驚かされる。初回のセッションで私はパーシーの死という外傷の健忘について話した。そのとき私は、それに対抗するため私が築き上げた「内在化された悪い対象防衛」の徹底的な分析をすでにフェアバーンから受けたと思っていたが、しかし自分の根本的問題であると私が感じていたものにわれわれはまだ到達していなかったのだ。それは子ども時代後期の、

悪い対象として能動的に機能する母親ではなく、より早期の、そもそも関わりをもつことに完全に失敗した母親だったのである。そのセッションも終わり近くなって彼は言った。「まだ特に申し上げることはありませんが、私が何か言わないと、あなたには私がここにいないかのように感じはじめるかもしれませんね」。2回目のセッションでは彼はこう言った。「あなたは私について知っておられるが、私はあなたにとってまだ一人の人物ではありません。あなたは自分が独りぼっちであって私は実在しないかのように感じて去ってゆかれるかもしれません。きっとあなたにはパーシーが生まれる以前から病があって、自分で自分の面倒を見るよう母親が自分を残して去ったと感じたのでしょう。あなたはパーシーを、世話を必要とするあなたの幼児自己として受け入れました。彼が死ぬと何もなくなってしまい、あなたは虚脱状態に陥ったのです」。

それは完璧な対象関係解釈であったが、ウィニコットによるものでありフェアバーンによるものではなかった。ずっとあとになり私は、「どこか自分の深いところに、じっと変化のない死んだような状態」を感じ「動けない気がする」ことが時々あると話した。ウィニコットは言った、

「もし仮にあなたの100％がそう感じるのだとしたら、あなたはおそらく動けないはずで、誰かがあなたの目を覚まさせなければならないことになっていたでしょう。パーシーが死んだあと、あなたは虚脱状態に陥り途方に暮れましたが、しかし何とか生きてゆける程度の量の自分自身を救いだすことに成功し、それも非常に精力的にです、そうして残りは抑圧された無意識の状態のまま、繭の中にとじこめたのです」。

彼の鋭い洞察をもっと詳しく描き出す時間がありさえしたらと思うが、しかしここでもう一つ別の例を挙げておかねばならない。私は自分のもつ不断の活動性と活力について人に云々されることがよくあることを話し、またセッションの中では沈黙の間がいやで時々懸命になって喋るのだと話した。フェアバーンは、私が彼の手から分析を取り上げて彼の仕事を自分でしようとしていると解釈した。すなわち父親のペニスを盗み

出そうとするエディプス的な競争心という解釈である。ウィニコットはこの懸命に喋るということについて、劇的に斬新な光を投げかけた。彼は言った。

「虚脱というあの病がまったく治癒していないことがあなたの問題です。それにもかかわらず、あなたは自分を生きた状態に保っておかなければならなかったのです。あなたは自分がずっと存在しつづけているということを当たり前と思えないので、自分自身を存在させつづけておくためには一生懸命にがんばらなければならないのです。行動することや話すことをやめたり、覚醒した状態が中断することがあなたには怖いのです。間のあいだにパーシーのように死んでしまうかもしれないと感じているのです、というのもあなたが行動するのをやめても母親は何もできないからです。彼女にはパーシーもあなたも救えなかったのです。あなたは私があなたを生きた状態に保っておくことができないのではないかと恐れているに違いありません、だから私の代用として月々のセッションを自分の記録でもってつなぎ合わせているのです。そうすれば間はなくなるわけです。あなたには自分が私の関心を得つづけていると感じられないのです、なぜなら母親があなたを救えなかったからです。あなたは『活動的であること』については知っていますが、眠っているあいだに『ただ成長し、ただ呼吸していること』については知らず、何かしなくてはいられないのです」。

私はある程度の沈黙には耐えられるようになりはじめたが、少し不安を感じていたある折、ウィニコットが動いた音を聞いて安心したことがあった。私は何も言わなかったが、彼は不気味なほどの直観でこう言った。

「あなたは私から見捨てられてしまったのではないかと心配になりはじめました。あなたには沈黙は見捨てと感じられるのです。間はあなたが母親を忘れることではなく、母親があなたを忘れることですが、それはいまや私とのあいだで緩和されてきました。あなたはパーシーにまつわる外傷によってそれが反復されるという助けなしには決して回復させる

ことができなかったであろうような、より早期の外傷を見いだしつつあります。あなたを見捨てる母親を、私への転移によって思い出さねばなりません」。

幼児期に私が関わりをもてない母親とのあいだでもっていた「対象関係状況」の空虚さにウィニコットがまっすぐに肉薄するさまを目のあたりにして私が受けた強烈な印象は、とても伝えられない。

分析の終わり際、私は突然またセッションの最中に懸命に喋るようになった。このとき彼はもう一つ、これまでと違う尋常でない発言をした。彼は言った。

「私の助けを借りて赤ん坊を産み出しているのはあなたのようですね。あなたは私に内容豊かな集中した話を1時間半してくれました。あなたの話に耳を傾けあなたのために状況を抱えていると緊張を感じました。私に向かって懸命に喋っても、私は耐えられるし破壊されはしないとあなたは知っていたに違いありません。あなたが創造的に、破壊的にならずに、内容豊かな何かをつくり出しながらお産に取り組んでいる限りは、私はそれに耐えねばならなかったのです。あなたは『対象と関係すること』、『対象を使用すること』について話しておられ、そうして自分がそれを破壊することはないと気づきつつあります。私は5年前にはそんな解釈はできなかったでしょう」。

のちに彼は「対象の使用と同一視を通して関係すること」[113内にあり*2]についての論文をアメリカで発表し、予想どおり、と私は思うのだが、多くの批判にあった。非凡な人間のみがあのような洞察に達しえたのであろう。私の深い無意識に存在する幼児自己に対して、彼は良い乳房をもつ母親となってくれたが、それは私の実際の母親が母性愛を失い、生きた赤ん坊としての私にそれ以上耐えられなくなった局面においてのことであった。そのときにはまだはっきりしていず、あとになって気づいたことだが、彼はパーシーの死という外傷に関する私の理解をまるごと変えてし

より深い理解へ

まったのだった。とりわけ彼がこう付け加えたときにである。

「あなたも良い乳房をもっていますね。あなたはこれまでいつでも、取るよりも多くを与えることができていました。私はあなたによくしていますが、あなたも私によくしてくれています。あなたの分析をすることは、私に生じる出来事のうちでも、ほとんど何よりも私に自信を取り戻させてくれることがらでした。あなたより前にやって来る人には私は、自分はまったくだめだという気にさせられているのですよ。あなたは私によくしてくれなくてもいいのです。私はそれを必要とせず、それなしでもやってゆけます、しかしそれでも実際あなたは私によくしてくれるのです」。

ここに至って私はついに自分の子どもを高く評価する母親を得て、来るべき出来事に立ち向かえるようになったのだった。[61, pp.152-153]

ウィニコットの思想と理論を要約するのは非常に困難です、というのも彼はフェアバーンやメラニー・クラインのようにそれらを一つのまとまった学説として述べてはいないからです。彼は学派を設立することなどまったく望んでいませんでした。彼は真に独立した思想家でありかつ患者へのアプローチにおいてはとてつもなく柔軟でしたが、そのことは彼の論文である「小児医学における症状の容認」[110*3]に非常にはっきりと描かれています。フィリップというある8歳の男の子は、私立の寄宿学校にいた頃盗みを働くようになり、そのことが盗みの蔓延を招いてしまいました。校長はフィリップを学校から退去させるよう彼の両親に書き送りました。しかしながら、校長はその少年が病んでいることに気づいており、したがって処罰的な手段は一切取りませんでした。フィリップの非行に対して道徳的に教化するような態度がつくりあげられる前に彼が治療に紹介されてきたことは大変幸運であった、とウィニコットは言います。

両親が語った病歴から、ウィニコットはフィリップが赤ん坊の頃に母親的養育（マザリング）を受ける機会を逃したことに気づきました。またその家族はロンドンから遠く離れた地方に住んでいたので、その子を分析することは不可能

であることも見てとりました。その母親は心理学を嫌っておりそんな知識は一切ないと断言したけれども、この事実はかえってこの事例のマネージメントに役立った、というのも人間の性質についての彼女の感覚や直観的理解を信頼できたからである、とウィニコットは述べています。こういう事例の見方は、たとえ他の人間の目には先の見通しが望みなく映るかもしれぬ状況にあっても、状況の肯定的な面を見ることができるウィニコットの能力について、ある洞察を与えるものだと思います。

したがってウィニコットは、その少年が1年間自宅に戻りもう一度赤ん坊になること、および幼い時に彼が機会を逃した養育を母親から与えることを提案しました。フィリップは退行してますます病んでゆき、ほとんどの時間をベッドで過ごすようになりました。母親と家族は彼が病んでいることを認識して彼に合わせましたが、これは幼い赤ん坊には自然なことの成り行きであり、そうしてウィニコットの導きによりその家族は彼の欲求(ニード)に何とか対処することができました。たとえば退行の最中彼はおねしょをしましたが、母親は毎晩彼の世話をしました。遺尿症はその背後の退行的欲求が認識されない限り通常うまく治療できないとウィニコットは信じていました。またフィリップはグレイハウンドを飼っていましたが、それが非常に重要であることが明らかになり、彼の治療に必須の役割を果たしたともウィニコットは述べています。最悪の状態にあるときも少年はペットに触れることでいくらかほっとした気持ちになったのです。そうして何カ月か後には彼はベッドから出たいと思うようになり、これを端緒として回復に向かいました。次の学年が始まる頃少年は学校に戻りましたが、その後も健康で品行方正な生徒でありつづけました。

この事例から、ロンドンへの週1回の通院すら中断するだろうと分かっていても、ウィニコットがいかに家族内のあらゆる資源を動員して家族状況を修復しそのうえに治療を組み立てたかが見て取れます。ウィニコットには臨床的な状況を見てその強さがどこに備わっているかを探し出し、それを最大限利用する並はずれた能力があったのです。

メラニー・クラインについてお話しした際、彼女は機制(メカニズム)に力点を置きすぎ対象の性質については過小評価したと申しました。ウィニコットの場合、事態は逆です。対象の性質が中心であり機制は常に二次的な位置づけであるた

め、真の自己（True Self）および偽りの自己（False Self）といった概念が彼の理解の中心的位置を占めていることも驚くにあたりません。もし母親が赤ん坊に適切に応答しないでいると赤ん坊は自分自身の個性的な自己を守るためにスクリーンをおろしてしまう、とウィニコットは言い、この個性的な自己を「本当の自己」と呼びました。侵入や壊滅やこなごなになることに対して前性器的恐怖を感じているのはこの個性的な自己です。メラニー・クラインがこうした前エディプス的不安について語るとき、それは自我に感じ取られるものとして言及されています。ウィニコットはそれを本当の自己と呼ぶことによって、その実体をより適切に描写したのです。

　分析家が患者の中の前エディプス的不安に出会う場合、脅かされていると感じられているのはその患者の個性的な自己性です。分析にやって来ると私にフロイト派の学説を頭から山ほど浴びせられるのではないかと怯えていたある患者が思い出されます。彼は特にフロイトに対して反感をもっていたというのではなく、自分自身の個性の核が何らかの集団イデオロギーに飲み込まれるのではないかという恐怖感をもち、また自分の中の個性的なものが集団の画一性に埋没してしまうことを大変恐れていたのです。

　私が主張したいのは、こうした恐怖の主体こそが個性の中核であるということですが、これをウィニコットは「本当の自己」と名付けています。メラニー・クラインが、パーソナリティのこの部分への脅威は死の本能の内的働きからくると言っているのに対して、ウィニコットは脅威は母性の失敗にあり、そこから本当の自己が撤退して身を守るのだと言っています。つまり災難を引き起こすのは母親の手抜かりという罪であるというわけです。もし母親が決定的な仕方で応答を怠ったなら、赤ん坊はいつのまにか服従に陥り、母親の否定的な機能と同一化してしまいます。

　したがって転移の中では、分析家は共感的な仕方で患者に近づこうとすると敵対的な反応にあいます。これは分析家が防衛的な偽りの自己に出会うからです。私がある患者に向かって、彼女を抱え腕に抱いて揺らすことや彼女の面倒を見ることについて話したとき、彼女はそれを嫌悪して激しく私を拒否しようとしました。その患者は長きにわたって本当の自己を守る習性を身につけてきており、彼女がそれをあらわにすれば分析家に拒絶されるだろうと恐れているのですが、そうなればそれは破局を意味します。さてここで、

母親が本当の自己を育て「養う」つもりなら絶対にすべきことは何かを説明してみたいと思います。
　赤ん坊は時折自発的な身振りをすることがあるが、これは本当の自己から直接生じてくるものだとウィニコットは言います。母親はこの身振りに、彼女自身の本当の自己からくる、肯定を表す彼女自身の身振りでもって応える必要があります。母親が子どもの自発的身振りに、彼女自身のものでありながらその子にも合っているような身振りでもって繰り返し応えなければ、本当の自己は生きた現実とはならず、確かなものとなりません。決定的に重要なのは、この自発的な応答がどんなものになるかに関してはいかなる原則も立てられないということです。母親は立ち上がって子どもの前で踊るかもしれませんし、子どもを抱き上げ揺らして歌ったり、あるいは寝かせてなでてやり、何か食べさせてやるかもしれません。
　これを行う母親の能力は、ウィニコットが「原初的母性的没頭」と名付けたものと密接に結びついています。女性は妊娠すると自分の子どもとの高度の同一化を徐々に遂げてゆく、とウィニコットは考えました。その同一化は妊娠期間中徐々に発達し、出産の時点で頂点に達して、数カ月後にはゆっくりと減衰してゆきます。このきわめて重要な母性的機能により、母親は自分の幼児の最早期の期待や欲求を知ることが可能になり、幼児が快適にしている限り自分は満足だと感じるようになるのです。
　それを通じて母親は幼児をどのように抱けばよいのかを知り、そして赤ん坊は単に反応するのでなく存在することができるようになります。本当の自己は幼児自身の行動の源であり、先験的自我[*4]という哲学的理論と密接な関わりのある概念です。これは人間が自分のうちに、それに先立つもののみからは説明がつかないある源をもっているという根本的に反決定論的な見方です。ですから自由とはこの源から行動する能力であるということになります。母親は自らの自発的な応答を通じてこの創造的活動の源を誕生させることができる、そしてそれといくらか似た態度が患者に関心を寄せる分析家の中にも存在する必要がある、というのがウィニコットの理論です。
　このことに関しては、ビオンとウィニコットは非常に近い考えをもっています。赤ん坊が自発的に身振りや行動で母親を求めて手を伸ばしてきたときどうしたらいいのかを、母親が本や他の誰かから知りえないのとちょうど同

じように、分析家が参照できるような師や本も究極的には存在しません、特にある瞬間においてはです。もちろん母親はいろいろ教わることはできます。つまり赤ちゃんの抱き方とか、乳の与え方とか、げっぷのさせ方とか、風呂の入れ方だとかいったことですが、しかし赤ん坊が例の奇妙な目つきで彼女を見やるとき、例のおかしな音をたてるとき、突然手を宙に突き出すとき、あるいは部屋の中にある何らかの物体をしげしげと眺めだしたときに、どう応答したらいいのかを知りえるのは彼女だけです。そのように分析家もまたセッションの行い方についての概略を教わることはできるし、一般的な原則が示されることは可能ですが、しかしその分析家自身にしか行動できない瞬間というものがあります。分析家から生じてくるその何かを、患者は要求するのです。

　この要求は言語的なかたちで現れるかもしれず、その状況においてかもしだされる感情の激しさが分析家に行動する責任を課するかもしれません。その行動は黙ったままでいることかもしれず、言葉を発することかもしれません。しかしそれが何であれ、患者は分析家の本当の自己から発する身振りでの応答を求めているのであり、それは定義上それに先立つものを持ちません。その瞬間には、まさにその分析家から、そしてただその分析家だけから応答がなされねばならないのです。これは特に精神病の患者や自殺の恐れのある患者について言えます。ここでは分析家は自らの本当の自己という資源を、かつそれのみを頼みとしなければならず、こうした場合の最終的な権限をもつのです。（私が何年かにわたって自分の患者たちに関して医療費の支援を受けてこなかったのは、こうした理由によります。）ウィニコットは精神分析的技法から作られる偽りの自己というものがありえると述べており、技法的なことが主になると精神分析は誤った道筋をたどりはじめると信じていました。

　ウィニコットはほぼ40年間、ロンドンにあるパディントン・グリーン小児病院で小児科医として働きましたが、そこで彼は母子カップルを対象に20,000回以上の診察を行いました。いまだかつてウィニコットほど母と子のあいだの相互交流について通暁した分析家はいなかったのではないかと私は思います。とりわけ彼は母親にみられる病や性格障害が子どもにいかに影響を与えるかについて理解していましたが、これは本当の自己から応答する

彼女の能力が阻害され、赤ん坊に同一化する能力もまた阻害されるためです。母親にそのような障害があるときには、二つの過程が生じます。第一にその子どもは不可欠な心理的経験をする機会を逸し、第二に深い水準で脅かされます。応答してくれる母親がいないと、子どもは恐怖でいっぱいになるのです。

　ぱっくり口をあいたこの深淵に何とか対処するために、赤ん坊は悪い偽りの自己－母親の機能を内在化します。したがって偽りの自己は、母親のもつ嫌悪されている応答してくれない側面から成っているのであり、患者が忌み嫌っているまさにその態度がその患者の中に見いだされるのです。所有欲が強く子どもを自分のもとに引きとめておこうとしたり自らの影響力の及ぶ範囲にいさせようとしていた母親をもっていたある患者は、これを大変嫌い何とかして自由になることに成功しました（あるいは成功したと思っていたが、実際にはある面で成功しただけであったかもしれません）が、分析家に対してまったく同じ仕方で行動しました。さて、なぜこういったことが起こるのか私にはあまりよく分かりませんが、それは赤ん坊が母親のとる距離を埋め合わせるために母親への親近感をつくりだそうとする方法なのだと思います。臨床的には、分析家が患者に対するこの種の親近感にとらわれているときに、もしその共謀を打破することに成功すれば、両者に非常に著しい気持ちの変化が生じることも私は知っています。患者は非常に孤独に感じ、分析家はその関係に大人らしさを感じるのです。

　この例を挙げましょう。長いあいだ私の分析を受けていたある女性患者は母親とのあいだにアンビバレントな関係をもっていたのですが、最も本質的には、母親は所有欲が強く彼女の成功を望まなかったと深く感じていました。彼女は自分を羨望し手元におこうとした母親の絵を描きました。私はこの少女に対して温かい気持ちを抱き、彼女からはある種の忠誠心を感じていましたが、それはかなり快いものでした。彼女の分析は終わりましたが、そのときにははじめよりずっとよい状態になっていました。

　3年ほどのちに母親が亡くなって、彼女は私に電話してきました。これが彼女にとって非常に重要な出来事であると私には分かっていました。そして当然の帰結として彼女は精神療法を受けに戻ってきました。私は自分に向けられたあまり喜ばしくない献身を感じ、彼女が私に言ったいくつかのことを聞いた結果、私の代わりに誰か別の人に会ってみる気はないかと彼女に尋

ました。彼女は大変に衝撃を受け、私は自分がさじを投げつつあるかのように感じました。またそれを言うとき自分が非常に残酷だとも感じました。しかしながら、最終的には彼女は顧慮されていると感じました、というのも彼女が私に対して忠実な献身を続けることよりも回復することのほうを私が気にかけていると気づいたからです。けれどもこの後彼女は非常に孤独で見捨てられたように感じ、私も喪失感を感じました。それは、子どもが親を信頼し尊敬することから生じる温かく満ち足りた感覚を失ったと表現すると一番しっくりくる感じです。転移の中で私は彼女の母親になっていたのであり、母親と彼女のあいだに存在していた気持ちはそのまますべて彼女と私のあいだに存在していたのです。すでに説明した母親との同一化は、孤独な深淵にいるという恐ろしい感覚を和らげるために役立っていた、というのが私の再構成です。けれども注目に値したのは、転移の中でわれわれのあいだに生じた決裂と時を同じくして、彼女がボーイフレンド候補の男性たちに対してより開かれた態度をとりはじめ、私に「デビッドが私を気にかけてくれていると感じたのはこれが初めてです」と言ったことでした。

　月齢の低い時期には赤ん坊は自分と母親を一つの実体だと感じていると、ウィニコットは信じていました。しかるのちに赤ん坊は母親からゆっくりと分離してゆくわけです。母親の務めの一つは、赤ん坊を「脱錯覚」させ、彼のあらゆる欲求に奉仕するために存在するような世界に、彼が支配者として存在しているわけではないことを、痛みを伴いながらも認識しはじめさせることです。彼は母親という実体から分離しはじめますが、この早期の段階では母親は赤ん坊に合わせる必要があります。そうしないと赤ん坊は侵害されたと感じ、迫害的な気持ちでいっぱいになります。メラニー・クラインのいう妄想-分裂ポジション（パラノイド・スキゾイド）では生得的な感情とされているものを、ウィニコットは母親の失敗に——赤ん坊に合わせることや、身体的かつ心理的に赤ん坊を抱えることの失敗に——帰していることに気づかれるでしょう。

　ウィニコットにとって発達とは、赤ん坊が父親の助けを通して母親から分離するという問題でもありました。彼はこの方向で解釈をしたので、母親へのリビドー的な愛着よりもむしろ赤ん坊が自由になろうとする奮闘を強調しました。たとえば、私が講義の冒頭で引用したガントリップの分析におけるいくつかの解釈から、ウィニコットがガントリップの内的な感情の核心にま

っすぐに迫っていることが分かります。すなわち、関心を失った母親についての彼の気持ちの状態や、あまりにもひどい内的世界に抗って生き残るための彼の防衛にです。患者に対するウィニコットの情緒的な接触には、非常に深い感情があります。彼は患者の痛みや生きるための苦闘の側に立っています。

　幼児とその母親のあいだの分化が生じるのと同時に、そこには象徴を形成する能力が発達します。しかしウィニコットの考えではこれら二つのあいだには、母親への触覚的な関係が、内在化された関係に道を譲る以前の段階が存在します。この時期幼児は何か物質的なもの──ぬいぐるみの人形やあるいは毛布の切れ端のようなもの──をもっていますが、これは母親を、もっと正確に言うなら母親の乳房を表すものであり、これを彼は「移行対象」と呼んだのです。母親への愛着は視覚、嗅覚それに触覚を通じたもので、この水準で赤ん坊はその対象に母性的な属性を賦与しています。この段階では赤ん坊は、母親と一体でもなければ分かれてもいません。ですから移行対象は内でもなければ外でもありません。錯覚が生じるのはこの領域でのことであり、そこで個人は対象世界をまさに独自の仕方で創造します。一つの集団によってある錯覚が共有されると現実が創造されるその仕方がきまり、そこでは常に、経験のある要素は除外されます。事実の主観的な理解は錯覚という媒体を通じてなされるのです。

　最後にこのことを申し上げておきたいと思います。ウィニコットによれば、錯覚の働きは赤ん坊に対する母親の応答性にかかっています。またビオンによると、夢想は錯覚と密接に関連するものですがアルファ機能に依存しており、これも同様に受容（コンテイン）できる母親を必要とします。しかしウィニコットとビオンが早期の経験について同じ理論モデルをもっていると考えるのは間違いでしょう。ビオンはクラインにならい、乳児は誕生のときから母親や乳房を自分とは別のものとして経験すると考えています。一方ウィニコットは、幼児は乳房を自分のもの、自分の一部だと思っていると言っています。したがってウィニコットによると、発達のこの段階では赤ん坊にとって他者とのやりとりというものは存在しないことになります。

　この講義で私はウィニコットに関しごく一通りを概説しただけです。母子カップルおよび人間の発達についての彼の広範にわたる想像力や理解、それ

に患者たちへの彼の繊細な共感は十分には論じ切れていません。しかし私がお話ししたことが刺激となって、皆さんご自身がウィニコットを読んでくださることを希望します。

訳注
1 リーズ（Leeds）：イングランドWest Yorkshire州中部の都市。
2 以下に邦訳あり。
『遊ぶことと現実』現代精神分析双書第2期第4巻、D.W.ウィニコット著、橋本雅雄訳、岩崎学術出版社、1979
3 以下に邦訳あり。
『小児医学から児童分析へ　ウィニコット臨床論文集1』北山修監訳、岩崎学術出版社、1989
4 先験的自我：（カント哲学の認識論で）常に主体であって決して客体にならない自我。

30
最終講義

より深い理解へ

　この最後の講義では、私にとって中心的な精神分析の諸局面についてお話ししたいと思います。精神分析家が自分の患者に対するときと同じように、どんな講師であれ自分自身の個人的な態度や偏見を隠すことができるとは思いません。しかしこの最終講義で私がしたいのは、これまで言外に示されてきたものをはっきり表現することです。このことは私にとって、また皆さんにとって明確化の機能をもちます。というのも私の態度が明確になれば、皆さんは自分の態度と私の態度とを比較して、どこで同意しどこで意見を異にするのか知る良い機会を得るからです。

　精神病的な患者は分析家の心に何があるのか知るまでは身を隠しているものだと私は強調しました。分析家は本当は何を考え、何を感じているのだろう？　これが患者の心配することです。たとえば、私に紹介されてきた知的障害の患者たちは皆、私が本心から彼らがこの惑星上に存在してほしいと思っているのか、あるいは正直なところ世界の果てから落っこちて永久に消え失せてくれるほうがいいと思っているのかを見極めたがっていることに私は気づきました。どれほどスーパービジョンや技術的の向上がなされたとしても、その状況は少しも変わらないでしょう。

　このことは精神病的な患者にもあてはまると述べましたが、私はあらゆる神経症患者の基底には精神病が存在し、それゆえ分析家の態度はあらゆる患者の治療成果にとって重要であると信じる点でメラニー・クラインと同意見

です。私が診ていたある患者は、しばしば物憂げな口調になるせいで近寄り難く感じられました。何年も私にはこのことが理解できずにいました。そうしたある日、私は彼があれこれ話したなかで反アパルトヘイトの連続講義に没頭していることに触れなかったことを指摘しました。彼が内心その問題に熱い思いをもっていることは知っていたので、あなたは私に情熱を奪われることを恐れて私にそのことを隠しておきたいのではないか、と申しました。おまけにこう付け加えました、「言い換えれば、あなたは私に去勢されるのを恐れているのです」と。

　すると彼が物憂げな口調になったので、これは去勢に関する私のコメントに関連してのことに違いないと思いました。私は自分を責めました。いったい全体どうして自分は情熱を奪われることについての話だけで満足しなかったのだろう？　何でまた去勢のことまで言わなくてはいけなかったのだ？ フロイトの良き弟子はペニスや去勢について必ず触れるものだという考えに、私はどこかで誘い込まれていたのだと思います。結局のところ、自分は立派で有能な分析家になりたがったに違いないのでは？　さらに自分を責めつつ私は、先ほどの私の言葉のあとあなたがいつもの物憂げな口調になったのが分かりました、と言いました。すると彼は、あなたが去勢について最後に付け加えたとき、分析めいた話を繰り出しているだけだなと思って空しい口調になってしまいました、と言いました。もちろん彼は正しく見抜いたのです、その瞬間私が彼に対する関心や彼と接触をもつことへの関心を失い、そのかわりに自分のペニスを振り回し「私がどんなに有能な分析家か見たまえ」と言うことに関心を移したということを。

　ですから新しい患者の一人ひとりが分析家に、さらなる情緒的発達を遂げてみよと挑んでくるのです。われわれは誰しも情緒的接触から逃げますが、とりわけ自分自身とうまく情緒的接触がとれていない領域においてはそうです。分析家にとって最も難しいのは転移を「引き受ける」ことであると私が強調したのは、こうした理由によります。転移を解釈することは比較的簡単ですが、しかし転移を引き受けることにはこれから説明するような特別な難しさがあります。というのも転移は分析家についての歪曲された真実であるからです。

　分析家はある特定の仕方で誤認されますが、これは非常にしばしば彼にと

って不愉快なものです。分析家が彼自身のパーソナリティの中のその特定の要素とまだ折り合いがつけられていない場合にだけ、それは不愉快になるのです。患者にサッチャー夫人のようだと言われた精神療法家の例を挙げましたが、患者にがちがちのフロイト主義者と言われたもう一人別の治療者の例も思い起こせます。彼はそれに耐えられませんでしたが、しかしそれでもそれに耐えることが次のような理由で必要なのです。

　分析家がパーソナリティの健康な発達途上の側面と何とか接触できたときには、成長を促す分析家に対抗し、決まって幼児的な側面が立ち上がるものです。幼児的な側面は分析家と患者の良好な交流を自らの存在にとっての脅威として感じ（実際そうなのですが）、分析家を権威主義的だとか、迫害的だとか、弱いとか、臆病だとか、思いやりに欠けるとか、「私の母親がいつもそうだったのとちょうど同じだ」とか感じるのです。

　さて自分の内面を省みると、私が実際権威主義的だったり、迫害的だったり、弱かったり、臆病だったり、思いやりに欠けたりすることは疑いありません。常にそうだと言うのではなく、特定の刺激が与えられるとこうした要素が出てくるのです。もしも私が自分の臆病との折り合いをつけられないと、患者に臆病者呼ばわりされたときそれを引き受けることができません。それは私が耐えられないタイプの転移であり、ハロルド・サールズが述べた「あらゆる転移にはある程度の真実が（あるいは一片の真実以上のものが）ある」という言葉の意味を具体的に示しています。

　私が言っていることは、「分析家はその問題について心配しすぎているときには解釈できない」という表現に要約されるもう一つの真実と密接なつながりをもっています。もしも分析家がある特定の患者への自分の性的な感情を非常に心配していると、分析家に向けられた患者自身の性的な感情を解釈しにくくなるでしょう。私がある小さな精神療法部門を運営していたとき、ある精神科医がやや切迫した声で、彼のグループにしばらくいたある女性患者を診てもらえないかと電話してきたのを思い出します。患者は以前にもう一つ別のグループにいたのだが、彼も他の精神科医も患者をグループに定着させることはできなかったと彼は言いました。個人治療でのほうがずっとうまくいくと思うというのです。

　私はその部門の精神療法を希望する者がとるべき手続きを説明しました。

彼は「しかし彼女は特別な患者なんですよ。そういう堅苦しいことは抜きにして会ってやってはもらえませんか」と言いました。しかし私は彼に、彼女にもそうしてもらわねばならないと伝えました。患者はしかるべく手紙と申込用紙をよこし、私は面接の約束を書き送りましたが、しかし彼女がその約束の日にやって来るまでにその精神科医は再び電話をかけてきて、なぜ彼女にまだ会ってやっていないのかといぶかしむのでした。彼の内にある不安は手に取るように分かりましたから、私は次の火曜日の正午に私の家の玄関をくぐるのはどんな患者なのだろうと思うようになりました。
　はたせるかな、魅力的で生気にあふれたセクシュアルな若い女性が私の面接室に入ってきました。1時間が経過するあいだに彼女は私にいろいろなことを語りましたが、しかし私はまったく気が進まなかったものの、彼女にこのように言いました。「自分がセクシュアルな女性であることに、どんなにか自信をおもちのことでしょうね？」するとそこで、セクシュアルな女性としての彼女の強い劣等感や低い自尊心が、ほとばしるように吐露されたのです。表面上のセクシュアルな生気は偽りの自己だったのであり、その背後には自分にまったく自信のもてない脅えた少女がいたのでした。
　気が進まなかったが彼女に質問をしたと申しました。私には性的な雰囲気が感じ取れ、そのことで私は彼女に問いをもちかけられるようになるまでに内心ぐっと息をのまねばならないほど心配になりました。二人の精神科医が抱えていた問題とは、彼らが性的な興奮を感じてそのことにある不安あるいは罪悪感を抱き、最も目につく徴候について何も言えなくなってしまったことなのだと私は信ずるようになりました。これは、分析家は自分が心配しすぎている問題については解釈できないということのかなり分かりやすい例ですが、もっと微妙なことは分析の営みの中で毎週たくさん起こっています。その分析家が自らの抱える困難を乗り越えられるようになるまでには長い時間がかかるかもしれません、仮に何とか乗り越えられるとしての話ですが。
　たとえば分析家が自分の抱いているある面での羨望にひとたび気づいてしまうと、自分がどんなに刺激されていたかが分かり、この素材を解釈に利用できるようになります。けれどもそれを意識するまでに彼はどうしたらよいのでしょう？　答えはもちろん、自分が気づいていないことに関してはそもそもどうしようもない、ということになります。それでは患者は（そして分

析家は)、誰に信頼をおけばよいのでしょうか？

　あるときある女性患者が私に言いました。「あなたが私の女性性をねたんで私を巧妙に邪魔しているのでないと、どうして分かるんです？」確かなことは彼女にも、そして私にも分かりませんでした。けれども私が解釈できたのは、私には実は分かっているのだという彼女のファンタジーと、その後もう一つ、知る過程に影響を及ぼす力が私にはあるのだという彼女の考えでした。まさに意志に基づく意識的な行動として、もし私が望めば知ることができるということです。彼女とまったく同じように私もまた悟りを待たねばならないことを知ると、彼女は落胆しました。それから彼女は、われわれ二人のあいだである過程が進行していること、そしてわれわれがそれを自然な進行以上に速めることはできないことに気づきました。つまり、面接室には患者と分析家がいますがそこには過程というものも存在しています。これは、そこに究極的な信頼がおかれるような第三の存在です。分析の過程が、分析家と患者両者にとっての主(あるじ)なのです。

　患者の（そして分析家の）発達を助けるのは情緒的理解です。ですから分析家の仕事とは患者と情緒的接触をもつことです。患者の成長が可能になるのは、分析が双方にとって豊かな情緒的経験となるときです。情緒的接触は理解と相まって人間の魂(たましい)を養い、そうして人は最大限に成長し発達することができるのです。知的理解だけでは魂は養われません——患者が必要としているのは間主観的な情緒的理解なのです。

　思うにこの考え方は、知的障害をもつある患者の精神療法から最もうまく説明できるでしょう。記録によると彼のＩＱは59でした。彼は何カ月間もひどい不安状態にあり、面接室の中を行ったり来たりうろうろしていました。普段の椅子に腰掛けて彼を見ているだけでは落ち着かなかったので、私もよく一緒になって立ち上がり部屋の中を歩き回ったものです。彼は私を質問攻めにし、私はそれには答えずにいましたが、私が彼について抱いているイメージを彼が知りたがりはじめたある段階がやってきました。私は彼をどう思っているのか？　彼は気も狂わんばかりに知りたがり叫んだので、何度か外から大丈夫ですかとドアをノックされたほどでした、明らかに大丈夫ではなかったわけですが。

　この間ずっと、二種類の発話がなされていました。一つは私に直接向けら

より深い理解へ

れた発話であり、もう一つは私に向けられたのではない、彼の口の端から漏れ出る言葉でした。狂おしい口調で話すなかで、彼は直接私に向けられた発話でもってこう言いました。

　ねえ、いったいどうなっているのか教えてくれないなら、あなたは僕に何を与えてくれるんです？

　それから彼の口の端から、こんな言葉が漏れ出てきました。

　それに33年間？　それがすべて無だったわけか？

　私はそれまでにこの泣きごとをしばしば耳にしていましたが、この瞬間彼が自分の全人生を空虚な無駄であると感じていることを理解し、こう言いました。

　あなたは私にどうなっているか教えてもらいたがっていましたね、それは私が思うにこんな感じです。想像してください、あなたは鉄道の客車内に座っていますが気がつくと目の前に、傷ついて血を流し目もあてられぬような顔をした一人の男がいるのです——これが空虚な無駄であった33年間を抱えたあなたです。あなたが私にどうなっているのか教えてほしいと求めるのは、それによってこのひどい光景を覆い隠すことができるからなのです。

　すると彼は言いました。

　ねえ、どうなっているのか教えてくれないなら、あなたは何のためにここにいるんです？

　そのとき私は彼に歩み寄りその傍らに立ち、彼の肩をつかんで言いました。

> もし私がこんなふうにあなたの隣にいてあなたと一緒に見ていれば、あなたもひょっとするとこのひどいものに目を向けることができるかもしれない。

 するとため息が聞こえ、続いて意味深い沈黙が訪れました。それから彼は椅子のところまで行って、崩れるように座り込みました……
 これが、理解を伴う情緒的接触という言葉で私が言わんとすることです。この患者の場合、その瞬間から目に見える変化が生じました。すなわち、彼はもう私を質問攻めにしなくなりました。私の診ている他の患者たちと同じように、いつもは私に向かい合った椅子に腰掛けるようになりました。彼の会話は「普通」になりましたが、これはかつてなかったことです。そうして彼の不安の程度は劇的に軽減しました。癒しとなり真の統合を促すのは、こうした情緒的理解の瞬間なのです。
 もう一つ別の例を挙げましょう。私が治療していたある男性は、長い夏期休暇をいやがり、私が転居するといやがり、そして私に彼の世界観を受け入れるよう圧力をかけてきました。ある日、ある理解がひらめいて私は彼に言いました。

> あなたは私を赤ん坊のように、そしてあなたを母親のように感じていて、私を身近に抱いていたいし立ち去らせたくないのです。私が夏期休暇でいなくなってしまうと、あなたはあたかも赤ん坊である私を引き剥がされたかのように感じるのです。

 彼は長い沈黙ののち言いました。

> サラに話しかけて一緒にいてくれるよう懇願している自分のイメージが浮かびます。

 私は言いました。

> これが、気持ちをなぞってそれを理解するあなたのやり方なのです。

彼は言いました。

メアリーの分析嫌いは、このことと何か関係があるかもしれないという気がします。

私は言いました。

メアリーはあなたの赤ん坊であなたに守られていました。メアリーはそれを嫌っていましたが望んでもいたのです。あなたが私に関心を向け、代わりに私を赤ん坊として受け入れたとき、彼女にはそれが我慢できなかったのです。

部屋には強力な情緒的雰囲気が漂い、それは彼の赤ん坊としての私と、私の母としての彼というイメージを通じて発散されていました。それは彼にとって衝撃的な気づきでした——しかし私にとってもまたそうだったのです。支配欲の強い母親とともにいる赤ん坊であるという情緒的経験は私にとって極度に不愉快なものでしたから、私が先ほど語ったことがらを理解するのに長年かかったのはそのせいに違いないと思います。

今しがた述べたことに密接に関わっているのは、分析家は自分自身の情緒的発達を強く望まなければならないという考えです。この連続講義の中ですでに何度か申し上げたように、患者たちは分析家に情緒的に成長しろと挑んできます。もし分析家がそう望まなかったり、あるいはもし中年に達して内心そろそろ落ち着きたいと考えていたりすると、彼にとっての分析は終わりを迎えます。情緒的発達は円滑に生じるものではなく、非常につらい大波乱を伴って生じます。そうした大波乱の最中には、自分が精神的に向上しているのかそれとも悪くなっているのか分からなくなるものだ、とビオンは言いました。しかしながら、自分自身の情緒的発達を望まなければ満足のいく分析家になれる見込みはありません。そうしてまた、分析がふさわしい治療法となるような患者とは、自身の情緒生活の見直しを求めているような患者です。精神分析とは、精神的崩壊を経験し、もう一度機能できるようになるこ

とを求めているだけの人のためのものではありません。というのも、分析が進むにつれその人は自分の全人生を見直し劇的に変化せねばならなくなるかもしれないからです。精神分析は人生についての好奇心をもつ人のためのものですが、同時にまた人生を内的に生きたいという願いをもつ人のためのものでもあると私は思います。

　私は、本当に役立つ唯一の解釈とは分析家の自我から出てくる解釈であると信じています。精神分析コミュニティの内部では非常に強力な集団超自我が作用していて、これが一連の神話的通念を形作っています。こうした神話のいくつかについて述べてみたいと思います。まず最初は、患者は自分の分析家について何も知らないというものです。しかし実際には、患者はまさに一番最初の面接において分析家についての非常に正確な評価を行っています。この評価は転移の一部を構成している錯覚的要素にしばしば覆われているというのは確かに本当ですが、しかし患者は最初の出会いにおいて分析家について多くのことを知るという事実は残ります。

　実際のところ患者のほうが、分析家の知り合いはおろか友人たちよりも分析家についてよく知っていることは疑いありません。患者は分析家についての経歴的な事実はさほど知らないかもしれませんが、しかしそういったものは人の性格を照らし出すような事実ではありません。ではもしそうだとするなら、自分自身を慎重に隠しておくことは本当に必要なのでしょうか？　自分自身に関することがらを明かさないよう過度に慎重になることは、分析的な可能性の豊かさを限定してしまいます。なぜなら心理学的現実を説明したり伝えたりすることは非常に難しく、使えるものならどんなささやかな個人的経験も分析家にとっては必要だからです。

　私は以前、激しい感情に非常に脅える患者を診ていたことがありますが、それは彼女が抱えられていると感じていなかったからでした。われわれの家庭には以前、かなりうるさいコーヒー挽き器があり、そのスイッチを入れる際うちの2歳の男の子が台所にいあわせると突然泣き出してしまっていたのですが、そのひどい機械が最悪の音をたてているあいだ妻か私が抱いていてやると、彼は安心して泣きやんだのでした。これは私の患者の恐怖を説明するのに、私が思いつける限り最良のたとえでした。彼女は抱えられているあいだは激しい感情に耐えられましたが、でないと耐えられませんでした。そ

こで私は彼女に自分の息子について話し、彼女がこの点でいかに似ているか話したのです。

　同じような例をもう一つ挙げましょう。私はあるときある患者に原始的なかたちのコミュニケーションについて話したいと思いましたが、それを説明できる唯一の方法はジョージ・オーウェルが『カタロニア賛歌』*1の中で語っている出来事について彼に話すことでした。もしも私がこの本を読んだことを彼に知らせてはならないと考えて思いとどまっていたら、表現したかったことを言葉にできなかったでしょう。そうなればコミュニケーションは貧しいものになってしまったろうと思います。転移は非常に強力な情緒的現象ですから、個人的な考えをいくらか知らせたからといってその作用に影響するとは思われません。

　患者は分析家に何でも話すべきだというのが精神分析の理想ですが、この目標は決して完全には達成されません。どんな患者も秘密を守っており、意識的にですらすべてを分析家に明かすことはありません。その上どんな分析にも未分析の領域が残されるものであり、それがいくつかの重要な領域であることさえあります。これは二人の人間に備わる特性という限界上、避けられないことです。これと関連して、どんな分析家にも自分の患者との関わりで中立の立場を保つことはおろか、面接室内で顕在化する患者の性格の特定の側面に関して中立の立場を保つことすら不可能であるという事実があります。喜びに対する態度には、このことが最もはっきりと現れてくると思います。

　私が打破したい最後の神話は、患者は分析家を必要としているがその逆はないというものです。分析家は自分の患者たちを実際に必要としているのであり、ジョン・クラウバーの「精神分析的関係の要素とその治療的意味」と題された論文ほどこのことをはっきり述べた論文を私は知りません。

　　患者と分析家はお互いを必要としている。患者は人生を楽しむ妨げとなっている内的葛藤のために分析家のもとへやって来るが、しだいにその解決のためだけでなく自分の鬱積した感情の受け皿として分析家を用いるようになる。しかし分析家もまた自分の考えを具体化し伝達するために患者を必要とし、そこにはこの関係という文脈のなかでのみ生き生きと育ちうるような、個人的な人間的問題についての最も深い考えも含ま

れる。それらは同僚、それに夫や妻とさえ、同じように直接的なやり方では共有も経験もされえない。[74, p.46]

　分析家がある種のことを言えるのは患者に対してのみであり、彼がそれを言うこと自体が彼自身の発達にとってしばしば非常に重要となります。この点と密接に関連しているのは、患者もまた分析家に対する治療者として機能するという事実です。ここでハロルド・サールズの論文「患者の治療的側面　分析家に対する治療者としての患者」の第一段落を引用したいと思います。

　この論文は、人間に生来備わる仲間の人間たちに向けられた最も強い努力は人生最早期の数年に始まりまた数カ月に始まることさえあるが、それは本質的に精神療法的な努力である、という仮説のためのものである。人類のうち精神分析や精神療法の臨床に職業人生を捧げているごく一部の人たちは、全人類が共有する治療への献身に、目に見えるかたちの表現を与えているにすぎない。精神分析や精神療法において患者となっている人類のうちかなり多くの人たちに関して私がここで提唱しているのは、患者は自分の主治医に治療を受けるのとちょうど同じように治療を施したいと思っているということだけではない。私の仮説はそれよりもずっと基本的なことに関わる。患者自身の精神療法的努力は、ひどい波乱にさらされてきたおかげで尋常でないほど強烈となる。その努力は実ることはおろか認められることすら阻まれるために、過度に強烈な憎しみや羨望や競争心の要素と入り混じり、そのせいで抑圧されてしまう。それゆえに患者は病んでおり、またその程度に応じて病んでいるのではないかという仮説を私は抱いているのだ。転移の文脈で言えば、患者の病は医者を癒そうとする無意識的試みを表しているのである。[97, p.103 *2]

　私は性格の欠陥を患者たちによって癒されてきました。私の性格のいくつかの欠陥を癒すことを患者に許すと、その経験は患者の自我を飛躍的に成長させると私は確信するようになりました。その患者は自我の強さを確実に増すのです。特にこの過程が分析の終結に向けて起こることを私は見いだしました。そのときまで有効な解釈から身をかわして逃げていたいくつかの要素

より深い理解へ

を分析家が分析できるようになるには、そうして患者が真に価値ある何ものかを分析家に与える経験をもつには、患者は分析家の性格の欠陥を癒す必要があります。ですからこれは患者側からすると感謝の行為となります。

　すべての患者が自分の分析家に求める資質とは自己認識です。自分のことを知り尽くしている人はいません、なぜならあらゆる人間が絶え間ない発達の途上にあるからです。患者が自分の分析家の中に見いだしたいと思っているのは、彼つまり分析家の発達を伴う自己認識の過程です。これなしに分析家が効果的な分析を行いうるなどとは信じ難いことです。自己認識のないところでは自我理想との同一化がそれに取って代わり、その人を自己認識に対して盲目にしてしまいます。たとえばラカンは強烈な反権威主義者で国際精神分析協会を激しく攻撃していましたが、しかし自らの学派において権力を握るとひどい権威主義者となり、それを自覚している様子はありませんでした。われわれには皆盲点がありますが、時にはそれが重要な領域にあることがあります。けれどもそれが先ほど引用した例ほど重大な盲点である場合には、そのような人が精神分析的過程のよい導き手となりうるなどとはとうてい信じ難いことです。

　最後に、この講義を始めるにあたって最初に扱ったテーマに戻りたいと思います。それはすなわち、真実の中心的重要性です。究極的には心は真実によって癒されます。これはあらゆる技術や理論的アプローチに優先し、それがものごとのひどくうまくゆかないときに立ち戻るべき基本線であることを私はいつも経験してきましたし、そしてそれが失敗だったという経験はないのです。真実は正直(オネスティ)と同じではありません。すなわち、正直はサディズムに奉仕することもありえますが、しかし真実はいかなる人やものの下僕ともなりません。それは愛と善性とに密接に結びついていますが、こうしたものは人間らしい人のもつ全体性です。精神分析は善性を求めるそうした人間的苦闘の僕(しもべ)です。精神分析は真実より下位のものです。つまりそれは真実を所有しているのではなく、自然科学、人文科学、芸術、文学、哲学そして宗教と同じように、真実に関するある位置を占めているのです。

　われわれが表現しようとしている真実は、非常に深いけれども同時に驚くほど単純でもあります。長い分析の終わりにある患者は、地元のパブの友達に言われなかったようなことを私から言われたことなど一切なかったと言い

ました。これを聞いて私は、おそらく自分はついに分析家になりはじめたのだと思いました。この最終講義でお話ししたことは、どれもきわめて明白なことばかりです。しかし連続講義を始めるにあたって申し上げたように、私はここ数年で、明白なことがらというものは述べるだけの価値が十二分にあるという結論をもつに至ったのです。

訳注
1 ジョージ・オーウェル（Orwell, G.）：（1903-1950）、英国の小説家・エッセイスト。『カタロニア賛歌』（1938）はスペイン内乱のルポルタージュ。
2 以下に邦訳あり。
「患者の治療的側面――分析家に対する治療者としての患者」『逆転移　分裂病精神療法論集1』ハロルド・F・サールズ著、松本雅彦他訳、みすず書房、1991

文 献

Place of publication is London unless otherwise indicated. *SE* denotes James Strachey, ed., *The Standard Edition of the Complete Psychological Works of Sigmund Freud*, 24 vols, Hogarth, 1953-73.

1   Abraham, Karl (1921) 'Contributions to the Theory of the Anal Character', in Abraham (1949), pp. 370-392.
2   Abraham, Karl (1924) 'A Short Study of the Development of the Libido, Viewed in the Light of Mental Disorders', in Abraham (1949), pp. 418-501.
3   Abraham, Karl (1949) *Selected Papers of Karl Abraham*. Hogarth.
4   Augustine of Hippo (397-8) *Confessions*. Harmondsworth: Penguin, 1961.
5   Balint, Michael (1959) *Thrills and Regressions*. Hogarth.
6   Balint, Michael (1968) *The Basic Fault*. London and New York: Tavistock.
7   Beckett, Samuel (1973) *Not I*. Faber.
8   Bettelheim, Bruno (1982) 'Freud and the Soul', *New Yorker*, 1 March 1982.
9   Bettelheim, Bruno (1983) *Freud and Man's Soul*. Chatto & Windus and Hogarth.
10   Bion, W.R. (1957) 'Differentiation of the Psychotic from the Non-Psychotic Personalities', in Bion (1967), pp. 43-64.
11   Bion, W.R. (1967) *Second Thoughts*. Heinemann Medical.
12   Bion, W.R. (1974) *Bion's Brazilian Lectures*, vol. 2. Rio de Janeiro: Imago Editora Ltda.
13   Bion, W.R. (1979) 'Making the Best of a Bad Job', Unpublished lecture to the British Psycho-Analytical Society.
14   Brome, Vincent (1980) *Jung*. Granada.
15   Carotenuto, Aldo (1984) *A Secret Symmetry: Sabina Spielrein between Jung and Freud*. Routledge.
16   Corbett, Jim (1944) *The Man-Eaters of Kumaon*. Harmondsworth: Penguin, 1964.
17   Darwin, Charles (1859) *On the Origin of Species*. Harmondsworth: Penguin, 1968.
18   Eliot, George (1871-2) *Middlemarch*. Harmondsworth: Penguin, 1965.
19   Ellenberger, H.F. (1970) *The Discovery of the Unconscious*. Allen Lane.
20   Ellis, Havelock (1900) 'The Analysis of the Sexual Impulse', *The Alienist and Neurologist* 21: 247-262, quoted in Sulloway (1979), p. 309.
21   Fairbairn, W.R.D. (1941) 'A Revised Psychopathology of the Psychoses and Psychoneuroses', in Fairbairn (1952), pp. 28-58.
22   Fairbairn, W.R.D. (1952) *Psycho-Analytic Studies of the Personality*. Routledge.
23   Fairbairn, W.R.D. (1958) 'On the Nature and Aims of Psycho-Analytical Treatment', *Int. J. Psycho-Anal.* 39: 374-385.
24   Ferenczi, Sandor (1927) 'The Problem of the Termination of the Analysis', in Ferenczi (1955), pp. 77-86.
25   Ferenczi, Sandor (1928) 'The Elasticity of Psycho-Analytic Technique', in Ferenczi (1955), pp.

87-101.

26 Ferenczi, Sandor (1930) 'The Principles of Relaxation and Neocatharsis', in Ferenczi (1955), pp. 108-125
27 Ferenczi, Sandor (1931) 'Child Analysis in the Analysis of Adults', in Ferenczi (1955), pp. 126-142.
28 Ferenczi, Sandor (1933) 'Confusion of Tongues between Adults and the Child', in Ferenczi (1955), pp. 156- 167.
29 Ferenczi, Sandor (1955) *Final Contributions to the Problems and Methods of Psycho-Analysis*. Hogarth.
30 Ferenczi, Sandor, and Rank, Otto (1923) *The Development of Psycho-Analysis*. New York and Washington: Nervous & Mental Disease Publishing Co.
31 Freud, Sigmund (1888) 'Preface to the Translation of Bernheim's *Suggestion*'. SE 1, pp. 71-88.
32 Freud, Sigmund (1893) 'Charcot'. SE 3, pp. 7-24.
33 Freud, Sigmund (1895) 'Project for a Scientific Psychology'. SE 1, pp. 281-397.
34 Freud, Sigmund (1900) *The Interpretation of Dreams*. SE 4-5.
35 Freud, Sigmund (1905) *Three Essays on the Theory of Sexuality*. SE 7, pp. 123-243.
36 Freud, Sigmund (1913a) 'On Beginning the Treatment'. SE 12, pp. 121-144.
37 Freud, Sigmund (1913b) 'The Disposition to Obsessional Neurosis'. SE 12, pp. 31 1-326.
38 Freud, Sigmund (1914) 'On Narcissism'. SE 14, pp. 67-l04.
39 Freud, Sigmund (1915a) 'Observations on Transference Love'. SE 12, pp. 157-171.
40 Freud, Sigmund (1915b) 'The Unconscious'. SE 14, pp. 159-204.
41 Freud, Sigmund (1915c) 'Instincts and their Vicissitudes'. SE 14, pp. 109-140.
42 Freud, Sigmund (1915d) 'Thoughts for the Times on War and Death'. SE 14, pp. 273-300.
43 Freud, Sigmund (1916a) 'On Transience'. SE 14, pp. 303-308.
44 Freud, Sigmund (1916b) 'Difficulties and First Approaches'. Lecture 5, *Introductory Lectures on Psycho-Analysis*. SE 15, pp. 83-99.
45 Freud, Sigmund (1917) 'Mourning and Melancholia'. SE 14, pp. 237-258.
46 Freud, Sigmund (1919) 'Lines of Advance in Psycho-Analytic Therapy'. SE 17, pp. 157-168.
47 Freud, Sigmund (1920) *Beyond the Pleasure Principle*. SE 18, pp. 1-64.
48 Freud, Sigmund (1921) *Group Psychology and the Analysis of the Ego*. SE 18, pp. 65-143.
49 Freud, Sigmund (1923*) The Ego and the Id*. SE 19, pp. I -59.
50 Freud, Sigmund (1925) *An Autobiographical Study*. SE 20, pp. 1-74.
51 Freud, Sigmund (1927a) 'Postscript to *The Question of Lay Analysis*'. SE 20, pp. 251-258.
52 Freud, Sigmund (1927b) *The Future of an Illusion*. SE 21, pp. 1-56.
53 Freud, Sigmund (1930) *Civilization and Its Discontents*. SE 21, pp. 57-146.
54 Freud, Sigmund (1933) 'The Dissection of the Psychical Personality'. Lecture 31, *New Introductory Lectures*. SE 22, pp. 57-80.
55 Gallup, Gordon G. (1970) 'Chimpanzees: Self-Recognition', *Science* 167: 86-87.
56 Gosling, Robert (1980) 'Gosling on Bion', *The Tavistock Gazette*, Diamond Jubilee Issue, pp. 22-23.
57 Greene, Graham (1943) *The Ministry of Fear*. Harmondsworth: Penguin, 1963.
58 Groddeck, Georg (1922) 'The Compulsion to use Symbols', in Groddeck (1977), pp. 158-171.
59 Groddeck, Georg (1951). *The Unknown Self*. Vision.

60 Groddeck, Georg (1977) *The Meaning of Illness*. Hogarth.
61 Guntrip, Harry (1975) 'My Experience of Analysis with Fairbairn and Winnicott', *Int. Rev. Psycho-Anal.* 2: 145-156.
62 Heimann, Paula (1950) 'On Counter-Transference', *Int. J. Psycho-Anal.* 31: 81-84.
63 Jahoda, Marie (1977) *Freud and the Dilemmas of Psychology*. Hogarth.
64 Jones, Ernest (1916) 'The Theory of Symbolism', in Jones (1948), pp. 87-144.
65 Jones, Ernest (1948) *Papers on Psycho-Analysis*. Bailliere, Tindall & Cox.
66 Jones, Ernest (1953) *Sigmund Freud: Life and Work*, vol. 1. Hogarth.
67 Jones, Richard M. (1970) *The New Psychology of Dreaming*. Harmondsworth: Penguin, 1978.
68 Jung, C.G. (1935) *The Tavistock Lectures*, in H. Read, M. Fordham, and G. Adler, eds, *The Collected Works of C.G. Jung*, vol. 18. Routledge.
69 Jung, C.G. (1963) *Memories, Dreams, Reflections*. Collins and Routledge.
70 Kafka, Franz (1925) *The Trial*. Harmondsworth: Penguin, 1953.
71 Kern, Stephen (1973) 'Freud and the Discovery of Child Sexuality', *History of Childhood Quarterly* 1: 117-141, quoted in Sulloway (1979), p. 279.
72 Klauber, John (1966) 'A Particular Form of Transference in Neurotic Depression', in Klauber (1981), pp. 91-108.
73 Klauber, John (1971) 'The Relationship of Transference and Interpretation', in Klauber (1981), pp. 25-44.
74 Klauber, John (1976) 'Elements of the Psychoanalytic Relationship and Their Therapeutic Implications', in Klauber (1981), pp 45-62.
75 Klauber, John (1979) 'Formulating Interpretations in Clinical Psychoanalysis', in Klauber (1981), pp. 109-120.
76 Klauber, John (1981) *Difficulties in the Analytic Encounter*. New York and London : Jason Aronson.
77 Klein, George S. (1976) *Psychoanalytic Theory*. New York: Int. Univs Press.
78 Klein, Melanie (1952) 'The Origins of Transference', in Klein (1975), pp. 48-56.
79 Klein, Melanie (1957) *Envy and Gratitude*, in Klein (1975), pp. 176-235.
80 Klein, Melanie (1975) *The Writings of Melanie Klein*, vol. 3. Hogarth.
81 Kohon, Gregorio, ed. (1985) *The British School of Psychoanalysis: The Independent Tradition*. Free Association Books.
82 Kris, Ernst (1954) *The Origins of Psycho-Analysis*. Imago.
83 Laing, R.D. (1985) *Wisdom, Madness and Folly: The Making of a Psychiatrist*. Macmillan.
84 Maugham, W. Somerset (1938) *The Summing Up*. Pan, 1976.
85 Maugham, W. Somerset (1951) 'Mr Harrington's Washing', *Collected Short Stories*, vol. 3. Pan, 1976, pp. 178-215.
86 Mead, G. H. (1936) *Movements of Thought in the Nineteenth Century*. Chicago and London: Univ. Chicago Press.
87 Meltzer, Donald (1983) *Dream-Life*. Strath Tay: Clunie.
88 Otto, Rudolph (1923) *The Idea of the Holy*. Oxford: Oxford Univ. Press.
89 Parsons, Talcott (1964) 'The Superego and the Theory of Social Systems', *Social Structure and personality*. Free Press, pp. 17-33.
90 Piaget, Jean (1950) *The Psychology of Intelligence*. Routledge.

91 Piaget, Jean (1953) *The Origin of Intelligence in the Child*. Routledge.
92 Popham, E.J. (1941) *Proceedings of the Zoological Society of London*, quoted in Sir Alister Hardy, *Darwin and the Spirit of Man*. Collins, 1984, p. 115.
93 Rank, Otto, and Sachs, Hanns (1913) *Die Bedeutung der Psychoanalyse fur die Geisteswissenschaften*. Wiesbaden.
94 Reich, Wilhelm (1933) *Character Analysis*. Vision, 1950.
95 Roazen, Paul (1976) *Freud and his Followers*. Allen Lane.
96 Russell, Bertrand (1967) *The Autobiography of Bertrand Russell*, vol. 1. Allen & Unwin.
97 Searles, Harold (1975) 'The Patient as Therapist to His Analyst', in Robert Langs, ed. *Classics in Psycho-Analytic Technique*. New York and London: Jason Aronson, 1981, pp. 103-134.
98 Segal, Hanna (1957) 'Notes on Symbol Formation', in Segal (1981), pp. 49-65.
99 Segal, Hanna (1962) 'The Curative Factors in Psycho-Analysis', in Segal (1981), pp. 69-80.
100 Segal, Hanna (1981) *The Work of Hanna Segal*. New York and London: Jason Aronson.
101 Sharpe, E.F. (1937) *Dream Analysis*. Hogarth.
102 Sulloway, F.J. (1979) *Freud, Biologist of the Mind*. Burnett.
103 Symington, Neville (1983) 'The Analyst's Act of Freedom as Agent of Therapeutic Change', *Int. Rev. Psycho-Anal*. 10: 283-291.
104 Teilhard de Chardin, Pierre (1957) Le Milieu Divin. Fontana.
105 Van Ophuijsen, J.H.W. (1920) 'On the Origins of the Feeling of Persecution', *Int. J. Psycho-Anal*. 1:235-239.
106 Whitehead, A.N. (1925) *Science and the Modern World*. New York: Mentor, 1948.
107 Winnicott, D.W. (1941) 'The Observation of Infants in a Set Situation', in Winnicott (1958), pp. 52-69.
108 Winnicott, D.W. (1947) 'Hate in the Counter-Transference', in Winnicott (1958), pp. 194-203.
109 Winnicott, D.W. (1953) 'Symptom Tolerance in Paediatrics', in Winnicott (1958), pp. 101-117.
110 Winnicott, D.W. (1956) 'Primary Maternal Preoccupation', in Winnicott (1958), pp. 300-305.
111 Winnicott, D.W. (1958) *Collected Papers: Through Paediatrics to Psychoanalysis*. Tavistock.
112 Winnicott, D.W. (1969) 'The Use of an Object and Relating through Identifications', in Winnicott (1971), pp. 86-94.
113 Winnicott, D.W. (1971) *Playing and Reality*. Tavistock.

事 項 索 引

【ア】

愛	108
遊び	240
『新しい睡眠生理学』	93
圧縮	84
『A Pattern of Madness』	ii
『ある幻想の未来』	33
アルファ機能	270
アレゴリー	160
憐れみ	109
『暗示』	50
移行対象	304
意識	48
イスラム教	115
依託型対象選択	232
一次的同一化	232
偽りの自己	299
イド	137
イルマの注射の夢	83
Instinkt（インスティンクト）	102
陰性治療反応	117
陰性転移	57
隠喩	160
受け容れ	276
──る	272
うつ病	157
英国精神分析協会	18
エディプス・コンプレックス	73
エロス	107, 118, 120
王と王妃	168
置き換え	85
オクノフィリック	290
「大人と子どもの間での言葉の混乱」	181
『思い出・夢・思想』	76

【カ】

外向的	213
解釈	14
外傷	86
──的失望	233
解体	163
概念	275
──化	275
快楽原則	4
『快楽原則の彼岸』	68, 86
カウチ	58
カウンセリング	15
雅歌	168
科学的演繹体系	275
『科学的心理学草稿』	47
過酷な超自我	121
カタルシス	56, 57
『カタロニア賛歌』	315
価値下げ	252
葛藤	6
感覚運動期	248
慣習化	90
感情	213
願望充足	86
換喩	160
危機	53
記号	160
基底欠損	282
『基底欠損』	282
基底的想定	6
機転（タクト）	189
逆転	108
逆転移	20
「逆転移における憎しみ」	276
吸啜段階	149
旧約聖書	168
『饗宴篇』	69
共感	189
狂気	219
強迫神経症	107

『恐怖省』	109		コンセプション→概念化	
恐怖症	48		コンセプト→概念	
局所論的モデル	4, 48		コンテイナー→容器	
去勢	148		コンテイン	304
拒絶する対象	230		コンテイン→受け容れる	
キリスト教	60		コンテインメント→受け容れ	
近親姦	201		コンプレックス	35, 205
空虚感	228		【サ】	
寓話	160			
『クマオンの人喰い虎』	212		罪悪感	139
クライン派	241		再演	23
グリッド	275		『再考』	275
苦しみのテロリズム	187		催眠	28, 47
系統発生	43		サディズム	27, 108
啓蒙思想	44		サルペトリエール病院	55
検閲官	125		産後抑うつ	177
元型	89, 208		三次元性	261
顕在内容	82		自我	16
現実化	274		——欲動	107
現実検討	134		——理想	138
原初的母性的没頭	300		『自我とエス』	48, 133
幻想	114		磁気治療	53
健忘	89		刺激障壁	19, 86, 116
行為	275		始源的去勢	148
後期口唇期	147		自己愛	110
後期肛門 - サディズム期	147		——型対象選択	135
後期性器期	147		自己意識	125
攻撃性	111		思考	213, 273
恒常性理論	106		——作用	273
口唇期	147		自己認識	317
口唇サディズム	147		自己分析	5
降神術	54		自己保存的欲動	107, 110
構造論的モデル	133		『自己を語る』	28, 94
興奮させる対象	230		シゾフレニー→統合失調症	
肛門愛	152		自体愛	146
肛門期	147		失神発作	201
国際精神分析学会	199		実存主義	20
『告白』	151		嫉妬	24
個人的無意識	35		児童分析	240
個体化	211		死の本能	4
個体発生	43		死の欲動	118
固着	11		『19世紀の思想動向』	63
古典的フロイト派	241		集合的無意識	35

十字架	162	『精神分析の発展』	180
『集団心理学と自我の分析』	134	『精神分析の理論』	231
自由連想	14, 70	『聖なるもの』	200
『種の起源』	40	性欲動	107
条件刺激	165	窃視症	108
小心さ	153	『設定状況における幼児の観察』	121
象徴	83	絶滅の恐怖	242
──形成	170	前意識	48
衝動	106	前概念	274
「小児医学における症状の容認」	297	前期口唇期	146
食糞症	147	前期肛門‐サディズム期	147
しるしの品	159	前期性器期	147
『素人による精神分析の問題』	27	先験的自我	300
『人格の精神分析的研究』	224	潜在内容	82
神経症	25	『戦争の幻滅』	112
真実	6, 317	全体対象	242
心身並行論	105, 121	羨望	152
心身問題	105	『羨望と感謝』	255
心的エネルギー	58	喪失	156
心的現実	35	早熟	187
真の自己	19, 299	創造の病	76
『審判』	29	【タ】	
神話	208		
推測	23	退行	43
スーパービジョン	100	対象	19
スキゾイド	227	──愛	147
スキゾイドポジション	228	──関係論	148
『スリルと退行』	290	──恒常性	31
『聖アントワーヌの誘惑』	65	「──の使用と同一視を通して関係すること」	
性器期	147		296
生気論	43	代数的計算法	275
清潔	153	体内化	147
制止	134	大便	147
『制止、症状、不安』	19	代理形成	48
『精神の生物学者フロイト』	74	代理表象	48
「成人の分析における児童分析」	181	タクト→機転	
精神病	182, 216	漂える注意	38
「精神病人格と非精神病人格の識別」	279	脱錯覚	303
「精神分析技法の柔軟性」	181	タナトス	120
「精神分析的治療の本質と目標について」	224	男根	166
「精神分析的関係の要素とその治療的意味」	315	男根期	157
『精神分析入門(続)』	141	『単子論』	66
「精神分析の精神科学にとっての重要性」	164	知覚的関連	161

秩序正しさ	153	【ハ】	
乳房	147	歯	147
注意	275	破壊的欲動	111
中間学派	241	迫害の対象	242
中心的自我	230	『白痴』	116
超自我	i	旗	159
直喩	160	発明の段階	248
直観	213	パディントン・グリーン小児病院	301
『ツァラトゥストラはかく語りき』	198	パラノイア	237
『罪と罰』	164	『ハリントン氏の洗濯物』	154
抵抗	4	汎神論	61
提喩	160	反気論者協定	43
『デービッド・コパーフィールド』	64	反動形成	109
転移	4	万能感	221
──神経症	96	反復強迫	86, 116
電気療法	47	反リビドー的自我	230
問い	275	悲哀	134
投影	19	『悲哀とメランコリー』	134
──同一化	i, 245	引きこもり	234
統合失調症	145, 198	備給	48
倒錯	152	悲劇的ポジション	228, 260
洞察	8	ヒステリー	47
道徳観念	121	ヒステリー盲	52
動物磁気	52	否認	7
独立学派	241	表意文字	273
トランス	56	表記	275
Trieb(トリープ)	102	標章	159
取り入れ	250	平等に漂う注意	70
『ドン・キホーテ』	64	不安	37
【ナ】		ファンタジー	6
内向的	213	不安夢	81
ナルシシズム	109	フィロバティック	290
『ナルシシズム入門』	138	フェティッシュ	148
ナンシー学派	54	布置	129
憎しみ	108	附着同一化	291
二次元性	261	仏教	115
二次疾病利得	53	物理主義者協会	40
『日記』	167	部分愛	147
認知地図	248	部分対象	176, 220, 242
ヌミノース	200	部分欲動	108
涅槃原則	106	『ブラジルでの講義』	263
NREM(ノンレム)	92	ブルクヘルツリ精神病院	144

索引

『フロイトと人間の魂』	102
フロイト派	15
『文化への不満』	112, 139
「分析家に対する治療者としての患者」	316
『分析的出会いの難しさ』	179
『分析の終結の問題』	181
分裂	45
──排除	205
ベーシックアサンプション→基底的想定	
ベータ要素	270
ペニス	163
蛇	168
ベルリン物理主義者協会	43
変形	270
防衛	19
ボーダーライン	23
ホメオスタシス理論	106
本能	101

【マ】

マゾヒズム	108
マニエリスム	270
魔よけ	159
水	208
──療法	47
『3日で独創的な作家になる方法』	70
『ミドルマーチ』	4
無意識	5
無意識的幻想	238
『無意識について』	48, 124
無条件刺激	165
『無常ということ』	114
夢想	38, 238
目覚まし時計の夢	80
メランコリー	134
妄想分裂ポジション	242

【ユ】

ユダヤ教	115
夢	79
──思考	270
──の日	82
『夢判断』	66
『ユング自伝──思い出・夢・思想』	195
ユング派	57
良い対象	246
良い乳房	152
容器	252, 272
幼児性欲	28
『要約すると』	103
抑圧	4
抑うつ	i
──感	228
──ポジション	228, 249
欲動	106
──理論	112
欲深さ	153
予断	6

【ラ】

ラポール	53
理想化	58, 252
離乳	176
リビドー	88
──的自我	230
良心	139
「リラクゼーションとネオカタルシスの原理」	181
吝嗇	150
『レインわが半生──精神医学への道』	232
REM	91
露出症	108
ロマン主義	60

【ワ】

ワーク・スルー	15
『わたしじゃない』	32
悪い対象	246
悪い乳房	245
悪い内的対象	98

# 人名索引

【ア】

アクィナス (Aquinas, T.) vii
アセリンスキー (Aserinskey, E.) 91
アドラー (Adler, A.) 75
アブラハム (Abraham, K.) 117, 144
アリストテレス (Aristotle) 15
アリストファネス 69
アルキメデス 176
アレキサンダー (Alexander, F.) 145
ヴィトゲンシュタイン (Wittgenstein, L.) 76
ウィニコット (Winnicott, D.W.) i, 19, 31, 294
ウェーバー (Weber, M.) 76
ウォルフ (Wolff, A.) 203
エスターリーン (患者) 52
エリオット (Eliot, G.) 4, 64
エリス (Ellis, H.) 74, 240
エレンベルガー (Ellenberger, H.F.) 76
(アンナ・) O (Anna O.) 56
オーウェル (Orwell, G.) 315
オットー (Otto, R.) 200
オップハイゼン (Van Ophuijsen, J.H.W.) 147

【カ】

カーライル (Carlyle, T.) 63
カーン (Kern, S.) 74
カフカ (Kafka, F.) 29
カルデロン (Calderon de la Barca) 64
カント (Kant, I.) 20
ガントリップ (Guntrip, H.) 292
ギッテルソン (Gitelson, M) 234
ギャラップ (Gallup, G.G.) 131
クライトマン (Kleitman, N) 91
クライン (Klein, G.) 231
クライン (Klein, M.) vii, 23, 31
クラウバー (Klauber, J.) 18, 179, 315
クラフト－エービング (Kraft-Ebing, R.von) 50, 198

グリーン (Greene, G.) 109
クリス (Kris, E.) 73
グローバー (Glover, E.) 145
グローバー (Glover, J.) 145
グロスクルス (Grosskurth, P.) 240
グロデック (Groddeck, G.) 137
クロムウェル (Cromwell, O.) 64
ゲーテ (Goethe, J.W.von) 65
コーベット (Corbett, J.) 212
コーホン (Kohon, G.) 242
ゴスリング (Gosling, R.) 174
コンスタンティヌス1世 60
コンスタブル (Constable, J.) 62
コンラッド (Conrad, J.) 17

【サ】

サールズ (Searles, H.) 187, 316
ザックス (Sachs, H.) 145, 164
サロウェイ (Sulloway, F.J.) 74
サンド (Sand, M.) 163
シーガル (Segal, H.) 16, 241
シェークスピア (Shakespeare, W.) 64
ジェームズ (James, W.) 101
シェリー (Shelly, P.B.) 61
シャープ (Sharpe, E.) 82
ジャックス (Jaques, E.) 241
シャハテル (Schachtel, E.) 89
シャルコー (Charcot, J.-M.) 51
テイヤール・ド・シャルダン (Teilhard de Chardin, P.) 34
シュテーケル (Stekel, W.) 75
シュピールライン (Spielrein, S.) 145
シュミデバーグ (Schmideberg, M.) 241
ショーペンハウアー (Schopenhauer, A.) 65
ジョーンズ (Jones, E.) 27, 46, 159
ジョーンズ (Jones, R.M.) 93
ジョセフ (Joseph, B.) 188
シルスキ (Syrski) 45

328

ジルベラー (Silberer, H.)	168
ジンメル (Simmel, E.)	145
ストレイチー (Strachey, A.)	145
ストレイチー (Strachey, J.)	102
スペルベル (Sperber, H.)	169
スペンサー (Spencer, H.)	101
聖アウグスティヌス	151

【タ】

ダーウィン (Darwin C.R.)	15, 40
ターナー (Turner, J.M.W.)	62
ダレル (Durrell, L.)	230
ディケンズ (Dickens, C.)	64
デカルト (Descartes, R.)	20, 44
デュ・ボア-レイモン (du Bois-Reymond, E.)	43
デュルケーム (Durkheim, E.)	120
ドイチュ (Deutsch, H.)	145
ドストエフスキー (Dostoyevski, F.M.)	116

【ナ】

ニーチェ (Nietzsche, F.W.)	65

【ハ】

パーソンズ (Persons, T.)	120
ハイデッガー (Heidegger, M.)	20
ハイドン	52
ハイネ (Heine, H.)	65
ハイマン (Heimann, P.)	260
バイロン (Byron, G.G.)	62
バッサーノ (Bassano, F.)	270
パデル (Padel, J.)	iv
パブロフ (Pavlov, I.P.)	164
バリント (Balint, M.)	vii, 23, 179
ハルトマン (Hartmann, H.)	49
ピアジェ (Piaget, J.)	31
ピープス (Pepys, S.)	167
ヒエロン王	176
ビオン (Bion, W.R.)	18
ビック (Bick, E.)	261
ピュイセギュール侯爵 (the Marquis of Puységur)	53
ヒルデブラント (Hildebrandt, F.W.)	80
ヒルデブランド (Hildebrand, P.)	iv
フェアバーン (Fairbairn, W.R.D.)	vii, 88, 223
フェヒナー (Fechner, G.T.)	76
フェレンツィ (Ferenczi, S.)	75, 117, 179
フォレル (Forel, A.)	50
フラー (Fuller, M.)	63
プラトン (Plato)	6
フランクリン (Franklin, B.)	53
フリース (Fliess, W.)	72
ブリュッケ (Brücke, E.)	40, 43
ブレンターノ (Brentano, F.)	44
ブロイエル (Breuer, J.)	47
フロイト (Freud. A.)	vii, 23, 31
フロイト (Freud, S.)	vii
ブロイラー (Bleuler, E.)	198
フローベール (Flaubert, G.)	65
ベケット (Beckett, S.)	32
ヘッケル (Haeckel, E.)	43
ベッテルハイム (Bettelheim, B.)	72, 102
ベル (Bell, J.S.)	74
ペルティエ (Pelletier, J.)	168
ベルナイス (Bernays, M.)	51
ベルネ (Börne, L.)	70
ベルネーム (Bernheim, H.)	50
ヘルバルト (Herbart, J.F.)	66, 124
ヘルムホルツ (Helmholtz, H.L.F.von)	43
ホーナイ (Horney, K.)	145
ホワイトヘッド (Whitehead, A.N.)	62

【マ】

マイネルト (Meynert, T.)	66
マクドゥガル (McDougall, W.)	101
マリーア・テレーザ女帝	52
マリーア・テレージア・パラディース	52
ミード (Mead, G.H.)	63
ミルトン (Milton, J.)	64
メスメル (Mesmer, F.A.)	51
メルツァー (Meltzer, D.)	241
メルロ-ポンティ (Merleau-Ponty, M.)	20
モーズレー (Maudsley, H.)	74
モーツァルト	52
モーム (Maugham, W.S.)	36
モーリ (Maury, L.F.A.)	81
モル (Moll, A.)	74

【ヤ】

ヤホダ (Jahoda, M)	49, 105
ユング (Jung, C.G.)	35

【ラ】

ラース (Rase, V.)	54
ライク (Reik, T.)	145
ライチェス (Reizes, M.)	239
ライプニッツ (Leibnitz, G.W.)	66
ラオシェンベルグ (Rauschenberg, E.)	202
ラッセル (Russell, B.)	17
ラド (Rado, S.)	145
ラボアジエ (Lovoisier, A.L.)	53
ランク (Rank, O.)	164
リエボー (Liébeault, A.)	54
リックマン (Rickman, J.)	272
リントナー (Lindner, G.A.)	74
ルイ16世	53
ルートヴィヒ (Ludwig, C.)	43
ルソー (Rousseau, J.-J.)	211
ルター (Luther, M.)	270
レイン (Laing, R.D.)	232
ロー (Low, B.)	106
ローゼンフェルド (Rosenfeld, H.)	241, 261
ローレンス (Lawrence, D.H.)	63

【ワ】

ワトソン (Watson, J.B.)	199

訳者あとがき

　この本は、精神分析とはどういうものかを、精神保健の専門家ではあるが精神分析療法をみずから行った経験はない人たちに伝えるためになされた連続講義の記録である。

　原著は1986年、*The Analytic Experience : Lectures from the Tavistock*という表題で出版された。文字どおり、生身の人間の経験として、精神分析という経験がどんなものであるか、その雰囲気を伝えようとする本である。精神分析の諸理論や歴史についても章ごとに解説されているが、この経験について自分の頭で考えるために著者自身が学び、消化し、本質として把握したものだけが示されている。そういう点で精神分析の歴史の理解に役立つだけでなく、精神分析というものを体験的に理解するいとぐちとして最適な書であり、人の心に関心をもつ一般の方々から心理学・精神医学・精神分析の専門家の方々まで広くお勧めできる一冊である。

　この本を書いたのはネヴィル・シミントンという精神分析家であるが、彼は現在オーストラリアのシドニーで個人開業しており、現代を代表する分析家の一人として高く評価されている。ポルトガル生まれのイギリス人で、哲学と神学を学んだのち心理学で学位を取得し、ロンドンで訓練を受けて精神分析家となった。ロンドンのタビストック・クリニックで成入部門のシニア・スタッフなどを務めながら個人開業していたが、1986年オーストラリア精神分析協会に招かれシドニーに移住、その後同協会会長となり2002年までを務めたという。

　ビオンのスーパービジョンを受けた経験をもち、その経験に最も影響を受けたという彼は、妻ジョアンとともに"The Clinical Thinking of Wilfred Bion"（Routeledge, 1996）という本を書いている。これは『ビオン臨床入門』（森茂起訳、金剛出版、2003）としてすでに邦訳されているため、今のところ日本ではシミ

ントンの名はビオンの紹介者として知られているかもしれない。しかしこの他にも独自の視点から書かれた著作が多くある。事例化していないような一見軽微な問題から精神病圏までを含む広い病態の基底には自己愛があると説く *Narcissism : A New Theory*（Karnac Books, 1993）と、これを理論としてさらに整理した *A Pattern of Madness*（Karnac Books, 2002）、精神分析と宗教の関係をテーマとした *Emotion and Spirit*（Karnac Books, 1994）、*The Spirit of Sanity*（Karnac Books, 2001）等の一連の著作である。一見するとどのようなつながりがあるのか分かりにくいが、一貫する著者のテーマを表現するならば、自己愛の超克の必要、最も身近な人たちとの人間関係を通してこそ人間は情緒的に鍛えられること、精神分析は現代人にとり宗教的な役割をもっていること、などであろうか。いずれの著作でも、著者は平易な日常語を用いて論を組み立て、誤解を恐れず持論を明快に述べている。

　私生活では分析家の妻と二人の息子を持つ父親でもある。著作の中でも「最も身近な人」たちである家族とのあいだで、みずから経験したことがらを材料に語る場面がある。

　翻訳の分担について述べておく。訳者のひとり北村隆人がこの本を見いだし翻訳を提案、北村婦美とともに訳出したものを成田が監訳した。術語や人物名の訳については、基本的に精神分析事典（岩崎学術出版社、2002）に従った。また著者が繰り返し用いている重要な語としてemotion、truthなどの語があるが、それぞれ基本的に「情緒」、「真実」という訳語をあててある。注意して校正したつもりではあるが、誤訳など何らかの誤りに気づかれた方があればぜひご指摘いただきたい。

　最後になりましたが、創元社の渡辺さんにはこの本を翻訳してみたいという希望を快く受け入れていただき、訳文の文体などについても丁寧なアドバイスをいただきました。心より感謝いたします。

　　2006年夏

　　　　　　　　　　　　　　　　　　　訳者を代表して　北 村 婦 美

■原著者......................

ネヴィル・シミントン（Neville Symington）

精神分析家。哲学・神学・心理学で学位を取得後ロンドンで分析家となりタビストック・クリニックで勤務、1986年オーストラリア精神分析協会に招かれシドニーに移住し、のち同協会会長を務める。著書には『ビオン臨床入門』（森茂起訳、金剛出版）ほか多数あり。

■監訳者......................

成田善弘（なりた　よしひろ）

1941年、名古屋大学医学部卒業。精神科医、臨床心理士。日本精神分析学会認定スーパーバイザー。現在、桜クリニック嘱託。著書『心身症と心身医学』（岩波書店）、『青年期境界例』『精神療法家の仕事』（金剛出版）、『強迫性障害』（医学書院）、『贈り物の心理学』（名古屋大学出版会）ほか。訳書に『逆転移と精神療法の技法』（星和書店）、マックウィリアムズ『パーソナリティ障害の診断と治療』（共訳、創元社）ほか多数。

■訳者......................

北村婦美（きたむら　ふみ）

1996年、京都大学医学部卒業。精神科医、日本精神分析学会認定精神療法医。京都民医連中央病院精神神経科所属。訳書、ナンシー・マックウィリアムズ『パーソナリティ障害の診断と治療』（共訳、創元社）、ジャン・エイブラム『ウィニコット用語辞典』（共訳、誠信書房）。

北村隆人（きたむら　たかひと）

1993年、京都府立医科大学医学部卒業。精神科医、日本精神分析学会認定精神療法医。現在、マッコーリー大学哲学科。訳書、ジャン・エイブラム『ウィニコット用語辞典』（共訳、誠信書房）。

分析の経験
フロイトから対象関係論へ

2006年9月20日第1版第1刷　発行

著　者	ネヴィル・シミントン
監訳者	成田善弘
訳　者	北村婦美　北村隆人
発行者	矢部敬一
発行所	株式会社 創元社

https://www.sogensha.co.jp/
本社　〒541-0047 大阪市中央区淡路町4-3-6
Tel.06-6231-9010 Fax.06-6233-3111
東京支店　〒162-0825 東京都新宿区神楽坂4-3 煉瓦塔ビル
Tel.03-3269-1051

印刷所　　　　　　株式会社 太洋社

©2006, Printed in Japan
ISBN4-422-11377-1 C3011

〈検印廃止〉

本書の全部または一部を無断で複写・複製することを禁じます。
落丁・乱丁のときはお取り替えいたします。

パーソナリティ障害の診断と治療

ナンシー・マックウィリアムズ
[著]

成田善弘
[監訳]

神谷英治　北村婦美
[訳]

精神分析的な診断の考え方の基本を示すとともに、
パーソナリティ構造についての精神分析的概念を肯定的に説明し、
診断の定式化をうまく行うことが臨床的にいかに有用であるかを示す。

A5判・上製・480頁　4800円　ISBN4-422-11330-5 C3011
表示の価格には消費税は含まれておりません。